巨大ロボットの社会学

戦後日本が生んだ想像力のゆくえ

SOCIOLOGY OF GIANT ROBOTS

IKEDA Taishin　池田太臣
KIMURA Shisei　木村至聖
KOJIMA Nobuyuki　小島伸之

編著

法律文化社

はしがき

　本書のねらいは，日本社会に定着している「巨大ロボット（アニメ）」を社会学的知見（必要に応じて，人文科学的な思想や概念なども動員する）に基づいて考察することにある。そして，社会学的な切り口から「巨大ロボット（アニメ）」を解釈することによって，日本の文化における巨大ロボットとは何なのか，それに託して何が描かれてきたのかを明らかにしたい。

　アニメの社会学（およびその周辺学術領域）的研究といっても，さまざまな切り口がありうる。なんといっても，社会学自体がさまざまなアプローチの混在する雑多な学問領域である。ここでは，同じように「物語」を扱う文学社会学を手がかりにしてみたい。ジゼル・サピロは『文学社会学とはなにか』（2014＝2017）の冒頭で，文学を研究する社会学的な問いを2つのタイプに分けている（サピロ 2014=2017：7）。

　1つ目の問いは，「社会現象としての文学についての問い」である。すなわち「作品を生産し，消費し，評価する多くの制度や個人」についての研究である。アニメでいえば，生産としてはアニメ制作会社や製作委員会，マーケティング，マーチャンダイジングなどが挙げられるだろう。消費としては，アニメの視聴者やファンの行動が，評価としてはアニメジャーナリズムの問題などが挙げられるだろう。

　2つ目の問いは，「文学テクストのなかに時代の表象や社会学的争点がいかに刻印されているかについての問い」である。これは，作品の中身やその解釈にかかわる。本書の内容に即していえば，巨大ロボットの登場する物語で描かれる出来事や人間関係のなかに，社会学的争点を読み込むというアプローチになる。

　本書では，主にサピロの挙げる第二の問いに取り組む。すなわち巨大ロボットアニメというテクストのなかに"社会学的争点がいかに刻印されているか"を明らかにする試みである。第一の問いについては，巨大ロボットのアニメ以外の領域への展開を取り扱う。

i

サピロのいう2つのアプローチを踏まえて，本書は3つの部から構成されている。

　第Ⅰ部は，本書の全体的な問題関心と基礎的な事実を提示する部である。第1章では，「巨大ロボットの想像力」の内実について追及している。本書で考察の対象とする「巨大ロボットの想像力」とは何を意味するのかが語られる。この章は，本書の根幹にかかわる部分を説明しているため，ぜひ最初に読んでほしい。続いて第2章では，巨大ロボットアニメのTV放送作品数の推移を，第3章ではアメリカを中心とした海外での受容の状況について説明する。

　第Ⅱ部においては，先に説明した，巨大ロボットの登場する物語で描かれる出来事や人間関係のなかに，社会学的争点を読み込むというアプローチ（第二のアプローチ）により，巨大ロボットアニメを分析する。社会学（およびその周辺領域）から「身体」「ジェンダー」「組織」「宗教」そして「戦争」をテーマとして取り出し，その観点からロボットアニメを分析する。

　第Ⅲ部は，アニメを超えて広がる「巨大ロボットの想像力」を取り扱う部である。具体的なテーマとして，「ゲーム」「玩具／模型」「観光」を取り上げている。

＊　　　　＊　　　　＊

　最後に，この本を企画するにいたった経緯も述べておきたい。

　以前，社会学の学説研究にかかわる単著を執筆中に，いわゆる“スーパーロボット”のイメージと，トマス・ホッブズの『リヴァイアサン』の表紙に描かれた人造人間がとても似ていることに気づいた。もちろん，そのような言葉は使われていない。しかし，表紙に描かれている巨大な人造人間は，人々を守るために，人間を模倣して作られた巨大な存在である（ホッブズ 1651＝1992a：37）。また，「かれらのすべての権力と強さと」を与えられた，権力の集権化された姿である（ホッブズ 1651＝1992b：33）。スーパーロボット風にいえば，“人類の科学の粋を集めた”あるいは“チームの力をひとつにした”と読み替えることができよう。加えて，この存在は「同意や和合以上」の存在であるため（ホッブズ 1651＝1992b：33），「合体」というモチーフにもつなげることができる。合体後の存在は，合体前の個々の部分の総和以上の存在なのである。つまり，ホッブズのリヴァイアサンは，平和の守護神であり，人類の力を結集した

最強の姿であり，合体のモチーフももつ。まさに，スーパーロボットと呼ぶにふさわしい。

　などということを思いながらも，このような"とぼけた着想"も特段深めることのないまま日々を過ごしていた。ところがある日，元法律文化社の編集者であった上田哲平さんより，「『ガンダム』あるいはもっと広げて『スーパーロボット』で社会学の本を作りませんか」ともちかけられたのである。なぜそのような突拍子もないことを言うのかと理由を聞くと，上田さんは学生の時分に私の大学での授業を履修しており，その授業のなかで私が「ガンダムは社会学的に分析できる」と言っていたらしい。私はまったく記憶にないが，上田さんはそれを覚えていてくれたのである。

　正直，はじめていわれたときは断ろうかとも考えた。たしかに『機動戦士ガンダム』(1979) をはじめ，いくつか好きな作品はある。小学生および中学生のときには，「ガンプラ」にもハマった。いまでも，気にいった玩具やフィギュアが発売されれば，ボチボチ買っている（箱を開けて，遊ぶ時間はないが）。しかしながら，知っているロボットアニメはほんの一部であるし，アニメの表現技法や業界に通じているわけでもない。しかし，先に述べた"とぼけた着想"がずっと頭にあり，また，好きだった巨大ロボット文化に対して，何らかの貢献ができるといううれしさもあって引き受けることにした。

　ただ引き受けてみると，思った以上に大変な道のりだった。道なき道を進もうとする企画であるため，私を含めた編集者および執筆者の全員が，頭を痛めたに違いない。気がつけば，第1回目の編集会議の開催から時間が経過し，その間に上田さんも会社を移ることになり，同じく巨大ロボットに関心をもつ八木達也さんに引き継いでもらうことになり，ようやく刊行まで漕ぎ着けることができた。

　ここまで来ることができたのも，私以外の編集者の小島伸之先生，木村至聖先生をはじめ，こちらの"むちゃぶり"をおもしろがって引き受けてくれた執筆者の方々，そして上田さん，八木さんのおかげである。ここに，記して感謝の意を表しておきたい。

＊　　　　＊　　　　＊

　本書は「巨大ロボットが好きだ」という感情と，社会学的な知識の出会いの

産物である。いわゆる巨大ロボットアニメ作品の体系的な紹介・解説でもない
し，新たな資料の発掘や関係者への取材に基づいてアニメ史研究に資する試み
でもない。巨大ロボットを社会学的に読み解くことが，本書のテーマである。
社会学者が，巨大ロボット文化と向かい合ったときに生まれるスリリングなな
ぞ解きを楽しんでもらいたい。この本を読んで，巨大ロボットアニメが気に
なったならば，その作品を実際に見てほしい。社会学に興味を持たれた方は，
社会学の本を手に取ってほしい。本書が巨大ロボットアニメや社会学との出会
いの契機となることが，執筆者全員の願いである。

2019年7月

編者を代表して　池田太臣

目　次

はしがき

第Ⅰ部　「巨大ロボット」とは何か

第1章　巨大ロボットの想像力 【池田太臣・木村至聖・小島伸之】 2

1　はじめに　2

2　チャペックと現代社会　3

3　人型ロボットの想像力　5

4　ロッサム社未完のプロジェクトの継承──巨大人型ロボット　8

5　チャペックを超えて──「搭乗する」というリアリティ　10

6　おわりに　12

第2章　持続する巨大ロボットアニメの想像力 【池田太臣】 14

▶新作 TV アニメ放送作品数の年次推移から

1　はじめに　14

2　新作 TV アニメ放送作品数の推移　15

3　巨大ロボットアニメ放送作品数の推移　19

4　第四次アニメブームと巨大ロボットアニメ　26

5　おわりに　27

第3章　海外におけるロボットアニメ事情 【レナト・リベラ・ルスカ】 30

▶アメリカを中心に

1　はじめに　30

2　アメリカ文化におけるロボット観　31

3　商業的側面──玩具による巨大ロボットの普及　36

4　英語圏以外のヨーロッパの状況　39

5　おわりに　43

第Ⅱ部 「巨大ロボット」を社会学する

第4章 巨大ロボットと身体　　　　　　　　　　【木村至聖】 46
▶「人型」であることの意味

1 はじめに　46
2 巨大ロボットの身体の社会性　48
3 「科学の鎧」としての巨大ロボット　51
4 「鎧」から「皮膚」へ　55
5 おわりに　58

第5章 巨大ロボットとジェンダー　　　　　　　【荒木菜穂】 61
▶『機動警察パトレイバー』と働く女性の未来

1 はじめに　61
2 「働く女性」のリアル　62
3 『パトレイバー』で描かれる女性の活躍　68
4 イングラムがもたらした「力」とは何か　74
5 おわりに　77

第6章 「組織」としての巨大ロボット　　　　　　【木村至聖】 79
▶巨大な力を支えるもの

1 はじめに　79
2 なぜ巨大ロボットを通して「組織」について考えるのか　81
3 巨大ロボットアニメにおける組織　84
4 流動化する現代社会における「組織」の解体と再編　91
5 おわりに　93

第7章 巨大ロボットと宗教　　　　　　　　　　【菅　浩二】 95
▶「神にも悪魔にも」

1 はじめに　95
2 操縦と変身と　96
3 召命される操縦者　99
4 浮遊する人型　101
5 舞台の舞台　103

目　次

　　6　カミと神の交錯　105
　　7　おわりに　108

第8章　巨大ロボットと戦争　　　　　　　　　　　　　　　　【小島伸之】　112
　　▶『機動戦士ガンダム』の脱／再神話化

　　1　はじめに　112
　　2　戦争への分析視覚　113
　　3　ガンダム以前の巨大ロボットアニメにおける「戦争」　115
　　4　『機動戦士ガンダム』における戦争　117
　　5　ガンダムシリーズにおける「戦争」　124
　　6　おわりに　129

第Ⅲ部　「巨大ロボット」と現実世界

第9章　巨大ロボットとビデオゲーム　　　　　　　　　　　　【塩谷昌之】　134
　　▶物語世界の接合を可能にする場の構造

　　1　はじめに　134
　　2　『スーパーロボット大戦』というゲーム　135
　　3　ゲームのデザインの変遷　141
　　4　ルールとフィクションの相互作用　145
　　5　おわりに　149

第10章　巨大ロボットと玩具／模型　　　　　　　　　　　　　【松井広志】　151
　　▶虚構を内部化／外部化するメディア

　　1　はじめに──巨大ロボットアニメと玩具／模型　151
　　2　3つの玩具論　153
　　3　1970年代の巨大ロボットと玩具──超合金マジンガーZを中心に　155
　　4　1980年代の巨大ロボットと玩具／模型
　　　　──クローバー製ガンダムとガンプラを中心に　159
　　5　おわりに──虚構を内部化／外部化するメディア　166

第11章　巨大ロボットと観光　　　　　　　　　　　　　　　　【岡本　健】　170
　　▶現実・情報・虚構空間をめぐる想像力と創造力

　　1　はじめに　170

vii

2 巨大ロボットがいる空間とその移動 171
3 観光資源としての巨大ロボット 173
4 おわりに 188

あとがき

参考文献

索　引

著者紹介

第Ⅰ部

「巨大ロボット」とは何か

1 巨大ロボットの想像力

1 はじめに

「ロボット」とは，周知のとおり，チェコ出身の作家でありジャーナリスト
でもあるカレル・チャペックの戯曲『ロボット（R. U. R.)』（1920）に登場する
人工の労働者に与えられた名称である。「賦役」を意味するrobota（ロボタ）
に由来する。「R.U.R（ロッサム万能ロボット会社)」が人間を労働から解放するた
めに開発したロボットは，労働力としての効率が人より2.5倍優れている生殖
能力のない等身大の人造人間であった。この戯曲では，ロボットにより労働の
ない理想郷が実現するが，ロボットの権利擁護運動の結果「心」を与えられた
ロボットが反乱を起こして人類を滅亡させ，製造法が失われたロボットも絶滅
に瀕するというディストピアが描かれる。

この戯曲において，ロボットを製造するロッサム社の社長が来訪者に対して
ロボット開発の経緯を以下のように説明する場面がある。

> 超ロボット[1]を作り始めたのです。労働する巨人です。背丈が四メートルもあるのを
> 試みたのですが，このマンモスが次々と壊れていったなんて信じられますか？（中
> 略）はい。何の原因もないのに足やら何かが破裂するのです。われわれの地球はど
> うやら巨人には小さすぎるようです。それで今は自然の大きさのロボットで，かな
> り人間らしい恰好のものだけを作っています。　（チャペック［1920]1966=1989：
> 25)

ロッサム社の巨大ロボット開発は，脚部の破損など原因不明の失敗により断
念された。しかし，ロッサム社が開発を断念した巨大ロボットをいまだに想像
し続けている国がある。それが日本である。1972年に搭乗型の巨大人型ロボッ
トの嚆矢である『マジンガーZ』が誕生して以来，『機動戦士ガンダム』

(1979)，『超時空要塞マクロス』(1982)，『新世紀エヴァンゲリオン』(1995) など数多くの巨大ロボットたちが創造され，多くの人々の支持を集めてきた。2000年代に入ってからの『進撃の巨人』(マンガ連載開始は2009年，TVアニメ放送は2013年) をこの系譜に含めることも可能だろう。また，特撮の世界では，いわゆる "スーパー戦隊シリーズ" において，『バトルフィーバーJ』(1979) 以降，最新作の『騎士竜戦隊リュウソウジャー』(2019) にいたるまで，巨大人型ロボットが登場し続けている。そして現実世界においては，実物大 (19.7m) の「ユニコーンガンダム」がそびえ立っているのである（第11章も参照）。

　本書は，このように日本社会において今なおその存在感を示す「巨大ロボット」について，アニメ作品の解釈およびアニメ外への展開を対象に，社会学的な読解・考察を試みたものである。本章では，各章の論考に先立って，「巨大ロボットの想像力」について，その内実を明らかにしておきたい。

2　チャペックと現代社会

　チャペックの想像力が生んだ「ロボット」という新しい用語は，人々の想像力を刺激し急速に普及した。「ロボットという新語が社会に浸透してくると，人々はその属性を拠り所として新しく登場してきた革新的な機器をロボットと呼び始めた」(井上 2007：25) のである。それは同時代的にもたとえば戦前日本の「ロボットブーム」としてあらわれたが，チャペックの想像力が生み出したロボットは，単なるブームに終わらず持続的に人々の想像力と創造力を刺激し続け，小説・映画・マンガなど創作の領域への影響に止まらず，現実の社会においてもさまざまなロボットを現出させている。

（1）労働力・兵器としてのロボット
　チャペックが想像した人の労働を代替する（部分的にではあるが）ロボットの産業界への導入は1970年代から進み始め，日本では1980年が「ロボット元年」とされている (吉田ほか 1994：34)。日本経済再生本部が2015年に発表した『ロボット新戦略』によれば，日本の産業用ロボットは，1980年代以降製造現場を

中心に急速に普及し，とくに自動車および電気電子産業においては，「ロボットの本格導入と軌を一にして，高い労働生産性の伸びを背景に大きく成長し，まさにロボットの活用とともに，Japan As No. 1の時代を牽引してきた」という（日本経済再生本部 2015：1）。

　身近な生活の場においても，人に代わって家事などを行うロボットの開発・普及が進んでいる。ヒット商品となった iRobot 社の開発した「ルンバ」（2002年発売）などの掃除ロボットの他にも，洗濯物の折り畳みや家族別仕分けを行う選択ロボット，窓掃除ロボットなどが開発されている。

　『ロボット（R.U.R.）』ではロボット兵士が人類を虐殺したが，現実においても無人航空機（ドローン），武装車両，輸送用四足歩行型ロボットなどの軍事用ロボットの開発も近年急速に進み，遠隔操作型の武装無人機はすでにアフガニスタン戦争やイラク戦争で実戦投入されている。軍事用ロボットの技術は危険物処理や災害対応ロボットのそれと連続している。日本においては阪神淡路大震災（1995）後，災害対応ロボットの調査研究が活性化し，東日本大震災（2011）に際しては，原子力災害のがれき撤去やモニタリングなどに遠隔操作型ロボットが導入されている。同震災は汎用性が高い二足歩行する人型ロボット開発の世界的活性化の契機ともなった。

（2）ロボットと AI・再生科学

　ロボットに関連する先端技術として，AI と再生科学がある。チャペックのロボットは当初，目的に応じて入力されたプログラムに応じた限定的思考をする存在であったが，のちに「魂」を授けられる。ここでの「魂」は高度な AI と解釈することもできるだろう。AI は「人工知能」（artificial intelligence）を意味し，1956年のダートマス会議においてはじめて用いられた用語である。AIは2010年代において，コンピューターの計算速度の向上，ディープラーニング（プログラムの自己学習）手法の進歩，ビックデータ収集利用環境の整備などにより，飛躍的発達を遂げた。AI の進化により生産コストがゼロに限りなく近づくという，チャペックが『ロボット（R.U.R.）』で描いたような社会の実現可能性を主張する「プレ・シンギュラリティ」概念も提唱されている[3]。2013年には国立情報学研究所などが開発した AI「東ロボ君」による東大合格プロジェ

クトが，2015年には Google が開発した AI「AlphaGo」が囲碁でプロ棋士に勝利したことが，それぞれ大きなニュースとなった。

　身近な生活においても AI の普及は進んでいる。先に触れたロボット掃除機のみならず，AI 搭載を謳う家電は増えてきた。冷蔵庫や洗濯機，エアコン，オーブンレンジなど，われわれが身近に使っている家電に AI が搭載されるようになってきている。また，これらの AI 搭載の家電を使っていなくても，スマートフォンの Siri や Google Assistant によって，多くの人がすでに AI 技術を利用している。AI はすでに身近な技術なのである。

　AI 技術を用いた自動車の自動運転技術や物流ドローン・物流ロボットの開発，産業ロボットや軍事ロボットへの AI 技術の導入も進んでいる。そうした状況のなか，人の操作なしで攻撃が行われる AI を搭載した自律型の軍事用兵器（自律型致死兵器システム（LAWS））の各国の開発競争が加速し，2018年には国連で LAWS 規制をめぐる会合が開かれるにいたっている。

　チャペックのロボットは脳・内臓・骨などの各器官を人工的に原形質から培養して作り出されたものとされている。培養した細胞を用いた再生科学や多能性幹細胞研究も現実に成果を挙げつつある。1981年にはマウスの，1998年には人の ES 細胞（胚性幹細胞）が樹立し，2007年には山中伸弥教授により iPS 細胞が樹立され2014年より臨床研究が始まり現在いくつかの研究が治験の段階に進んでいる。

3　人型ロボットの想像力

　このようにチャペックの想像力が生み出したロボットは，人々の想像力に連鎖して創造力を喚起し，さまざまな技術の研究開発や実用化，それに伴う社会の変化を生み出しつづけている。一方，現在実用化の段階に達している産業用・軍用・災害対応用・家事用ロボットはいずれも基本的にヒューマノイド（人型ロボット）ではない。1986年に出版された子ども向けの産業ロボットの本には，「『ロボット』ということばに抱く皆さんのイメージは，たぶん『鉄腕アトム』や，ガンダムの『モビルスーツ』などでしょう」と前置きしたあとに，「ところが，最近テレビなどによく出てくる，いわゆる『産業用ロボット』

は，これらの人間形ロボットとは似ても似つかぬ外見をしています」と書かれている（中野 1986：2）。

（1）二足歩行ロボットの開発

　最初に述べたように，チャペックの戯曲においては，巨大ロボットの開発は断念されていた。現実の世界においても，そもそもサイズにかかわらずロボットの二足歩行技術の開発は非常に難しいとされ，ヒューマノイド（人型ロボット）開発の大きな難点となってきた。従来，二足歩行可能な人型ロボット研究は日本において盛んであり，二足歩行する「世界初の人型ロボット」は早稲田大学の加藤一郎の研究グループが開発した「WABOT-1」（1973）とされている。

　WABOT の開発には，「21世紀に入るとロボットは現在の主な活躍場所である第2次産業だけでなく，いわゆるサービス産業である第3次産業へその活躍の場を広げると考えられる。この場合，ロボットにはより人間的な機能，姿態が求められる。すなわち，産業用ロボットが人間の力仕事を代行するものとすれば，このロボットは力作業だけでなく，人間のように情報の処理もするという2面性をもたなければならない」という理念があったという（Humanoid Robotics Institute）。1996年にホンダが自律型の人型二足歩行ロボット「P2」を発表したとき，その技術的先進性はロボット研究者に衝撃を与え，P2を小型化した「ASIMO」発表（2000）は社会的にも大きな話題となった。一方で，機能主義的な思考をもつ欧米の技術者たちにとって，ASIMO はたしかに衝撃的でありつつ，同時に「この技術がどんな役に立つのか」といった疑問を生むものでもあったという（前島 2009a）。目的合理的にいえば，ロボットは個々のタスクに応じた形態をとればよいのであって，二足歩行をする人型をとる必然性はないからである。すでに触れたように，東日本大震災による原発事故は二足歩行ロボット研究を世界的に活性化させた。2013年に発表された Boston Dynamics 社の「Atlas」は，ASIMO をはるかに上回る二足歩行技術が導入されており，ホンダの ASIMO 開発プロジェクト中止にも影響を与えたといわれている。

　P2，ASIMO の開発にはさらに興味深いエピソードがある。P2の発表前，ホ

ンダがローマ教皇庁を訪問し意見を仰いでP2公表のお墨付きを得たという事実である（前島 2009b）。これは，キリスト教においては神が神の似姿として人間をつくったとされているため，欧米社会においては被造物である人間が人間を模した人型ロボットを作ることは神への冒涜にあたるとみなす傾向が強いためとされる（前島 2009a）。宗教という文化も，ロボットには実は深くかかわってくる存在なのである（第7章も参照）。

（2）チャペックから手塚へ

さて，日本がキリスト教文化圏でないことは，日本において人型ロボット開発が盛んであった消極的要因にすぎない。タブーがないからといって，それだけでは開発の積極的要因にはなりえないからである。日本において人型ロボット開発が活発であった積極的要因として挙げられるのは，日本のマンガ・アニメ作品の影響である。前島梓は，「日本のロボット産業における形態主義への流れを決定づけたのは，何といっても手塚治虫が描いた『鉄腕アトム』の存在」であるとし，「『人間と対等な存在』として描かれたロボットに強い影響を受けて育った世代が，現代日本のロボット工学を強く推進」しているという（前島 2009a）。

『鉄腕アトム』は，手塚のマンガ『アトム大使』（1951）の脇役キャラクターを主人公に1952年から1968年まで雑誌『少年』に連載されたマンガである。この作品は日本初の連続テレビアニメ『鉄腕アトム』（1963）としてアニメ化され，最高視聴率40％以上を記録する大人気番組となる。「日本がアニメ大国となっていく原点はロボットとともにあった」（氷川 2013c：5）といわれるように，アトムのヒットは，TVアニメブームを生じさせるとともに，日本のアニメ史上にロボットアニメというジャンルの確固とした基盤を提供した。

手塚自身が「終戦直後，非常に私の心をうったものに，カレル・チャペックの作品集がある（中略）チャペックのものは私にはっきりSFマンガの指針をあたえてくれたのである」（手塚 2015：第4章第3段落）と述べているように，手塚はチャペックの作品集に大きな影響を受けたことはよく知られている。チャペックの想像力によって生み出されたロボットのバトンは手塚へと手渡され，手塚の想像力によってアトムが生み出されたのである。

第Ⅰ部 「巨大ロボット」とは何か

4 ロッサム社未完のプロジェクトの継承
──巨大人型ロボット

アトムは等身大の自律型ロボットであったが，同年に放映開始された連続テレビアニメ『鉄人28号』（原作：横山光輝）に登場する鉄人28号は，遠隔操作型の巨大ロボットであった。そして1972年の『マジンガーZ』（原作：永井豪）によって搭乗型の巨大人型ロボットが誕生する。

巨大人型ロボットアニメ誕生の背景には，特撮作品における怪獣ブーム（『ウルトラQ』（1966）），巨大変身ヒーロー作品（『ウルトラマン』（1966））の大ヒットの影響があり（氷川 2013c：7），怪獣ブームの前提には『ゴジラ』（1954）の大ヒットとシリーズ化がある。マジンガーZを生み出した創造力も，さまざまな想像力の流れが合流して生まれている。

（1）巨大人型ロボットの非現実性

総務省が2015年7月に公表した『情報通信白書』には，1960年代以降のマンガやアニメ，小説，映画といった分野のフィクション作品のなかに描かれた架空の技術の，現代での実現状況を考えてみるという内容の「フィクションで描かれたICT社会の未来像」という節がある。そのなかの「4．人工知能、自動制御、ロボット」では，「日本のアニメで描かれるロボットは大きく2つの典型に分かれている。ひとつはドラえもんのように人間の掛け替えのない友人として描かれるもの，もうひとつはガンダムのような大型の戦うロボットである。そして現実の世界でも人間の友達としてのロボットは開発されてきた」と述べられ[4]，その例としてソニーの「AIBO」（1999）やソフトバンクの「Pepper」（2015）などの例が挙げられている（総務省 2015：321）。他方，ガンダムのような大型のロボットの必然性に関しては，安定性，操作性，大型ロボットの二足歩行への疑問，素材などの面から「その必要性は否定され続けてきた」とされている（総務省 2015：322）。

現実の世界においても，日本の水道橋重工が製作した全高4mの「クラタス」，榊原機械が製作した全高8.5mの「LW-MONONOFU（もののふ）」，アメ

8

リカの MegaBots が製作した全高4.6m の「MegaBotMk.2 (Iron Glory)」と全高4.9m の「MegaBotMk.3 (Eagle Prime)」などの搭乗型巨大ロボットが製作されてはいるものの，等身大のロボット開発に比してもいまだ娯楽的・趣味的範囲を出ず，実用的というには程遠いものにとどまっているといわざるをえない。現実社会におけるロボットの実現可能性に関しては，巨大ロボットよりも等身大（以下）のロボットなのである。

（2）巨大人型ロボットの想像力

その実現可能性が疑問視されてきたとしても，『マジンガー Z』以降，搭乗型の巨大人型ロボットが登場するアニメは，現在にいたるまで多数の作品が連続的に作り続けられ，アニメのなかで「（巨大）ロボットアニメ」というジャンルを形成している。等身大のロボットが登場するアニメが，『ドラえもん』などの人気アニメが単発作品として継続して製作され続けている状況はあるものの，「それのみによる継続的な単一ジャンルを形成するには至っていない」（氷川 2013b：2）ことに比して対照的である。

海外のエンターテイメントにおいては，ロボット自体は継続的に取り扱われているが，搭乗型の巨大ロボットが登場する作品は，日本アニメ文化の直接的影響が強い韓国の状況を例外として，相対的にかなりマイノリティーなジャンルであり続けている。搭乗型の巨大ロボットが活躍する海外で人気のロボットアニメは，『超電磁マシーン ボルテス V』(1977)・『UFO ロボ グレンダイザー』(1975)・『鋼鉄ジーグ』(1975) 等の日本作品か，『ロボテック』(1985) や『ヴォルトロン』(2016) 等の日本の巨大ロボットアニメの再編集作品で占められている。自律型巨大ロボットアニメ・CG 映画としてアメリカで人気の『トランスフォーマー』シリーズも，もとは日本の玩具が「原作」である（第3章参照）。搭乗型の巨大ロボットが登場する一連の作品群が確固としたジャンルを形成しているという状況は，日本（のアニメ）文化の顕著な特徴なのである。日本は，ロッサム社も開発を断念した巨大ロボットを，ある意味で継続的に「作り続けている」のである。

第Ⅰ部　「巨大ロボット」とは何か

5　チャペックを超えて——「搭乗する」というリアリティ

　すでに触れてきたことであるが，日本で作り続けられている「巨大ロボット
アニメ」の特徴は，巨大人型ロボットが基本的に「搭乗型」であることであ
る。『マジンガーZ』の原作者である永井豪は，自動車の渋滞をみながら「こ
んなに前がつまってると，後の車は前の車をまたいで前に出たいと思うだろう
な〜」と思ったところから，「車のように，人が乗って操縦するロボット」を
思いついたと述べている（永井 2002：28）。ここでは，日本のクリエイターの
想像力がもたらした，チャペックのロボットからのはっきりとした逸脱がみら
れる。では，なぜ「巨大ロボットアニメ」のロボットは，搭乗型が主流となっ
たのであろうか。

（1）「乗り物」としてのロボット
　馬場伸彦は，戦後ロボットイメージの代表を，高度な人工知能を搭載した自
律した存在であるアトムと，兵器としての「自我なき純粋機械」である鉄人28
号に求める（馬場 2010：114）。そして，鉄人28号の読者（視聴者）はロボットで
はなく，その操縦者に感情移入し，同時に「『鉄人』を自在に操る行為を想像
することで自己全能感を味わう」ことになるという（馬場 2010：115）。馬場は
自動車を運転する感覚と共通する「自己能力を拡張させたいという欲望」と
「コントロール可能な兵器としてのリアルさ」が「その後の漫画作家たちの創
造力を刺激し，世界に類のないロボットイメージのバリエーション」を生み，
「その後の漫画やアニメに与えた影響力に限定していえば，『アトム』よりも
『鉄人』の方が大きかった」とする（馬場 2010：115-116）。鉄人28号は遠隔操作
型巨大ロボットであるが（そして現実の軍事用ロボットに比せば遠隔操作型によりリ
アリティがあるにせよ），その延長線上に搭乗型巨大ロボットがある。
　宇野常寛も，日本の戦後アニメーションが描いてきた「ロボット」は「日本
で奇形的な進化を遂げた」「乗り物としてのロボット」であるとする（宇野
2018：141）。機械の乗り物を操るのは大人の男性の仕事とされていた20世紀の
現実の社会を前提に，機械の乗り物のメタファーであるロボットを与えられた

少年が，それを乗りこなすことによって一人前の大人になり，悪と戦い社会的な自己実現をするという，男の子の成長願望に直接的に応えた作品だったことが「戦後日本のロボットアニメの出発点であり，本質」であるとする（宇野2018：150-151）。そして宇野は，『機動戦士ガンダム』（1979）が「モビルスーツ」と「宇宙世紀」というリアリズムを巨大ロボットアニメに導入したことにより，「男の子の成長願望の受け皿だったロボットアニメを，若者の自己探求の物語にアップデート」したと述べている（宇野2018：167-168）。

（2）「搭乗する」というリアリティ

　馬場と宇野両者はともに「搭乗型の巨大ロボット」による「身体（および能力）の拡張」と「リアル」を指摘する。巨大ロボットは，身体（および能力）の拡張という点で「巨大変身ヒーロー」に比して相対的により「リアル」だったのである（巨大ロボットの身体については，第4章を参照）。この相対的な「リアル」さが重要であることを示す作品が，『マジンガーZ』よりもわずかに早く放送された『アストロガンガー』（1972）である。『アストロガンガー』の主人公である少年は，人格を有した「生きている金属」が巨大ロボットの形状となった存在である「アストロガンガー」と「合体（融合）」して戦う。この作品の企画段階では，『マジンガーZ』同様に「主人公の少年はヘリコプターのような乗物に乗って巨大ロボットに合体し，操縦するという設定になっていた」が，制作段階にいたって「いわば当時はやりの変身もののバリエーションにされてしま」ったという（杉山1981：241）。そして現在，『マジンガーZ』は巨大ロボットアニメの「元祖」とされ2017年にリメイク（『劇場版 マジンガーZ INFINITY』，日本では2018年公開）されるなど未だに一定の人気を得ているのに比して『アストロガンガー』を知るものは少ない。

　「生身の人間」がその存在のまま，発達した科学技術によれば現実に存在する（かもしれない）「巨大ロボット」を操る，という「リアリティ」。これこそ「日本では，漫画とアニメの世界で，ロボットが生み出される肥沃な土壌が育まれてきた」（マトロニック2015=2017：94，傍点は引用者）理由の1つなのである。

　さらにこのリアリティは，自分の身近に実際にロボット（の似姿）を所有したいという「玩具」への欲求にもつながり（第10章），また実際に自分で巨大ロ

第Ⅰ部 「巨大ロボット」とは何か

ボットを操作したいという「ゲーム」への欲求にもつながる（第9章）。あるいは，それを実際にみてみたいという願望にもつながるだろう（第11章）。そもそも「日本のロボットアニメとマーチャンダイジングは，その歴史の始まりから密接に関係していた」（五十嵐 2017：4）。ロボットアニメ関連商品を通じて，巨大ロボットアニメの主人公が自分のままでロボットを操ったように，巨大ロボットアニメの視聴者も自分が自分のままで，現実の世界で巨大ロボットへの想像力をはばたかせるのである。

6 おわりに

チャペックの想像力が生んだ「ロボット」に発し，「ロボット」をめぐる想像力の連鎖的触発によって日本社会に現出し定着した「巨大ロボットの想像力」について述べてきた。

まず，第1節では，この章の問題意識を述べた。本書全体で問題にしている「巨大ロボットの想像力」とはなんであるのか。これが本章の問いであった。第2節では，チャペックが戯曲で使った「ロボット」という言葉が，現実の社会においてもさまざまなロボットを現出させている様子を描いた。続いて第3節では，実現が困難とされる二足歩行ロボット開発が日本で盛んであったことを述べ，そこに手塚治虫が描いた『鉄腕アトム』の存在が大きかったことを指摘した。手塚もまたチャペックの影響を受けており，チャペックの想像力が生んだロボットのバトンが，手塚に（そして，日本のアニメに）渡されるのである。

第4節では，巨大人型ロボットの非現実性を指摘しながらも，日本のアニメにおいて連綿と描かれてきたと述べ，それを「ロッサム社の未完のプロジェクト」ととらえなおした。そして第5節では，さらにチャペックを超えた日本アニメの巨大ロボットの要素として，「搭乗すること」を指摘した。そして，「搭乗型の巨大人型ロボット」であることが日本の「巨大ロボットの想像力」の特質であることを明確にした。そして"「生身の人間」がその存在のまま，「巨大ロボット」を操るという全能感とリアリティ"こそが，日本で継続して「巨大ロボット」が想像（創造）されてきた理由であると指摘した。

本章で説明してきたとおり，本書の対象となる「巨大ロボット」とは，「搭

12

乗型の巨大人型ロボット」である。その際に，巨大ロボットアニメに登場する
ロボットを中心に据える。それゆえ，本書で巨大ロボットを考察する場合，戦
後日本のアニメーション作品で描かれたロボット中心とする。もちろん，それ
は"中心とする"という意味であって，適宜，他のメディアの作品も参照する
ことにしたい。

---

1) 今回引用した岩波文庫版の訳では，「超」の部分に「スーパー」とルビがふってあ
る。この「超ロボット」を英語版でみてみると，"Super-Robots" と書かれている
（Selver 1923：19）。つまり，チャペックの戯曲は，「ロボット」のみならず，「スー
パーロボット」という言葉の原点でもある。

2) 日本経済再生本部は，経済財政政策の実行の司令塔として，2012年12月の安倍内閣発
足時に設置された組織である。

3) 「シンギュラリティ」とは，「技術的特異点」と訳される概念で，高度化した AI が人
類の知能を超えるとき，AI が人類に代わって文明の主役となることを意味し，「プレ・
シンギュラリティ」（前特異点）は齊藤元章（2014）が提唱したシンギュラリティの前
段階としてスパコンの速度が1エクサを超えるときに人類が生活のために働く必要がな
くなる技術革命が起きるという概念である。なお，シンギュラリティの到来については
否定的見解も多い。

4) ただ，アトムなどの自律型ロボットと，ガンダムなどの搭乗型ロボットとの差は，実
はそれほど大きなものではないという考え方も可能である。2017年4月7日 NHK 総合
で放映された『ニッポンアニメ100 ロボットアニメ大集合』（午後10：00〜午後10：
48）において，電気通信大学情報理工学研究科教授（当時。現在は，慶應義塾大学理工
学部教授）・栗原聡は，以下のような趣旨の発言をしている。「ファーストガンダムのよ
うなレバーが2つしかないタイプのものは，すごい高機能な人工知能がなければ本当は
動かない。つまり，あるときのレバーはビームライフルを撃つんだ，あるときのレバー
はジャンプをするんだとか」（本人の発言のままではない。こちらで若干修正してい
る）。この発言にあるように，ガンダムのような搭乗型ロボットも，かなり自律的なシ
ステムによって支えられているのである。というよりも，そうでないと操縦できない。

5) 身近な乗り物である「自動車」のメタファーとしての巨大ロボットを，よりはっきり
と示しているのが，富野由悠季監督のロボットアニメ『戦闘メカ ザブングル』（1982）
である。主人公ロボットであるザブングルおよびウォーカー・ギャリアは，自動車と同
様，丸ハンドルで操作され，燃料はガソリンである。自動車を運転するという（大人の
男性の）所作と，ロボットを操縦するという所作（子どもの願望）が重ね合わされた作
品といえるだろう。

【池田太臣・小島伸之・木村至聖】

2 持続する巨大ロボットアニメの想像力
▶新作 TV アニメ放送作品数の年次推移から

1 はじめに

　この章では，巨大ロボットアニメの長期的な趨勢をみることにしたい。そのために，主に1972年から2016年までの TV で放送された新作 TV アニメ（ただし，単発の特番や総集編も含む）の放送作品数の年次推移をみる。

　氷川竜介がいうように，「日本におけるアニメーション文化と産業は，TV アニメをメインストリームとして発展してきた」ことは間違いない（氷川2015：23）。また，増田弘道は「日本では，ジブリや一部の作家性の強い劇場アニメを除いて，流行はテレビアニメからつくられ」ると指摘している（増田2018a：22）。そうであれば，TV で新作アニメがどの程度放映されているかは，日本におけるアニメ文化の趨勢をみる，非常に大きな手がかりになると思われる。

（1）巨大ロボットアニメの定義

　まず，本章で取り上げる巨大ロボットアニメについて説明する。本章でいう巨大ロボットアニメとは，以下の3つの条件を満たす作品である。

　①巨大ロボットとは「大きくて，人型の構造物」とする。大きさの基準は，成人が見上げるくらいを想定している。したがって，「アトム」や「ドラえもん」などは除外される。また，人型とはいいがたいロボット（ゾイドシリーズやタイムボカンシリーズの動物や昆虫を模したメカなど）も除外される。

　②その構造物は，人が搭乗して操作するものである。第1章で説明したとおり，日本の巨大ロボットアニメの特徴は操縦者が「搭乗する」ことであった。本章の議論でも，その特徴を踏襲する。したがって，遠隔操作されるロボット（鉄人28号など）や自律型の巨大ロボット（トランスフォーマー・シリーズなど）は

除外される。

　③上記①②の条件を満たす「搭乗型の巨大人型ロボット」が登場し，主人公（側）に使用される日本のアニメーション作品であること（ただし，共同制作は含む）。したがって，敵側にのみ巨大ロボットが登場する『科学忍者隊ガッチャマン』のような作品は除外される。

　以上のように，3つの条件でもって，本章でいう「巨大ロボットアニメ」を定義したい。

（2）データベースの説明

　次に，本稿で示される新作 TV アニメの年ごとの数値は，筆者が収集したデータをもとにしているが，そのデータの説明もしておこう。

　ここで示すデータは，文化庁が作る「メディア芸術データベース（開発版）」から，年ごとにデータを抽出して作られている。このデータベースは，文化庁のメディア芸術デジタルアーカイブ事業の一環として整備され，公開されているものである（文化庁 2019）。このデータベースから年ごとにアニメ作品を抽出したリストに，その他の文献やウェブ上の情報を加えて作成した。

　TV アニメの作品数に関しては，これまでにも何度か集計されている。もっとも包括的なものは，一般社団法人日本動画協会が発行している『アニメ産業レポート』であろう。この2018年度版には，TV アニメ作品放送タイトル数の推移（1963年から2017年まで）がグラフで示されている（数土 2018：30）。このグラフは，各年の放送タイトル数が新作と継続とに分けて集計されており，非常に参考になる。次に，増田のぞみらの集計によるものがある（増田ほか 2014）。

　この2つの先行文献と，今回の筆者の集計とは数値の食い違いがみられるが，本稿に関しては，筆者の集計に準拠して話を進める。

2　新作 TV アニメ放送作品数の推移

（1）定着している巨大ロボットアニメ

　今回対象としている巨大ロボットアニメ作品は，1972年の『マジンガーZ』を嚆矢とする。その1972年からカウントするならば，全 TV 放送アニメ作品数

第Ⅰ部 「巨大ロボット」とは何か

は4571となり，ここでいう巨大ロボットアニメ作品数は259となる。全TV放送アニメ数の約5.7%が巨大ロボットアニメになる。また，1年あたりの巨大ロボットアニメの放送作品数は，約6本ということになる。

　この巨大ロボットアニメの数値が多いのか少ないのかは，判断が難しいところである。小島伸之によれば，1967年から2017年（そして2018年は1作品だけ含まれている）までに放送されたスポーツ・アニメーション数は概算で282作品である（小島 2017）。ただし，小島の報告するスポーツアニメの作品数は2017年および2018年の1作品を含んでいるが，こちらのリストは2016年までである。他方で，小島のリストは単発の特番や短編などが省かれているが，こちらは単発のTVスペシャル番組，総集編，ショートアニメなども含めている。

　そのために，単純に作品数を比較することはできないが，ほぼ同じ程度といえるのではないだろうか。いずれにせよ，巨大ロボットアニメは，継続して作り続けられている。それゆえ，日本のアニメの世界に定着し，われわれの想像力を規定し続けているといえる。

（2）新作TVアニメ放送作品数の推移について

　まず，TVで放送された新作アニメ作品全体の数の推移をみてみよう。図2-1は，1963年から2016年までの年ごとの新作TVアニメの放送作品数の推移である。全体的にみて，右肩上がりといえる。多少の増減を繰り返しながらも，放送作品数は着実に増えていっているのである。

　さて，山口康男によれば，1963年から放送開始された『鉄腕アトム』の視聴率は，第1話から第3話までは20％台だったものの，4話以降はだいたい30％台で推移している（山口 2009：81）。この視聴率の経過をもって，山口は「ヒット作品としての地位を不動のものにした」としている（山口 2009：81）。その後，「『鉄腕アトム』の成功に触発されたテレビ局やアニメプロダクションは，続々とテレビアニメに参入」してくる（山口 2009：82）。

　図2-1をみると，この状況は数値にも表れている。少々見づらくて恐縮だが，1963年は8作品，1964年は3作品へと低下するが，1965年に放映作品数は急激に増えて二ケタ台に突入し，以後それを維持する。

　この時期は，津堅信之のいう「第一次（アニメ）ブーム」の時期に当たると

2 持続する巨大ロボットアニメの想像力

図 2-1　新作 TV アニメ放送作品数の推移（1963〜2016年）

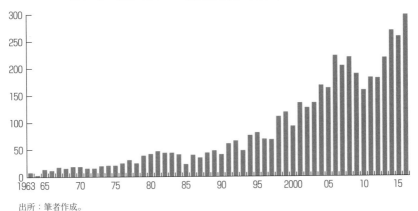

出所：筆者作成。

いえるだろう。

　津堅によれば，日本において3度のアニメブームがあったという（津堅 2017：83）。津堅のアニメブームの定義は「新たな様式や作風をもつ作品が現れることで，アニメ界の潮流に大きな影響をもたらし，作品が量産されると同時に観客層を著しく広げ，観客層の動向や好みが新たに制作される作品にフィードバックされる現象」である（津堅 2017：83）。この定義に基づき，津堅が指摘するアニメブームは，次のように区別されている（津堅 2017：84-87）。

　まず，第一次アニメブームは1960年代半ばであり，「テレビアニメ『鉄腕アトム』放送開始をきっかけとして，画期的な省力システムによってテレビアニメが続々と制作された時期」である（津堅 2017：84）。津堅によれば，とくに宇宙 SF ものが大流行したという。先ほど述べた数値の動きは，まさにこの時期に当てはまる。

　第二次アニメブームは，1970年代半ばから1980年代半ばとされている。この時期は「テレビアニメ『宇宙戦艦ヤマト』『機動戦士ガンダム』によって青年層がアニメの重要な観客となり，宮崎駿監督の『風の谷のナウシカ』に至るまでの流れのなかで，アニメ観客層に大人を含んで大幅に広げた時期」とされている（津堅 2017：84）。「アニメに熱狂する若者を示す『アニメファン』という語」が誕生したのも，この時期とされている（津堅 2017：84）。

17

第Ⅰ部　「巨大ロボット」とは何か

　図2-1をみてみると，第二次アニメブームの状況も，作品数に反映しているように思われる。1975年は21作品だったものが，1980年には倍の42作品になっている。1985年は大きく下がっているが（23作品），それまでは40台をキープしている。

　第三次アニメブームは，1990年代半ばから2000年代半ばとされている（津堅2017：85）。後に述べるように，この時期，『新世紀エヴァンゲリオン』（1995）が社会現象ともいえるほどに人気を博した。次に，宮崎駿監督の『もののけ姫』（1997）の成功と，海外でanimeという語が一般化し，「アニメが日本発の大衆文化として認識された時期」と特徴づけることができる（津堅2017：85）。この結果，国や自治体もアニメに注目するようになり，「第一次，第二次ブームとは質的に異なって，元来アニメに縁のなかった人々がアニメを見直そうとする傾向が強く」なっていく（津堅2017：85）。

　この第三次アニメブームは，2006年あたりに終息する。というのも，テレビアニメが「ピーク時には一週間あたり一〇〇タイトルを超えるほど量産されていた」が，「二〇〇六年から減少に転じ」たからである（津堅2017：86）。

　以上のように津堅が記述する第三次アニメブームの様相は，今回のグラフからも確認できる。というのも，1980年代は40台にとどまっていた作品数も，1995年になると，81作品を超える。さらに注目すべきは1998年であろう。この年に放送作品数は100の大台に乗った。そして，その後多少の増減を繰り返しつつも，2006年のピークまで緩やかに増えていくのである（この点は，津堅の認識と少し異なるが）。

　もっとも，第三次アニメブームの前の時期についても，津堅は「ジブリ作品以外は，とくに大きく話題になった作品は出ておらず，第二次アニメブーム末期の混沌とした状況が持続していたともみえるかもしれないが」，「一九九一年七月現在では，毎週五十タイトル近くもの作品が放映されて」おり，「第二次アニメブームの頃（一九八〇年代前半）がおおむね毎週四十本前後であったことを考えると，決して低調などとは言えない」と述べている（津堅2004：165）。こうしてみると，第三次アニメブームというよりも，アニメ自体が着実に力をつけており，確実に数を増やしていった時期とみるのがよいかもしれない。

　そもそも〝ブーム〟というのは放送作品数だけで決まるものではない。むし

18

図 2-2 巨大ロボットアニメの放送作品数の推移（1972〜2016年）

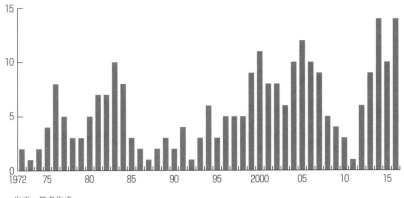

出所：筆者作成。

ろ，テレビ放送に端を発しつつも，それ以外のメディアでの盛り上がりが左右する。そう考えると，放送作品数だけでブームをみることの限界がここに表れている。

3 巨大ロボットアニメ放送作品数の推移

（1）第一次巨大ロボットアニメブーム

　先に述べた3つのアニメブームのなかで，巨大ロボットアニメは，どのような状況だったのだろうか。図2-2は，1972年から2016年までの新作巨大ロボットアニメの放送作品数の推移である。この図をみながら，説明していきたい。
　第一次アニメブームには，ここでいう巨大ロボットアニメは関係していない。この時期の巨大ロボットアニメといえば，『鉄人28号』（1963）が思い浮かぶ。そして，その作品が第一次アニメブームの一旦を担ったのも間違いない。しかし，『鉄人28号』は搭乗型でないため，ここでいう巨大ロボットアニメには当たらない。また，この1960年代のアニメブームの最初期の頃は，どちらかといえば，SFアニメの人気といった方が適切のように思われる。
　そのSFアニメ人気も，1966年には陰りがみえ始めていたようである。アニ

19

第Ⅰ部 「巨大ロボット」とは何か

メージュ編集部編『TV アニメ25年史』(1988) では，1966年のアニメの解説として「3年間主流を占めてきた SF 路線があきられたのか，少し後退し，かわってのしてきたのがギャグアニメ路線であった」と述べられている（アニメージュ編集部編 1988：12）。

それに対して，第二次アニメブームと巨大ロボットアニメは強く関係しているように思われる。先に述べたように，第二次アニメブームは，1970年代半ばから1980年代半ばである。

この約10年間に先立って，1972年に巨大ロボットアニメの嚆矢ともいうべき『マジンガー Z』が放映される。津堅は，この『マジンガー Z』という作品の意義を「操縦者が搭乗する巨大ロボットものアニメの先駆けで，以後，『機動戦士ガンダム』へと発展する日本アニメの類型のなかでも特筆すべき様式の出現である」と述べている（津堅 2004：149）。山口もまた，「『鉄人28号』(1963年) のようにリモコンで外部から操作するのではなく，人間がロボットに乗り込み操縦するスタイル」で，「ここから巨大ロボットアニメブームが始まった」と評している（山口 2009：102）。

作品のジャンルとしてのみならず，『マジンガー Z』は，ビジネスのあり方としても画期的な作品であった。たとえば，津堅は「いわゆる超合金モデルの販売など，マーチャンダイジングがアニメ作品の企画までをも左右する構図を方向づけた作品」と評している（津堅 2004：149）。山口も「『鉄腕アトム』や『鉄人28号』も玩具の発売はあったが，玩具会社が企画の主導権を握り始めるのはこのころから」としている（山口 2009：102）。「操縦者が搭乗する巨大ロボットもの」という一つのアニメジャンルの成立とマーチャンダイジング主導のアニメ制作という2つの点で，『マジンガー Z』は画期だったといえる。

この『マジンガー Z』の放映をきっかけに，「巨大ロボットアニメブーム」が始まる。つまり，津堅のいう第二次アニメブームの前に（そしてその最初期と重なるように），「巨大ロボットアニメブーム」があったのである。この状況は，図2-2からもみてとれる。1972年の2作品から1973年には1作品に落ち込むが，1974年は2作品，1975年は4作品，1976年は8作品と，倍々に増えている。

この時期の巨大ロボットアニメの主だったものを挙げておくと，『マジン

20

ガー Z』の後番組である『グレートマジンガー』(1974)，さらにその後番組で
ある『UFO ロボ グレンダイザー』(1975)，「合体ロボット」の先駆的作品で
ある『ゲッターロボ』(1974)，その後継番組である『ゲッターロボ G』(1975)，
のちに『機動戦士ガンダム』の原作者・総監督となる富野由悠季が監督として
かかわった『勇者ライディーン』(1975)，悪役の美形キャラクターが女子中高
生の人気となり，以後同系のキャラクターの流行を作り出した（朝日ソノラマ
編 1981：83）とされる『超電磁ロボ・コンバトラー V』(1976) などがある。

（2）第二次巨大ロボットアニメブーム

今述べたように，巨大ロボットアニメの放送作品数に注目すれば，1972年か
ら1976年までに「第一次巨大ロボットアニメブーム」があったといえる。しか
し，この「巨大ロボットアニメブーム」は，ほどなく収束する。図 2 - 2 をみ
ればわかるように，1975年，1976年と倍々に増えていった作品数も，1977年に
は減少に転じている。五十嵐浩司は「1972年に放送が開始された『マジンガー
Z』から足かけ 6 年，長きにわたる巨大ロボットブームに陰りが見え始めたの
が1977年のことである」と指摘している（五十嵐 2017：77）。

『機動戦士ガンダム』（以下，『ガンダム』）が放送された1979年は，山口によれ
ば，「ロボットブームは一段落し，マンネリになっていた」時期であった（山
口 2009：116）。この後，衰微していくかのようにみえた巨大ロボットアニメだ
が，『ガンダム』を契機に状況が変化する。『ガンダム』およびその人気につい
てはさまざまなメディアで解説もされており，ここで説明する必要はないだろ
う。また，その作品の特徴については，本書第 8 章をお読みいただきたい。

『ガンダム』のもっとも大きな影響は，いわゆる「リアルロボット」という
作風を作りだしたことであろう。氷川によれば，『ガンダム』という作品は，
ロボットという呼称を排して「モビルスーツ」というオリジナルな呼称を創作
したこと，宇宙植民地と地球連邦の全面戦争という設定をおき，そこでモビル
スーツを「兵器」と位置づけたこと，敵のロボットを量産される工業製品とし
て描くことなどによって，「『ロボットヒーロー対メカ怪獣』という構造から一
歩抜きんでることに成功した」という（氷川 2013c：20）。このことによって，
巨大ロボットアニメの「お約束」として採用されていた不自然さを修正し，

第Ⅰ部 「巨大ロボット」とは何か

「リアリズムで補強したことで新しい時代を築いた」のである（氷川 2013c：20）。

『ガンダム』の放映以後，低迷していた巨大ロボットアニメの作品数が増加傾向に転じる。図2-2にあるように，1980年は5本，1981年に7本となった。1982年は横ばいだが，1983年には二けたに乗る。この数字は「第一次巨大ロボットアニメブーム」と名づけた時期の最高値である8本（1976年）を超えている。1984年は減少に入るが，数としては8作品と少なくない。氷川は「1982年～1984年はリアルロボット全盛期」と位置づけるが，それは数値のうえでも確認できる（氷川 2013c：24）。

また，ビジネスの視点からも，この時期のブームの様子がうかがえる。五十嵐は，1983年を「ロボットの立体物をマーチャンダイジングの主軸とする作品が史上一番多い年」とし，「ビジネスとして，ロボットが最も注目を浴びた時期なのである」としている（五十嵐 2017：143）。『ガンダム』に登場するロボット群をプラモデル化した，いわゆる「ガンプラ」のブームも，この時期と重なる（ガンプラについては，第10章を参照）。

この1980年から1984年までの時期は，津堅のいう第二次ブームと重なる。つまり，第二次アニメブームは，「巨大ロボットアニメブーム」でもあった。先の「第一次巨大ロボットアニメブーム」と区別して，この時期を「第二次巨大ロボットアニメブーム」と呼ぶことにする。

この時期の作品としては，『ガンダム』の富野由悠季が原作・総監督を務めた『伝説巨神イデオン』（1980），同監督の作品でファンタジーテイストが魅力の『聖戦士ダンバイン』（1983），『ガンダム』よりもさらにリアルロボット路線を進めた作風の『太陽の牙ダグラム』（1981），“道具としてのロボット”をより突き詰めた『装甲騎兵ボトムズ』（1983）などがある。これらはいずれも『ガンダム』を制作した「サンライズ」（1972年9月設立）の作品である[2]。「第二次巨大ロボットブーム」は，これらのサンライズの「リアルロボット」作品が中核を担っていたといえる。

サンライズ作品以外にも，リアルロボット作品として『超時空要塞マクロス』（1982）は忘れてはならない作品だろう。アイドルおよびラブコメといった要素を取り入れたことが特徴的である。TVアニメ放送終了後に映画化され

た（1984）。その後も継続してテレビアニメ，OVA，映画等が作られ，マクロスシリーズとして人気のシリーズとなった。

（3）第三次アニメブームと「巨大ロボットアニメ」

津堅のいう第三次アニメブームにおいては，なんといっても『新世紀エヴァンゲリオン』（初回テレビ放送は1995年，以下『エヴァ』）の存在は外せない。『エヴァ』は，セカンドインパクトと呼ばれる大災害後の西暦2015年を舞台に，中学生の少年・碇シンジがエヴァンゲリオンというロボットに乗って，「使徒」と呼ばれる正体不明の怪物と戦う物語である。

『エヴァ』は，18時30分から19時という，ゴールデンタイムに近い時間での放送だった。津堅によれば，このときの視聴率は低調であったという（津堅2014：109）。しかし，深夜帯で再放送されると，「まさにヤングアダルト世代が中心となって大きな話題」となり，「ちりばめられた謎を解明しようと多くの分野の専門家が論考などを発表」し，「社会現象として捉えられるほどになった」（津堅 2014：109）。廣田恵介によれば，こうした「知識人まで巻き込んだ作品人気は『ガンダム』以来の衝撃として，各誌に競って取り上げられる事となった」という（廣田 2000：33）。また氷川は「神秘的な作風で人間の『心の問題』にまで踏み込み，高密度で斬新な映像感覚で大きなブームを巻き起こした」作品であると評している（氷川 2013c：32）。『ガンダム』以来の巨大ロボットアニメが巻き起こしたブームは，まさに「ロボットアニメの神通力を再認識させる現象」だったといえる（廣田 2000：33）。

この作品の影響としては，主に２つのことが挙げられるだろう。１つは，「深夜アニメの普及とそれに伴う制作本数の増加」である（前島 2010：31）。もう１つは，LD（レーザーディスク）やVHSなどの映像ソフトの売り上げが好調だったため，映像ソフトを売って制作費をまかなうという新しいビジネスモデルの確立に寄与したことである（前島 2010：31）。氷川によれば，オンエア中のアニメ作品を数か月遅れでパッケージ購入するという消費スタイルは，この『エヴァ』の大ヒットによって定着した（氷川 2014：34）。その後，製作委員会が資金を集めて深夜放送の営業枠（元々はテレフォンショッピング用）を購入し，そこでアニメを放送して，ビデオパッケージをセールスするというビジネ

スモデルに発展した（氷川 2014：34）。

図2-2のグラフで，『エヴァ』が放送された1995年以降の巨大ロボットアニメの放送作品数をみてみると，1996年から1998年までは5作品と横ばいであったが，2000年は11作品と倍近い数値となっている。その後，2003年まで下落するが，2004年には10作品とふたたび数を伸ばし，2005年には12作品となっている。

この時期の巨大ロボットアニメ作品としては，パロディ精神旺盛の内容で人気を博した『機動戦艦ナデシコ』(1996)，「勇者シリーズ」の最終作品となった『勇者王ガオガイガー』(1997)，「21世紀のファーストガンダム」とのコンセプトで制作された『機動戦士ガンダム SEED』(2002)，その続編の『機動戦士ガンダム SEED DESTINY』(2004) などがある。また『蒼穹のファフナー』(2004) および『交響詩篇エウレカセブン』(2005) の両作品は，その後シリーズ化した。

（4）巨大ロボットアニメの比率の変化

今述べてきたように，第三次アニメブームにおいても，巨大ロボットアニメの放送作品数は全体的には増えているといってよい。その状況は「第三次巨大ロボットアニメブーム」といえるだろうか。

図2-3は，その年にTVで放送された新作アニメのなかで，「巨大ロボットアニメ」が占める割合の推移を示したものである。構成比なので，本来は100％が最上位の目盛りに来るべきところだが，見やすさを考慮して変則的なグラフになっている。

このグラフをみるとわかるように，10％を超えた年は，まず1972年と，1975年から1978年の間の4年間である。これは，先ほど述べたように，第二次アニメブーム直前の「第一次巨大ロボットブーム」の時期と重なる。

そして『ガンダム』が放映された1979年をはさんで，1980年から1985年までの6年間も10％を超えている。この数値によっても「第二次巨大ロボットアニメブーム」の存在は支持されるだろう。

しかし次となると，2000年のみである（約12％）。この年は，第三次アニメブームに含まれる。しかし，先行する2つの巨大ロボットアニメブームに比べ

2 持続する巨大ロボットアニメの想像力

図2-3 巨大ロボットアニメの割合（1972～2016年）

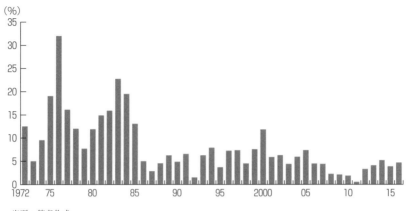

出所：筆者作成。

ると，この時期を「第三次巨大ロボットアニメブーム」と呼ぶことには少し抵抗がある。

『ガンダム』が「リアルロボット」という作風を作り出したとするならば，『エヴァ』が作り出した作風は，間違いなく「セカイ系」であろう。前島賢は，「セカイ系」という言葉の使われ方の変遷を丁寧に跡付けつつ，「セカイ系」を「『新世紀エヴァンゲリオン』の影響を受け，90年代後半からゼロ年代に作られた，巨大ロボットや戦闘美少女，探偵など，オタク文化と親和性の高い要素やジャンルコードを作中に導入したうえで，若者（とくに男性）の自意識を描写する作品群」と定義する（前島 2010：129-30）。こうした趣向は，たとえば「リアルロボット」とは違い，必ずしもロボットアニメと結びつくわけではない。

第三次アニメブームは，たしかに『エヴァ』にも端を発するとみてよい。しかしながら，全体のなかでの巨大ロボットアニメの数をみてみると，巨大ロボットアニメが隆盛になったとはいいがたい。したがって，「第三次巨大ロボットアニメブーム」があったとは言い難いように思われる。

25

第Ⅰ部　「巨大ロボット」とは何か

4　第四次アニメブームと巨大ロボットアニメ

すでに述べてきたように，津堅は３つのアニメブームを指摘していた。さらに近年では，アニメ産業をめぐる状況から，「第四次アニメブーム」との指摘もみられる。ここで，簡単に第四次アニメブームについても触れておきたい。

増田は「第四次アニメブームの到来」を指摘する（増田 2018a：3‐4）。日本動画協会の算出によれば，アニメ産業市場は2014年から急速に拡大し（増田 2018a：4），2017年には２兆円を突破する（増田 2018b：6）。増田は，ゲーム産業（２兆8055億円）や出版産業（１兆9322億円），音楽産業（１兆621億円）と市場規模を比較しつつ，「第四次アニメブームが巻き起こっていると評してもよいかもしれ」ないと述べている（増田 2018a：4）。事実，2013年から2017年の５年間は過去最高記録を更新し続けている（増田 2018b：6）

仮に，この2013年から2017年を「第四次アニメブーム」とするならば，そのブームと巨大ロボットアニメとの関係は，いかなるものであっただろうか。

図２‐１のグラフをみればわかるように，2013年の新作 TV アニメ放送作品数219本は，それまでのピークだった2006年（223作品）に近づく数値である。そして，2014年には最高値（269作品）を更新している。2015年は少し下がるが，2016年はまた最高値を更新している（298作品）。

続いて，巨大ロボットアニメの作品数の推移を図２‐２でみると，2012年から2014年までかなりの勢いで増えている。2014年は，それまでの最高値であった12作品（2005年）を上回り，14作品となっている。2015年で数値がほぼ３分の２になっているが，2016年にはもち直している。

このように，第四次アニメブームでも高水準を維持する巨大ロボットアニメであるが，『ガンダム』や『エヴァ』のように中心となる作品があるかといわれると，答えに窮するものがある。

増田は「第四次アニメブーム」を指摘しながらも，やや懐疑的なそぶりもみせている。その理由を，以下のように説明する。

〔前略〕その実感がないのは，「核となるメガヒット作品」が欠如しているからであ

ろうか。／日本では過去３回のアニメブームがあったが，そのいずれもが核となる
メガヒット作品に牽引されている。1963年からはじまる第一次アニメブームは『鉄
腕アトム』，1970年代後半からの第二次アニメブームは『宇宙戦艦ヤマト』，1990年
代中盤からの過去最大の第三次アニメブームは『新世紀エヴァンゲリオン』『もの
のけ姫』『ポケットモンスター』といったいずれも歴史に残る作品があったが，今
回は社会的現象となってフォロワーが現れるような作品は見当たらない。音楽と同
じように趣向がセグメント化され国民的作品が出現しにくい状況にあるからか。
（増田 2016：7）

「核となるメガヒット作品」がないなかでは，この第四次アニメブームと巨
大ロボットアニメとをかかわらせて述べるのも難しいように思われる。

　比率をみてみても（図 2-3 参照），第四次アニメブームの2013年から2016年
は，最高でも５％台である。つまり，巨大ロボットアニメもたしかに作り続け
られているが，アニメの数全体が膨れ上がっており目立たなくなっているとい
えるだろう。

5　おわりに

　本章では，TV 放送された新作アニメおよび巨大ロボットアニメの年次別作
品数を追うことで，その長期的な動向をみた。まず，第 1 節では，本章での巨
大ロボットアニメの定義と，本章で示すデータについて説明した。第 2 節で
は，津堅のいう 3 回のアニメブームを説明し，それに沿って新作 TV アニメの
放送作品数の増減について説明した。第 3 節では，第二次から第三次アニメ
ブームについて，巨大ロボットアニメの新作 TV アニメ作品数の増減について
説明した。そのなかで，第二次アニメブームおよび第三次アニメブームには巨
大ロボットアニメがかかわっていること，さらに「第一次巨大ロボットブー
ム」と「第二次巨大ロボットブーム」が存在することを確認できた。そして第
4 節では，近年指摘されている「第四次アニメブーム」は「核となる作品なき
ブーム」ということで，巨大ロボットアニメとの強いつながりはみられないこ
とも指摘した。

　最後に，巨大ロボットアニメの今後の見通しについて，簡単に私見を述べて

第Ⅰ部　「巨大ロボット」とは何か

おきたい。

　増田によれば，2015年に全日帯と深夜帯のアニメの制作分数が逆転した（増田 2017：13；2018a：26）。そして，2016年にはその差が開いている。全日帯では，いわゆるキッズ・ファミリー向け作品が多く，深夜帯は大人向けの作品が放送される。つまり，子ども（キッズ・ファミリー）がみるアニメを，大人がみるアニメが上回ったということになる。増田は，この事態を「日本のアニメ史上初めてのこと」と述べつつも（増田 2016：11），より前向きにとらえている。

　日本以外の国々では，「アニメは子どものものというのが常識」であり（増田 2016：11），このような状況は「世界的にみてもかなり特異な状況」である（増田 2017：13）。また津堅も，日本以外の国では，「テレビ放送作品などの一般的なエンタテイメントとして制作されるアニメーションは，ほぼ子ども向け，おおむね未就学の幼児から，せいぜい小学生向けまでを視聴者の対象年齢として制作される」と指摘している（津堅 2014：104）。

　日本の状況はそうした「社会通念を逆転させ」ているのである（増田 2016：11）。ということは，「大人向けアニメ制作とマーケティングに関して日本は圧倒的な優位性をもって」いることになる（増田 2016：11）。アジアを中心に大人のためのアニメ市場が立ち上がりつつあることを指摘したうえで，増田は，「これから大発展するであろう市場をブルーオーシャン状態で独占しているとも言える」と述べている（増田 2017：13）。

　すでに述べたように，第四次アニメブームでは，巨大ロボットアニメの放送作品数は，2012年，2013年，2014年そして2016年と，前年よりも数的には増えている。2014年と2016年の14本は，それ以前の最高値である2005年の12本を超えた数値である。巨大ロボットアニメは，日本の特異な文化といえるだろう。それはさらに，「大人向け」という「ブルーオーシャン」のなかでも受け継がれていく違いない。

　その例が，アニメではないが，『パシフィック・リム』（2013年日本公開）といえる（氷川 2013a）。この映画は，太平洋深海の“裂け目”から出現したKAIJU（怪獣）と，環太平洋沿岸（パシフィック・リム）諸国が開発した「搭乗型の人型ロボット」の戦いを描いた映画である。「怪獣対巨大ロボット」という構図で，日本の巨大ロボットアニメをほうふつとさせる内容である。2018年

4月には，続編の『パシフィック・リム——アップライジング』も公開された。日本の巨大ロボットアニメの想像力が，アメリカ映画にも飛び火したわけである。

この『パシフィック・リム』を制作した「レジェンダリー・ピクチャーズ」は，2018年7月6日，サンライズと共同で『機動戦士ガンダム』を実写映画化することを発表した（ハフポスト日本版編集部 2018）。日本の巨大ロボットアニメを代表するタイトルが，はじめて実写映画化される（第3章も参照）。もちろん，期待とともに不安もある。しかし，グローバルな環境のなかで，巨大ロボットアニメの想像力がどのように再構築されていくのか，興味深いところである。

---

1) アニメーション制作会社が中心となり，アニメ業界にかかわる諸企業の協力のもと設立された業界団体である。2002年5月に設立された。参加企業は正会員37社，準会員44社である（2019年8月16日現在）。正会員として，東映アニメーションや株式会社サンライズ，トムス・エンタテインメントなどが名を連ねている（一般社団法人日本動画協会 2019）。
2) 「サンライズ」は，バンダイナムコグループのアニメ制作会社である。1972年に「虫プロダクション」のスタッフ有志が集まり，アニメ制作会社株式会社・創映社を設立したことが始まりである（津堅 2004：156；サンライズ 2019）。作品としては，ガンダムシリーズをはじめとした巨大ロボットのオリジナル作品が知られているが，登場人物の身体や武器に実在の企業のロゴを付けるというタイアップで注目された『TIGER & BUNNY』(2011) や「ラブライバー」という流行語を生みだした『ラブライブ！』(第1期 (2013)，第二期 (2014)) なども手がけている（津堅 2017：150）。
3) アニメ産業市場は「一般ユーザーがアニメ映像や商品，サービスに対して支払った金額の総額である」（増田 2016：7）。ただし，テレビ局の番組売上なども含まれている（増田 2018b：8）。この数値は，「日本動画協会加盟企業を中心とする元請企業に対して行ったアンケート並びに公知のデータに基づいて算出」されている（増田 2016：6）。

【池田太臣】

3 海外におけるロボットアニメ事情
▶アメリカを中心に

1　はじめに

　2018年夏にロサンゼルスで開催された大規模なアニメイベント，「アニメエキスポ」で，日本の代表的なロボットアニメ『機動戦士ガンダム』（以下，『ガンダム』）がハリウッドで実写化されることが発表された。

　現在，『ガンダム』の著作権をもつサンライズはその欧米への普及に非常に力を入れている。マンガ版『ガンダム・ジ・オリジン』の英訳がバーティカル社によって2013年から発売され，ベイビューエンターテインメント社からガンダムシリーズのほぼ全タイトルが英語字幕と吹き替え付きブルーレイ版で順次に発売されている。しかし，これはごく最近の出来事だ。1979年に日本で放映開始された『ガンダム』は何度かアメリカに渡ろうとし，何度も失敗した。そこに文化的要因（＝「ロボット観」）とビジネス的要因（＝玩具展開）があるのではないだろうか。

　アメリカにおける『ガンダム』の扱いに焦点を当てると，2000年にケーブルテレビチャンネル Toonami で『新機動戦記ガンダム W』が放送され，アメリカ市場向けの商品が展開された。その成功を受けて，放送終了後に初代『ガンダム』の英語版がはじめて放送されるが，1970年代の作品のデザインや画質はどうしても受け入れられず，視聴率は低迷した。最終的に2001年の 9・11同時多発テロ事件を受け，放送中止が決定された[1]。その後は長らく「アメリカのガンダム」は低迷期に入る。

　すでに第 1 章で述べられているように，巨大ロボットに乗り込んで戦うというキーコンセプトは，永井豪の『マジンガー Z』ではじめてアニメ作品で使われ，それから15年が経過した『ガンダム』によって，人間対人間のいわゆる「リアル」な戦争と今後の宇宙社会のあるべき未来の異なる理念の衝突を描

30

く，熟成したコンセプトにいたった（第 8 章参照）。この15年の進化過程を，そのまま日本以外の国で再現することは非常に困難である。

　日本においてファン活動・アニメ雑誌・玩具市場などといった当時の日本の複数の特殊要因によって『ガンダム』が異例な成功を収めたことを考えれば，環境の異なるアメリカでのガンダムの受容がすんなりといかなかったことは決して意外ではない。実は，1983年にはハリウッドによる実写版『ガンダム』はプリプロダクションに入っていたが（Winnicki 2018），企画はボツになった。エフェクトに使うＣＧが当時まだ技術的に未成熟で，早すぎた企画だったといえる。なお，この企画はニュータイプが登場しない物語になっていた。

　これまでのアメリカにおける「ロボット」に対する文化的価値観は日本とあらゆる面で異なっていたにもかかわらず，なぜ今『ガンダム』がアメリカで実写化されるのか。この問いは，アメリカの巨大ロボットアニメをめぐる環境にはどのような変化が起こっているのか，にほぼ重なるものである。こうした問いの下で，本章では，主にアメリカにおいて，日本の搭乗型の巨大ロボット（アニメ）というジャンルやその玩具が，どのように受容されてきたか，あるいはされなかったかについて，作品のロボット観の相違と玩具の展開の 2 つから明らかにしたい。

2　アメリカ文化におけるロボット観

　まず，これまでのハリウッドとロボットの両者に一体どういった関係性が構築されてきたかについて述べる。

（1）テクノフォビア

　日本でロボットアニメが全盛期を迎えていた1980年代，ハリウッドでは一般的に，「ロボット」，また「テクノロジー」が「恐い」ものとして描写されていた。まったく感情も人間性もなく，ただプログラムされた任務を果たすための存在である殺人マシンを描いた，ジェームズ・キャメロン監督の『ターミネーター』（1984）が SF ホラージャンルの名作になったのも，当時全米で感じられていた「テクノフォビア」に要因があるだろう。社会風土を反映する大衆文化

第Ⅰ部 「巨大ロボット」とは何か

のトレンドにおいて「機械化された社会のなかで再び人間らしさを追い求める」といったテーマとしてとらえられる作品が多数世に出ており，そういった環境のなかで，日本独自の社会事情によって進化してきた「ロボットアニメ」がそのまま受け入れられるのは困難であった。1990年代からはCGが大幅に活用されるようになったが，ほとんどがメカニックなものより恐竜・怪獣・モンスター系に使用された。

キャメロン監督の『エイリアン2』(1986) ではそのクライマックスでヒロインがエイリアンクイーンとの対決に「パワーローダー」を用いているが，「パワーローダー」は設定上も黄色い外観も貨物運搬用補助動力「ツール」であった。『マトリックス レボリューションズ』(2003) と『アバター』(2009) にはAMP（Amplified Mobility Platform）やAPU（Armored Personnel Unit）と呼ばれる人型戦闘メカが登場する。AMPは「ロボット」的ではあるが，機能性重視の「ツール」であり，人間の体の遠隔の手足のような役割を果たす道具として描かれているといえるだろう。『鉄人28号』や『マジンガーZ』から始まる日本の巨大ロボットのデザインや描かれ方が感情をもてない機械でありながらも何らかの「ヒーロー」の要素が組み込まれているのとは対照的である（第4章参照）。

日本でも1980年代のリアルロボットのトレンドから「機能性重視のデザイン」が流行するが，単なる「ツール」を超えた外見の「強さ」や「カッコよさ」という「ヒーロー」的ニュアンスははっきり残っている。しかし「機能性重視」なのであれば，「人型」である必要性はもともとなかったため，『鉄人28号』や『マジンガーZ』のような「ヒーローとしてのロボット」という前史のないアメリカでは，そのままの「機械にすぎない」イメージとしてのロボットの描写が主流になった。

『攻殻機動隊』のハリウッド実写版『ゴースト・イン・ザ・シェル』(2017) も，社会文化的な「技術の進歩への反発」のスタンスをもつ，テクノフォビア社会向けに，原作が再解釈されている例といえる。押井守監督のアニメ映画版 (1995) では，主人公の草薙素子が自分の存在は一体何なのかと思い，最終的に身体を超えてネット上の「意識」と化した，いわゆる融合情報体になる道を選ぶ。しかし，ハリウッド実写版で素子は正反対の選択をし，自分は機械では

32

ない，ただ1人の「個人」であり，「個」がある限り生きがいがあるとするエンディングを迎える。これは『ロボコップ』（1987）が「私はマーフィーだ」と，ロボット警察官化された主人公がロボット化される前の自意識を取り戻すことでエンディングを迎えるのと同様である。「機械」か「人間」かという選択肢は，「魂」の有無の選択であり，「魂」のある「人間」が肯定的に描かれる。そして，「人間」は，この地球上の他のものよりも（自然も含めて）優れた存在であるという，キリスト教的な欧米に普及した価値観が，エンターテインメントの分野にまで深く浸透していることがわかるであろう（Ito 2007）。

　アメリカの場合，「ロボットは機械であり，したがって人間性がない，感情がない，道具にすぎない」と考えられる。その基本思想をもっている社会ではオートメーションによって徐々に生産性を重視することで「人間性」が失われる恐れがあり，その恐怖感をねらうフィクションもあれば，逆にその認識を裏返す「ロボットにも感情がある」といった「意外な展開」がエンターテインメントとして成立する。こうした観点から，人型ロボットは親近感を増す「人間らしい」ロボットとして描かれることが多い。

（2）ロボットに求められる「人間らしさ」

　大ヒットハリウッド映画『ショート・サーキット』（1986）では，元軍事用ロボットが「命を吹き込まれ」，プログラムに従って行動する機械から子供のような純粋な心をもつ「生き物」に変身する。軍事用ロボット研究施設から脱出し，「解体」を恐れ，命がけで逃亡する。そこで，田舎暮らしの若い女性に出会い，「友情」を知る。「命は故障ではない」というメッセージで話題になった心温まるコメディー映画だ。

　『ショート・サーキット』に登場する「ジョニー5」は人型ではなく，『E.T.』（1982）に近いかわいらしいプロポーションをもつロボットである。元軍事用ロボットとして「機能性重視」をベースにしつつも，「人間らしい・親しみやすい」表現や仕草も可能なデザインとなっている。アニメ映画『アイアン・ジャイアント』（2000）に登場する宇宙から地球に落ちてきた謎の金属生命体である巨大ロボットも，記憶を失い，子供の純粋な心のような「センス・オブ・ワンダー」をもって森の木々や石，そして人間の暮らしに興味をもち，

第Ⅰ部 「巨大ロボット」とは何か

男の子に出会い，友情関係を築いていく。そのストーリー展開は『ショート・
サーキット』に近い。

　ここ30数年をさかのぼって考えてみると，ハリウッド映画において，ロボッ
トを「キャラクター」として描くには，「人間らしく」，「個人として」描くべ
きだという前提ができあがっていたのだ。アメリカにおける人が搭乗する「道
具」としての巨大人型ロボットは，日本のように主流ではなかった。アメリカ
ではハリウッドが代表するメディア（および一般社会）において，「ロボット」
＋「乗り込む」という根本概念の入る余地がほとんどなかったのである。

　アメリカを代表する巨大ロボット作品として『トランスフォーマー』シリー
ズがある。人間と同じく「感情をもったロボット」というテーマで，個性的な
キャラクターが数多く登場するが，『トランスフォーマー』に登場するロボッ
トは「自我をもつロボット」である。形としては巨大ロボットだが，その本質
はアメコミでよくみられる「スーパーヒーロー」の概念（正義のために悪の軍団
に対して戦いに挑み，たくましい姿をみせる）に近い。

　『トランスフォーマー』の生みの親とも呼ばれる餘家英昭（当時タカラトミー
の玩具開発責任者）が，「ロボット」に対する認識は日本とアメリカでいかに違
うかについて，以下のように語っている。

> 　もともと日本はアニメだけでなくロボット大国で，ロボットというものには抵抗
> がなかった。でもアメリカは違ったんですね。また，日本のロボットのデザイン面
> を見ると，ロボットというのは強い存在で，かつアーマーを着ている……鎧甲冑，
> 武者姿で武装しているというのが視覚的な格好良さでもあった。自分は弱いけれ
> ど，強い彼らが友達的な存在として助けてくれると。一方アメコミなどに代表され
> るアメリカのヒーローはマッチョで，彼らの肉体自身で戦うヒーローなんですよ
> ね。そしてその原型はそれぞれの家庭にいる"強くて大きな父親像"なのでは，と
> 思うんです。そういったヒーローに自己投影して，いずれは彼らもそういうもの
> ……父親像に憧れていく。『トランスフォーマー』達のキャラクター造形は，日本
> 的ロボットの外見に，アメリカ的ヒーロー観を融合させ，コンボイ司令官や個性あ
> ふれる多くのキャラクターを誕生させたんです。
>
> 　　　　　　　　　　　　　　（『フィナンシャルジャパン』2011年9月号：84）

コンボイ司令官（英語版では "Optimus Prime"）というキャラクターはロボッ

トでありながら，いかにも"father figure"（理想の父親）として認識され続けてきた。長編アニメ版（1986）の中盤では，コンボイ司令官が死亡し，若いホットロッドが主人公となるが，これは『スター・ウォーズ』で描かれるルーク・スカイウォーカーの成長の物語（"Coming of age"/"Hero's journey"）を，巨大ロボットで再現したものだ。餘家がここでいう「自分は弱いけれど」というのは，アムロ・レイ，碇シンジ，といった典型的な日本のアニメ主人公の特徴を指し，戦後日本の社会全体のムード，とくにアメリカの支配下の存在であるという卑下としてとらえられるであろう。『トランスフォーマー』の成功の秘訣は，『ガンダム』や『スーパーマン』などの特徴の融合だとすれば，『トランスフォーマー』のアメリカにおける存在感を『ガンダム』が単独で突破するのはほぼ不可能であろう。

　このような理由で，ヒーロー的な巨大ロボットを搭乗する「道具」としてとらえる考え方はアメリカにはなじまなかった。「ロボットに乗り込む」という日本のロボットアニメの概念とは根本的に出発点が違いすぎるのだ。

（3）なぜ今『ガンダム』なのか──グローバル化の影響

　これまで述べてきたように，アメリカ文化におけるロボット観は，「ガンダム」をはじめとする搭乗型巨大ロボットアニメを受け入れる素地は，見当たらなかった。道具としてのロボットであれば「人型」である必要はなく，人型であれば「人間らしさ」が求められていた。先にも述べたように，人型でありながら意志をもたず，道具でありながらどこかヒーロー然としている日本の巨大ロボット（アニメ）が入り込む余地はなかったのである。

　しかし，最初に述べたように，『ガンダム』が実写映画化されることになった。いったい，どのような変化があったのだろうか。

　いわゆるミレニアル世代[2)]の人々は，日本の玩具やゲーム，そしてのちに日本のアニメも消費し始め，これまでの世代とは感性も異なっているように思われる。

　また，グローバル化の要因もある。たとえば南米における『マジンガーZ』の受容がなければ，『パシフィック・リム』をはじめ，巨大ロボットが登場するCGを大幅に活用した実写映画は多分これほど多く作られなかっただろう。

しかし、『パシフィック・リム』のギレルモ・デル・トロ監督はメキシコ出身であり、子供の頃にみていた『マジンガーZ』などの影響が大きいと認めている。つまり、その影響は英語圏外ならではの出来事といえるだろう。デル・トロ監督がもしアメリカ合衆国出身だったら『マジンガーZ』のローカライズされたバージョン、『Tranzor Z』という1990年代の編集版の登場まで、おそらく『マジンガーZ』をみることはなかった。『星銃士ビスマルク』『太陽の使者鉄人28号』『戦国魔神ゴーショーグン』などといった1970-80年代のロボットアニメの多くは先にスペイン語圏で放送され、10数年後の1990年代にはじめて「英語版」、そして変更点だらけの編集版として、アメリカで放映されたのである。ラテンアメリカで高い人気を得ながら合衆国では未放映のまま終わったものも少なくない。むしろそういった作品の方が多い。

　また「兵器として」のロボットの概念を受け継ぐ作品として、世界規模で従来の戦争が禁止された代わりに国家を代表する巨大人型ロボットに乗ってパイロット同士が決着をつけるまで戦うというコンセプトのSF特撮実写映画『ロボ・ジョックス』(1990) がある。冷戦時のミリタリーの緊張感とリアリズムに対して、ロボット同士が戦うという子供の想像の遊びという両面をもつ映画として、アンバランスさが目立ち、評判は悪かった。この評価から、もし1983年に実写版『ガンダム』が公開されていても（たとえ出来が良かったとしても）、受け入れられにくかったであろうと推測される。しかしこの映画が完成できたのは、少なからず撮影現場がローマにあったことにも要因があると考えられる。なぜなら、以下にも述べるように、イタリアで1970-80年代から日本のロボットアニメが爆発的な人気となっていたからである (Haldeman 2011)。

　以上のように、巨大ロボットアニメのグローバル化が、めぐりめぐって、アメリカ映画に影響を与えつつある。この影響が今後1つのトレンドを作り出していくのかどうか、興味深いところである。

3　商業的側面──玩具による巨大ロボットの普及

日本において巨大ロボットアニメと玩具のマーチャンダイジングは密接に関係していた（第10章参照）。それではアメリカにおける日本の巨大ロボットアニ

メ玩具の展開はどのようなものだったのだろうか。本節では，巨大ロボット受容の重要な一側面と考えられる玩具の受容について述べることにする。

（1）再ブランディング

　1970-80年代，日本製ロボット玩具は全世界で販売され広まっていたが，アメリカにおいては現地の独自のメディア展開に伴って，もともと日本市場向けのオリジナル商品を「新解釈」する再ブランディングによる販売スタイルをとったケースが多数ある。

　その嚆矢となったのが，マテル社が1970年代後半から『マジンガーZ』，『UFOロボ　グレンダイザー』，『大空魔竜ガイキング』，『闘将ダイモス』などの東映アニメーション系のロボット玩具のライセンス（バンダイ，ポピー）を取得し，1つにまとめて再ブランディングした『SHOGUN WARRIORS』であり，それを宣伝するためのコミックシリーズをマーベル社が刊行するというスタイルでの展開を図った。『SHOGUN WARRIORS』は，「Collect them all!」というコンセプトを打ち出し，アメリカにおける巨大ロボット玩具に個々のギミックを楽しむ他に「集める」という概念を加えた。

　『Gobots』は，一般車から飛行機まで，さまざまな実在の乗り物に変形する日本の『マシンロボ』の玩具を欧米向けに再パッケージしたものであり，新たに欧米向けのアニメーションシリーズがハンナ・バーベラ・プロダクションによって制作されている（1983）。乗り物が変形して巨大ロボットとなるという『Gobots』の基本コンセプトを継承した作品が，日本の玩具メーカーのタカラ（現：タカラトミー）が1970-80年代に発売していた変形ロボット玩具『ダイアクロン』と『ミクロマン・ミクロチェンジ』シリーズを欧米で再ブランディングし，その販促のためにアニメ化された『トランスフォーマー』（1984）である。『トランスフォーマー』については，次項で詳しく述べる。『Robotech』（1985）は，『超時空要塞マクロス』『機甲創世記モスピーダ』『超時空騎団サザンクロス』を再ブランディングし，本来は関係性のない元作品を再編集したアニメである。『Robotech』においては，従来の日本アニメがアメリカ放映時に子どもにそぐわない表現（死・性など）がすべて削除修正されてきたのに対し，そうした要素が残ったまま放映されたことにより，『トランスフォーマー』

の視聴者より比較的年齢層が上の視聴者にとって魅力的に映ったようである。[3]

　再ブランド化によって日本の別作品の巨大ロボット「キャラクター」を「集める」というアメリカの玩具販売形態によって，本来は輸入商品である日本の巨大ロボットが国内コンテンツとして認識され，受容されたのである。

（２）『トランスフォーマー』の成功

　こうした再ブランディングによる玩具販売と新たなメディア展開の事例の中でもっとも成功を収めたのが『トランスフォーマー』である。日本の玩具メーカーのタカラが1970-80年代に発売していた変形ロボット玩具『ダイアクロン』と『ミクロマン・ミクロチェンジ』シリーズの欧米での販売には，ハスブロ社によるアグレッシブなマーケティング戦略が立てられ，アニメ『トランスフォーマー』(1984) が放映された。同作は車や飛行機が巨大ロボットに瞬時に変形する，そしてその実態は遠い宇宙から来た感情をもつ生命体であるという基本コンセプトを『Gobots』から継承したものであった。オリジナルである日本の玩具に付属していた戦闘員ミニフィギュアは欧米の『トランスフォーマー』版には付属されなかったことは象徴的である。人間が搭乗する変形巨大ロボットという日本的コンセプトは廃止されたのである。テレビアニメも大ヒットし，しっかり"キャラ"が立っている自律型ロボットたちに多くの子どもが魅了され，劇場版 (1986) でコンボイ司令官が"戦死"する場面は多くの子どもの涙を誘った。

　『トランスフォーマー』は，日本の玩具メーカー「タカラ」とのタイアップを中心にしたブランドでありながら，その他の日本の巨大ロボットもブランドに積極的に取り込もうとしたことも特徴的である。巨大ロボットの文化がほとんどない国であるアメリカにおいて，ビジネスチャンスを見逃さないように，ハスブロ社は全巨大ロボット，あるいは少なくとも全変形ロボットを独占する戦略を試みた。タカラ以外にも，数多くの玩具メーカーとのライセンス売買によって，『トランスフォーマー』ブランディングを広げていった。

　たとえば，『超時空要塞マクロス』に登場する可変戦闘機「VF-1バルキリー」(Jetfire)，『特装機兵ドルバック』(1983) のジープ型メカ「ムゲンキャリバー」(Roadbuster)，ヘリ型メカ「ガゼット」(Whirl)，としてハスブロ社に

よって再パッケージ化され，『トランスフォーマー』として海外販売された。[4]

このようにして，1980年代の日本国内ではライバル企業であった人気玩具メーカーのバンダイ，トミー，タカトクトイズなどが個別にハスブロ社とライセンスを交わして『トランスフォーマー』ブランドに参加し，世界観が完全に異なる巨大ロボットが同じブランドに共存する豊富なラインアップを成立させたのである。

日本の巨大ロボットアニメのオリジナル作品がほとんど上陸していなかった英語圏においては，巨大ロボットアニメといえば『トランスフォーマー』となった。『トランスフォーマー』は子どものクリスマスプレゼントを買う親たちの流行語にまでなったが，その由来が日本の玩具であったことは現在もほとんど知られていない。『トランスフォーマー』の大ヒット後，新たに日本の巨大ロボットアニメがアメリカ合衆国に上陸すると，常に『トランスフォーマー』と比較され，あるいは単純に『トランスフォーマー』と間違えられている。日本産の玩具を核にアメリカのイマジネーションが作り上げた『トランスフォーマー』の存在感の大きさが，日本的なコンセプトの巨大ロボットアニメの受容を遅らせる状況を生んだのである。基本コンセプトを『トランスフォーマー』が継承した先行アニメである『Gobots』すら，アメリカの子ども達は「ただのトランスフォーマーの類似品」としかみなさない傾向がある。

日本の元の素材を「アメリカナイズ」した作品がヒットして定着することによって，のちに『ロボ・ジョックス』のような日本的な巨大ロボットアニメ作品がアメリカで生まれる環境が整ったのである。

4　英語圏以外のヨーロッパの状況

これまで，アメリカにおける巨大ロボットの受容の状況を，作品の受容という側面と玩具展開という2つの面から説明してきた。ここでは，短くではあるが，英語圏以外のヨーロッパの状況も紹介しておきたい。

（1）"国民的コンテンツ"としての日本アニメ

イタリア，フランスをはじめとするヨーロッパでは，1970年代から『宇宙海

賊キャプテンハーロック』や『アルプスの少女ハイジ』など，日本のアニメシリーズが放送されるようになった。1970年代後半の『GOLDORAK：Le Robot de l'Espace』（『ＵＦＯロボ グレンダイザー』），『Jeeg robot d'acciaio』（『鋼鉄ジーグ』）をはじめ，数多くの日本製ロボットアニメが短期間に輸入・放送され，社会現象を巻き起こすほどの人気になった。

　イタリアのサブロ・ムラカミ氏は，著書『ANIME IN TV』（1998）において日本製アニメの歴史を見事にまとめているが，その序論で以下のように述べている。「日本のものと，『スーパーマン』『バットマン』などといったアメリカのコンテンツとの違いは，日本の物語においては『犠牲』や『悲惨さ』はポジティブな素質として描かれていることだ」（筆者翻訳）。アメリカのアニメ文化にはない「犠牲」や「悲惨さ」が大人の価値観にも耐えうる作品として，1970年代半ばのヨーロッパにおける日本アニメの受容に結びついたのである。

　フランスではテレビ放送局の民営化に伴い，安いコンテンツを大量に安く輸入したが，その多くが日本のアニメだった。1980年代，フランスで大人気の歌手・タレントであったドロテ（本名：フレデリーク・ホッシュド）が司会を務めるクルブ・ドロテ（Club Dorothée）という番組は日本のアニメ・特撮を紹介し，当時の子どもたちに大きな影響を与えた。[5] また，アメリカとは違い，紹介される番組は決して日本のルーツを削除し国内コンテンツとしてリブランディングすることはなかった。多少の名前の変更などはあるものの，日本のものであることを隠さず，むしろ日本のものであるというポイントをアピールする場面もみられた。近年，フランスなどでは日本流アニメ制作のセンスやスタイルを理解し，見事に再現できるアニメーターが数多く生まれている。

　研究者のマルコ・ペリッテリのヨーロッパにおける日本のポップカルチャーの浸透過程を考察する著書『Dragon and the Dazzle』は，日本国内では圧倒的な人気作である『マジンガーZ』と比べて相対的に認知度が低い『UFO ロボ グレンダイザー』[6] が，イタリア，フランス，スイスなどでは不滅のコンテンツとして愛され続けていることを指摘している。この現象は『UFO ロボ グレンダイザー』がヨーロッパにおいてはじめて放映された巨大ロボットアニメであったことによる。日本における初の巨大ロボットアニメである『マジンガー Z』と同じように，ヨーロッパにおける初の巨大ロボットアニメ『UFO

ロボ グレンダイザー』が大ブームを巻き起こし，再放送によって“国民的コンテンツ”へと発展したのである。[7]

　フランス，イタリアをはじめとする英語圏以外での1970-80年代の日本の巨大ロボットアニメの受容には，主に３つの理由があると考えられる。それは，①搭乗型の巨大人型ロボットは新鮮で真新しいものだったこと，②アニメと同時期に玩具のライセンスも獲得しアニメ放映と玩具の販売が並行したこと，③放送権の購入が買い切りだったため日本側にロイヤリティーを払わずに再放送が可能だったこと，である。

　『UFO ロボ グレンダイザー』『鋼鉄ジーグ』の人気はいまだに根強く2018年には40周年記念を祝うためにグレンダイザーの巨大像がイタリアで作られるなどさまざまな行事も展開された。日本の巨大ロボットアニメの「国民的」受容によって，日本における初の巨大ロボットアニメ『マジンガーZ』がイタリアの舞台芸術に影響を与えるという状況も生ぜしめている（ダニエレ・ティンパノ(Daniele Timpano) のパフォーマンス『Ecce Robot! Cronaca di un'Invasione』）。

　ごく最近筆者がイタリアのミラノとローマを訪ねたところ，玩具店で『新ジーグ』という日本ではみられないブランディングがされた永井豪の「ダイナミック・プロ」のマークが正式に付いている玩具をみつけた。日本の巨大ロボットアニメはイタリアの“国民的コンテンツ”として扱われているようになったが，同時に「もともとは日本のものだ」という認識も共存する，興味深い状況がここにある。

（2）巨大ロボット玩具の文化

　2018年６月，筆者がイタリアのミラノにある日本製アニメの大手出版社「YAMATO」のグッズショップ兼メイン・オフィスを訪ねたところ，店内にDVD，書籍，マンガ，セル画などの他，『鋼鉄ジーグ』や『マジンガーZ』をはじめ，数多くの1970年代のロボットアニメの玩具を販売していることに気づいた。しかし，これらのグッズの多くが，作中に１回限り登場して出番が終わる敵役であり日本国内では未発売のマイナーなものばかりだということに驚いた。これは，玩具が地域ごとにいかにさまざまなマーケティングパターンで展開されてきたかを物語っている。

第Ⅰ部 「巨大ロボット」とは何か

　欧米では一般的に，巨大ロボットアニメに関して当初より「集める」ニーズに対応した玩具の商品展開を行ってきている。たとえば，『トランスフォーマー』の場合は，味方と敵がある程度「平等」にチームとして分けられている。すなわち，変形ギミックを除く『トランスフォーマー』玩具の売りは，それぞれの違うキャラクターのラインナップを集めることで，チームを結成して，巨大バトルを再現する遊び方が玩具によってできるとアピールすることであろう。さらに，友達と一緒に，お互い味方か敵かという役を決めて，ロールプレイング形式で相手との闘いを繰り広げることができる。これは，商品のバラエティ無しでは実現できないプレイパターンであろう。

　ところが，数多くの1970年代の日本の巨大ロボットアニメはチームではなく，１体のロボットヒーロー──ときに神や使者とまで呼ばれる，神秘性あふれる選ばれし者のような印象まで受ける役割を担う──にすべての希望を託す設定が一般的である（第7章参照）。味方のメカが複数のチームであっても，それが集まり「合体」して巨大ロボになり，それぞれのメンバーの得意な動きによるチームプレイ戦略として描かれることは少ない。したがって初期のロボットアニメのロボット玩具の商品展開も，主人公メカに集約される傾向が存在した。『マジンガーZ』に登場する「アフロディテ」や「ボスボロット」は「マジンガーZ」のチームと考えられるとしても，これらのキャラクターは最終的に玩具商品展開において「マジンガーZ」と比べものにならないマイナーなものである。1回限り登場する敵役メカについてもいちいち商品化する必要がないと判断し，一方で「ジャンボマシンダー」「超合金」など，さまざまなラインで主人公ヒーローメカを出した方がよいとみなされたと思われる。これは，欧米のチームを「集める」玩具カルチャーと日本の主人公を売りにするロボット玩具カルチャーの相違に由来するのではないか。

　一方，1980年代のリアルロボットのトレンドに伴い，日本においても巨大ロボットが「戦う道具」扱いとなり，軍事のリアリズムを増すために「量産機」という概念が主流になり，巨大ロボットの玩具展開にも大きな影響を与えた。つまり，欧米的なチームを「集める」玩具カルチャー同様の状況が，日本においても生じたのである[8]。その象徴は，1981年からのガンプラブームであろう。

42

5　おわりに

　本章で紹介したものはごくわずかではあるが，日本発の巨大ロボットアニメの海外における受容の多様性を示す諸事例は，ヨーロッパ，南米，アジアなど，この章では語りきれないほど存在する。今回は考察から省いたが，アメリカにおける『百獣王ゴライオン』，フィリピンでの『超電磁マシーン　ボルテスV』の大ヒットの例もある。

　海外における日本の巨大ロボットの受容を考える際に重要なポイントは，「海外」という「領域」は実際には存在しないということである。「日本の巨大ロボット」の概念はそれぞれの国によって違う受けとり方をされていることを今後も意識しないといけないだろう。各地域において普及する「巨大ロボット」の代表作はその文化と文脈によって異なるのはもちろんのこと，「文化としてのロボットの立ち位置」も，それぞれ異なるだろう。そのうえで，日本の巨大ロボットアニメの普及によってそれぞれの地域における「文化としてのロボットの立ち位置」がどれだけ変化したかというのも今後検討されるべき重要なトピックである。

　実写映画版『ガンダム』は，アメリカの「ロボット文化」が成熟するまで実現はできなかった。今後『ガンダム』はさらにグローバル市場に向けて，アピールを展開するであろうか。またその際，ターゲットとする「地域」の「ロボット文化」とのかかわりにおいて，どのような変容を遂げるのであろうか。きわめて興味深い。

---

1)　Slashdot, 2001,September 16, "Cartoon Network Dropping Gundam and Bebop?"（Retrieved June 28, 2019, https://slashdot.org/story/01/09/16/1344252/cartoon-network-dropping-gundam-and-bebop）参照。

2)　アメリカで，2000年代の初頭に成年期を迎えた世代のことをいう。M世代，ミレニアルズ（Millennials）とも呼ばれる（ミレニアルは「千年紀の」の意）。「ミレニアル世代」『日本大百科全書（ニッポニカ）』（2019年6月30日取得，https://japanknowledge.com）参照。

第 I 部 「巨大ロボット」とは何か

3) 欧米ゲーム業界においても『Mechwarrior』（PC, SNES など）（無断で『超時空要塞マクロス』などのミリタリー系アニメメカデザインを使用した，テーブルトップ RPG 原作の家庭用ゲーム機専用シミュレーションゲーム版）やルーカスフィルム社の『Metal Warriors』（SNES）（日本国内未発売）のような，さらに「日本アニメのメカデザインセンスを流用し，アメリカン・ミリタリズムのテイスト」を全面的に出す作品は相次いで登場している。

4) なお，『マクロス』に関しては，当時主人公が搭乗する巨大ロボットの玩具は『トランスフォーマー』ブランドの一環となった一方，アニメシリーズは『Robotech』に組み込まれたため，混乱を招く事態が発生した。

5) ドロテは『世界忍者戦ジライヤ』『仮面ライダー BLACK』『超獣戦隊ライブマン』などといった日本の特撮シリーズにゲスト出演している。

6) 永井豪は，この現象を，「日本では『ＵＦＯロボ グレンダイザー』は爆発的な人気を獲得した『マジンガー Z』『グレートマジンガー』に続く第 3 シリーズであり，その頃は皆さんがすでにロボットをみたことあったので比較的に熱が収まっていたのではないか」と語っている（Pellitteri 2010：263）。

7) イタリアにおける『鋼鉄ジーグ』の"国民的コンテンツ"化は，2016年にイタリアのアカデミー賞に匹敵するダヴィッド・ディ・ドナテッロ賞を 7 部門受賞し，最多受賞記録を更新した大ヒットイタリア映画『皆はこう呼んだ，鋼鉄ジーグ』（Lo chiamavano Jeeg Robot）（2015）が明確に示しているといえる。同作は，巨大ロボットアニメではなく（アニメの『鋼鉄ジーグ』とは無関係の）実写映画であるが，突然身につけた主人公の超能力を象徴する言葉として「鋼鉄ジーグ」が用いられている。これは「鋼鉄ジーグ」が「教養化」されていることを意味する。

8) なお，特撮作品の怪獣や怪人などに関しては，日本においても作品の放映当初からすでに「集める」カルチャーは存在していたといえる。

【Renato Rivera Rusca（レナト・リベラ・ルスカ）】

第Ⅱ部

「巨大ロボット」を社会学する

4 巨大ロボットと身体
▶「人型」であることの意味

1 はじめに

巨大ロボットは，なぜ「人」の形をしているのだろうか。

そもそも「ロボット」という語が最初に使われたという，カレル・チャペックの戯曲『ロボット（R.U.R.）』(1920) に登場する「ロボット」も人の姿をしていた。この作品内では，ロボットは人の代わりに労働する存在として描かれており，その位置づけはアニメで描かれるような巨大ロボットより，ここ数年注目を浴びている AI 搭載型の機械に近い。しかし，今日ではそうした作業機械としてのロボットが必ずしも人の姿にこだわらなくなっているのに対し，戦後日本で連綿と想像されてきた巨大ロボットは，そのほとんどが「人」の形をしたものであった。

純粋に労働力の代替物として，戦争の道具（兵器）として巨大ロボットを作るなら，それは必ずしも人の形をしている必要はない。たとえば巨大ロボットの「顔」（頭部）について考えてみるとわかる。『機動戦士ガンダム』(1979) 最終回では，宿敵シャアとの対決のなかで，主人公アムロの操縦するガンダムの頭部が破壊される。そのときアムロは「たかがメインカメラをやられただけだ！」という台詞を吐く。つまり，視覚機能は他で代替できるということであり，文字通り巨大ロボットにおける頭部の無意味性を示すものである[1]。これは，ガンダムが純粋な「兵器」なのだという作り手によるメタメッセージとも読み取れるが，逆にいえば，巨大ロボットの「顔」は兵器としての機能性以外の意味をもっている，ということを示唆しているのではないだろうか。

1つの手がかりとして，1994年放送の『機動武闘伝 G ガンダム[2]』をみてみよう。この作品は，人類が宇宙に移民し，人工的な居住空間であるコロニーを形成するようになった未来の世界を舞台としている。興味深いのは，各コロ

ニー国家が4年に1回，地球を巨大なリングとして巨大ロボット（「モビルファイター」）どうしの格闘大会「ガンダムファイト」を開き，覇権を競い合っているという点である。この「ガンダムファイト」は国際条約によって規定されており，さまざまなルールに基づいているが，そのなかには「コックピットをねらってはならない」「頭部を破壊されたものは失格」という項目がある。各国代表のモビルファイターは，いささかステレオタイプな国のイメージでデザインされているのだが，その頭部=顔は文字通り国の「顔」であり，「体面」（メンツ）を保つ役割を果たしている。そして主人公ドモン・カッシュの乗機シャイニングガンダムは，対戦相手のモビルファイターの頭部を右手で破壊する=「顔」を潰す「シャイニング・フィンガー」を必殺技としているのである。

　もう1つ例を挙げよう。同じく「ガンダム」シリーズの1つである『機動戦士ガンダム００』の第1期オープニングの最初のカットでは，宇宙空間から地球に降下していく主人公機・ガンダムエクシアの「顔」が画面を通り過ぎるのだが，その「目」からは光の粒子が残像となって流れていく。ほんの一瞬だが，それは心をもたないはずのロボットが「涙」を流し悲しんでいるかのような，きわめて象徴的なカットである。作品自体は，「戦争の根絶」という目的のために，ガンダムという強力な「兵器」でもって諸勢力に「武力介入」する少年たちの姿を描いているが，冒頭のガンダムの「涙」はあたかもそうした少年たちの試みの矛盾と葛藤に向けられたもののようにみえる。同様に，本来無表情であるはずのロボットの「顔」が，演出によって怒ったり悲しんだりしているようにみえるということは他の作品でも多々あることである。もっとも，こうした印象は意図的に演出されたものであるにせよ，そうでないにせよ，作品外の視聴者の解釈によるものではあるのだが，作品内の人々も同様に，巨大ロボットの「顔」から何かしらの意図や感情を読み取ってしまう可能性はあるのではないだろうか。

　こうした，巨大ロボットにとって本来不要であるはずの「顔」の機能性以外の意味とは，一体何だろうか。『Gガンダム』では各コロニー国家を代表する文字通りの「顔」という意味があったが，それはこの作品を外れても，巨大ロボットを支える組織，巨大ロボットが守るべき人々・世界・大義（正義や平和など）のシンボル=代表性という意味があるだろう。そして，実際のところは

第Ⅱ部　「巨大ロボット」を社会学する

無表情であっても，そこに人々が（勝手に）何らかの意図や感情を読み取り，反応してしまうという，コミュニケーション手段という意味があるだろう。これら2つを合わせて，巨大ロボットの「顔」の社会的意味とまとめられそうである。

　社会学者のエミール・デュルケームは『自殺論』において，人間は物理的であると同時に社会的な，「二重の存在」であると論じたが（デュルケーム 1897=1985），人の似姿で形づくられた巨大ロボット（の身体）もまた，機能的であると同時に社会的な，二重のものとして理解することができるだろう。

2　巨大ロボットの身体の社会性

（1）象徴的身体

　ここで社会学，および類縁関係にある文化人類学といった学問が「身体」というものをどのようにとらえてきたかについてみてみよう。イギリスの社会学者ブライアン・S・ターナー（1984=1999）は，社会学において長らく身体の議論が欠落してきたことを指摘している（ただしこれはその当時，1980年代頃までの話ではあるが）。それは，社会学という学問がその草創期において生物学的要素によって現象を説明しようとする生物学的還元論を回避しようとしたためであった。とはいえ，禁欲的なプロテスタンティズムの倫理が合理的な近代資本主義を誕生させたとする有名なマックス・ウェーバーの議論のなかでは，労働，質素，倹約，節酒，性的な倫理など身体にかかわる徳目が数多く挙げられており（ウェーバー 1920=1989），いわば身体はネガティブな形で論じられていたといえる。

　また，同じく古典的な社会学の業績として知られるエミール・デュルケームの『自殺論』は，社会や集団によって違いがある自殺率が心理学的要因や生物学的要因（遺伝など）で説明できるものではなく，社会的要因が重要であると論じた（デュルケーム 1897=1985）。すなわち，個人の社会への統合が強すぎると集団本位的自殺が，弱すぎると自己本位的自殺の原因となる。近代社会においてとくに多くなるのは後者のタイプである。また，社会による個人の欲望の規制が弱すぎると，アノミー的自殺の原因となる。こうしてデュルケームは社

会学的説明を徹底しようとするのだが，あくまで自殺は身体の毀損という手段を経てなされるきわめて身体的な現象である。

　こうしてみると，社会学そのものが身体をネガティブに扱っているというだけでなく，社会学が対象とした（前期）近代社会というものが身体をネガティブに扱う社会だったのだとみることもできるだろう。つまり，禁欲によって抑えつけたり，規範から外れるものを自殺に追い込んだりすることによって（これについてはあとで詳述する）。

　一方，文化人類学では身体をどのように扱ってきただろうか。初期の文化人類学者であり，デュルケームの甥で社会学者でもあったマルセル・モース（1968=1976）は，「身体とは，最初の，もっとも自然な人間の道具である」といっている。すなわち，歩き方，泳ぎ方，休み方などの身体の使い方は人類共通ではなく，文化や歴史によって異なったり変化したりする「身体技法」であるとした。人類という同じ生物であっても文化によって異なる身体技法は，その社会の規範に従って（意識的にせよ無意識的にせよ）訓練されねば身につかないのである。近代社会の成立要件を探究する社会学に対し，異文化を調査することによって人類の共通性や文化による特性を探究する文化人類学がこのように「身体」に関心を寄せたことは，やはり古典的社会学が当初対象とした（西欧）近代社会というものが身体をネガティブに扱うという特異性を浮き上がらせるものだといえる。

　文化人類学における身体についての考究は，メアリー・ダグラスによる象徴システムとしての「２つの身体」の議論へとさらに展開される。ダグラス（1970=1983）は，社会的身体と生理的身体という２つの概念を用いて，生理的身体の経験は，それが認識されるための社会的カテゴリー，つまりその社会の身体観（社会的身体）によって規定されると論じている。たとえば手入れの行き届いた髪は高いカースト（社会的階級）を，ぼさぼさの髪は低いカーストを意味するように，生理的身体はその持ち主の社会的立場を象徴するのである。

　こうした社会学，文化人類学における「身体」観が示唆するものは，以下の２つである。第一に，（社会学が確立した）西欧近代社会において，それが抑圧され，ネガティブに扱われていたこと。第二に，文化人類学はそうした西欧近代を相対化するなかで，早い時期から「身体」に注目し，そこに社会関係が象

徴的に刻印されていることを発見したということ。これに付け加えるべきなのは，西欧近代社会が転換期に差しかかり，その価値観が揺らぐとき，「身体」への関心が高まるということである。1960年代の第二波フェミニズム運動や，臓器移植や遺伝子操作，美容整形，科学的トレーニングなどのテクノロジーの発達は，まさにそうした事態を引き起こし，「身体」をまぎれもない社会学の対象としたといえる。いま私たちの身体のありようは，現代のいかなる社会関係や規範的秩序を象徴しているのか，ということである。

（2）身体の拡張としてのメディア

前項でみたような社会学や文化人類学に加えて，メディア論的な身体論についても触れておこう。ここで注目したいのは，マーシャル・マクルーハン（1964=1987）による「メディア」の位置づけである。なぜ，ここで唐突に「メディア」が出てきたのかといえば，マクルーハンがメディアというものを「身体の拡張」と定義したからである。彼によれば，メディアとはいわゆる情報伝達メディアに限らない。車は足の拡張メディアであり，望遠鏡は目の拡張メディアであり，衣服は皮膚の拡張メディアである，といった具合である。

この議論は，前項でみた文化人類学における象徴システムとしての身体という観点と同様に，巨大ロボットの身体を分析するうえで有用なものであろう。というのも，まさに巨大ロボットというのは，人の身体を模しているがゆえに，人の身体の拡張という視点が非常によく当てはまるからである。たとえばロボットの巨大な手は，人の手の機能を拡張してより多くのものを掴むことができるようにするし，巨大な足は，人の足の機能を拡張して一歩でより遠くへ進むことができるようにする。こうした巨大ロボット観は，『マジンガーZ』以降のパイロットが搭乗するタイプの巨大ロボットについてよりよく当てはまりそうである。評論家の宇野常寛（2018）はこうしたロボットを機械の乗り物として特徴づけ，より「自分の身体の延長線上にある」と論じている。

ただし注意が必要なのは，巨大ロボットがそのまま人の身体が大きくなったものというだけではないということである。それは，アニメなどの作品世界ではとくに兵器としての機能を期待されるがゆえに，人の手や足の機能もとりわけ攻撃や防御といった方向に特化して拡張されるのである。たとえば，その手

の大きさはより大きな（破壊力をもつ）武器を扱うために，あるいはより大きなパンチ力を生み出すために拡張され，そして人の筋肉や骨の頑丈さは，金属性のより高度の頑丈さへと拡張されている。

その一方で，兵器としての機能性の追求という理由からこぼれ落ち，拡張されない，あるいは省略される身体機能もある。たとえばそれは生殖機能である。SF小説などにおける生体ロボットなどの場合は別として，日本のアニメに登場する巨大ロボットは，基本的に生殖機能をもたない。それは兵器としての巨大ロボットにとっては不要なものだからである。しかし，同様に兵器としては不要なはずの「顔」はあるのに，なぜ生殖機能は省略されるのだろうか。

次節以降では，ここまでみてきたような象徴システムと拡張メディアという視点から，巨大ロボットの身体について考察していきたい。すなわち，巨大ロボットの身体は，その作品が作られた社会の規範的秩序や社会関係を，どのように「拡張」（誇張）して「象徴」しているのか。こうした分析をいくつかの具体的なロボットアニメに適用することで，戦後日本社会が欲望した身体とはいかなるもので，いかに変化してきたのかを考えてみよう。

3　「科学の鎧」としての巨大ロボット

（1）巨大ロボットの「頑丈さ」とその「科学的」根拠

巨大ロボットの身体の特徴は，何よりもそれが「巨大」であることだが，もう1つ重要な特徴として指摘できるのは，その「頑丈さ」である。このことは，物語の構造上，青少年が主人公になることが多い巨大ロボットアニメ作品で（第6章も参照），とくに序盤でまだ操縦技術に慣れていない段階において大きな意味をもつ。すなわち，未熟な青少年が思いがけない経緯で巨大ロボットに乗ったとき，いくらそのロボットが高性能であっても，それを十分に使いこなすことができなければ，その大きな身体は敵の攻撃の格好の的となるだけである。そんなとき，巨大ロボット（主人公機）のもつ突出した頑丈さは，より強力な敵が出現するまでの物語序盤の間，主人公が操縦技術に熟達するまでの時間をかせいでくれるセキュリティ万全のシェルターの役割を果たしてくれるのである。

第Ⅱ部　「巨大ロボット」を社会学する

　たとえば，操縦型巨大ロボットの元祖である『マジンガーＺ』を例にとって
もう少し詳しくみてみよう。第１話で，主人公の兜甲児は祖父である兜十蔵
博士から突然の電話での呼び出しを受け，その別荘に向かうが，到着したとき
にはすでに別荘は何者かに破壊され，博士は瓦礫の下敷きとなった状態であっ
た。博士は駆けつけた孫に，「甲児，お前はマジンガーＺさえあれば，神にも
悪魔にもなれる。甲児，マジンガーＺさえあれば，お前は超人兜甲児として
生きていける」と告げ，自らが開発した巨大ロボットを託して息絶える。甲児
は悲しみを振り払い，マジンガーＺに乗り込もうとするのだが，博士は具体
的な操縦方法についてはほとんど何も教えず，マニュアルも何もその場にはな
かったため，「オートバイの要領で」「片っ端から動かしてやれ」といった具合
に「勘」で操縦しようとする。当然のことながら，これでは全く思うように操
縦はできない。続く第２話（サブタイトルは早くも「マジンガーＺ絶体絶命」であ
る）でマジンガーＺは敵の機械獣の急襲を受けてなすすべもなく，甲児は意識
を失ってしまうのだが，脳裏に響く祖父の声で目を覚まし，（がむしゃらに）反
撃を開始するのである。

　こうした一見無茶苦茶な展開を可能にしてくれているのは，何よりも巨大ロ
ボット（主人公機）はそう簡単にやられない（破壊されない）という信頼（「お約
束」）である。とはいえ，その信頼を支えるために，多くの巨大ロボットアニ
メはそれらしい設定を用意している。まずこの作品世界では，日本の富士火山
帯の地層からジャパニウムという貴重な鉱物が発見されており，このジャパニ
ウムを精製して作られる合金がきわめて堅牢な性質をもつ「超合金Ｚ」であ
る。この超合金Ｚに由来する堅牢さ，さらにその素材となるジャパニウムと
いう資源の稀少性が，マジンガーＺの突出した防御力として実際に主人公・
兜甲児を守ってくれているのである。

　巨大ロボットアニメというと，荒唐無稽でご都合主義的な設定がなされてい
る，あるいは設定などそもそもないと思われがちだが，このように一応は疑似
科学的な説明がなされている場合が多い。そもそも一定以上頑丈な素材ででき
ていなければ，巨大ロボットは自身の重量に負けて潰れてしまうであろうし，
仮に頑丈でも操縦して動かすためには，同時に軽くなければならない。また，
敵ロボットより突出して頑丈であるためには，その素材が敵ロボットの素材よ

りも稀少である必要がある。こうした条件は、「超合金Z」(『マジンガーZ』(1972) のマジンガーZ) だけでなく、「ゲッター合金」(『ゲッターロボ』(1974) のゲッターロボ)、「ムートロン金属」(『勇者ライディーン』(1975) のライディーン)、「超硬合金ルナチタニウム」(『機動戦士ガンダム』(1979) のガンダム)、「ポジトロニューム合金」(『六神合体ゴッドマーズ』(1981) のゴッドマーズ) といった具合に、のちの数多くの作品で受け継がれていったのである。

(2)「不完全」な鎧としての女性型ロボット

ところで、日本のアニメに登場する巨大ロボットは、基本的に生殖機能 (すなわち性器) をもたないと先述したが、ここで重要な留保をしておかなければならない。先のチャペックが描いた原初のロボットにおいてもそうだったように、アニメに登場する巨大ロボットも、生殖機能はもたないまでも、「性別」(らしきもの) を有している場合があるのである。たとえば、『マジンガーZ』には主人公・兜甲児の恋人である弓さやかが搭乗する巨大ロボットとして、アフロダイＡ とダイアナンＡ が登場する。同じく続編である『グレートマジンガー』ではやはり主人公・剣鉄也の恋人である炎ジュンがビューナスＡ という巨大ロボットに搭乗する。いずれも主人公機である「マジンガー」や「グレートマジンガー」と比べて全体的に細身で、腰回りをはじめとして曲線的なデザインであり、さらに特徴的なのは「乳房」(のようなもの) がついているのである。この「乳房」(のようなもの) は、生殖機能をもたないはずの巨大ロボットにとって、子どもに母乳を与えるという働きをするものではなく、そこからミサイルを発射する装置である。しかしこの「乳房」(のようなもの) は、同時にこの巨大ロボットが「女性であること」を示す記号として機能しているのである。

このことは一体何を意味しているのだろうか。身体の拡張メディアとして巨大ロボットをとらえる視点に、さらに先述の象徴システムとして身体をとらえる視点を重ね合わせてみれば、巨大ロボットの身体というメディアは、人の身体の機能 (生理的身体) のみならず、その象徴性 (社会的身体) をも拡張している、ということができるのではないだろうか。もっとも、巨大ロボットが「女性である」ということを強調することには、何の機能的な意味もない。しかし

53

ながら，その記号化された女性的身体は，物語上での描かれ方も相まって，社会的なメッセージを雄弁に発することになる。

アフロダインＡやダイアナンＡはそれ自体は戦闘力が低く，主人公機であるマジンガーＺの補助的な役割に徹している。にもかかわらず，マジンガーＺより先に出撃してピンチに陥り，あとから助けにきたマジンガーＺの強さを引き立てることもある。要するに，巨大ロボットの女性的身体は，こうした描かれ方を通して，現実の人間の女性的身体に付与された社会的役割（＝ケア的役割，男性的身体を引き立てる補助的役割）を「拡張」（誇張）して表現することになるのである[4]（第5章も参照）。

（3）「科学の鎧」が象徴するもの

このように，巨大ロボットの身体は，ただ巨大なだけでなく，突出して頑丈な「鎧」としての身体だったのであり，その裏づけとして疑似科学的な設定が与えられていた。そして，そこからは「女性的」な身体は不完全なものとして周縁化されていた。それでは，こうした巨大ロボットの身体は，いかなる社会的規範や社会関係を象徴していたと考えられるだろうか。

その手がかりとなるのが，すでにみた設定の「（擬似）科学性」である。先の兜十蔵博士の「マジンガーＺさえあれば，お前は超人兜甲児として生きていける」というセリフにもあるように，巨大ロボットと操縦者を同一視するような理解がある一方で，「神にも悪魔にもなれる」として操縦者（の意志や心）次第でマジンガーＺのあり方が大きく変容しうることを強調する理解がある。この後者は，巨大ロボットの「身体」と，その「心」を司る操縦者を切り離すという意味で，いわばデカルト以来の西欧近代哲学の根底をなす心身二元論と重なり合う。こうしたデカルトの二元論は，「心」を「身体」から切り離すことによって，自らの身体をもモノとして客観的に観察し，科学の対象として研究することを可能としたのである。

フランスの哲学者ミシェル・フーコーは，『臨床医学の誕生』のなかで，18世紀末から18世紀初頭にかけての臨床医学（実際の患者の身体に接して診断・治療を行なう医学分野）の誕生の背景に，国家による医師免許の資格化のような医療をめぐる社会的・政治的な制度の再編成に加えて，医学的な「知」そのものの

再編成があったことを示唆している（フーコー 1963=1969）。その「知」の再編成とは，死体解剖が可能となったことで，かつては不可視のものであった病というものが，可視の身体に置き換えられることで客観的に認識・分析可能になったことを指している。

さらにフーコーは，このように身体が臨床医学的なまなざしの対象となったにとどまらず，『監獄の誕生』においては，それが権力の対象ともなったことを指摘している。すなわち，職場，学校，軍隊などの近代的組織のなかで，人の身体は徹底的に監視され，規範から逸脱するような身体は懲罰の対象とされるという。たとえば，私語，不注意や無気力，サボり，不潔，猥褻などは，上司や上官，教師などによって監視され，注意され，処罰されるわけだが，それはまさに生理的身体の上に及ぼされる権力の作用（こうした権力のことを規律＝訓練（discipline）と呼んだ）であった（フーコー 1975=1977）。

このように考えると，巨大ロボットを制御＝支配（コントロール）し，訓練を経て乗りこなすプロセスは，まさにこうした近代社会的な身体の調教プロセスと合致しているとみることができる。巨大ロボットの操縦とは，操縦者の意志＝命令をロボットの身体に誤りなく確実に伝達し，自らの身体を動かしているかのように無駄なく動かすことである。ウェーバーが資本主義の倫理として挙げた合理性と禁欲性は，まさに産業社会にとって望ましい人間身体のあり方（＝勤勉で丈夫で従順な「男性」労働者）を規定していたのであり，それが巨大ロボットの身体において拡張されて（誇張されて）表現されたのである。

4　「鎧」から「皮膚」へ

だが，こうした巨大ロボットの身体の描かれ方に，1990年代以降大きな変化がみられるようになる。先にもみた『機動武闘伝 G ガンダム』において画期的だったのは，国家を代表した巨大ロボットどうしの格闘技という設定だけではなく，その操縦方法でもあった。それは作中では「モビルトレースシステム」といい，操縦者が身につけたスーツを通して，操縦者の動きがそのまま巨大ロボット（モビルファイター）にトレース（なぞって写す）される仕組みである。そのため，モビルファイターの操縦席には通常のロボットのそれにあるよ

うな座席や装置のようなものは一切なく，全画面スクリーンで外部の様子をみながら，操縦者は本当に自分の身体を動かすようにして操縦を行なうのである[5]。そして，操縦者のスーツは「着る」ものではなく，機体搭乗時にリング状の装置のなかを下から上に向かって通ることで身体に密着させられる「膜」のようなものである。デザインは非常にシンプルなもので，操縦者と巨大ロボットの一体感は非常に高いものとなっている。

　こうした巨大ロボットの身体と操縦者の身体（の動き・感覚）の同期＝シンクロという発想は，1995年に放送が開始したアニメ『新世紀エヴァンゲリオン』においても引き継がれている。この作品では操縦者は「汎用人型決戦兵器・人造人間エヴァンゲリオン」（エヴァ）を操縦するために，頭に装着するヘッドセットによってエヴァとの神経接続を行なう（「プラグスーツ」というやはり身体に密着したスーツを着ることもあるが，これは生命維持等のサポート機能が中心である）。これによって，パイロットの神経（感情と精神を司るとされる A10 神経）がエヴァにつながり，たとえば歩くときはパイロットが「歩くことを考える」ことでそれが可能となる。つまり，パイロットはエヴァと意識や感覚を「シンクロ」（同期）させることでスムーズな操縦を実現するわけなのだが，このことが諸刃の剣となり，エヴァが敵の攻撃によって受けるダメージ（痛み）もパイロットに直接伝わってしまうのである。

　第弐（2）話，物語冒頭でいきなり正体不明の巨大怪物「使徒」と戦うため，特務機関ネルフによってほとんど何の説明もなくエヴァに乗せられた主人公・碇シンジは，出撃後すぐにエヴァの開発者・赤木リツコに「今は歩くことだけを考えて」と言われる。言われたとおりに何とか「歩くことを考え」たシンジだが，エヴァの足どりは生まれたての小鹿のように頼りなく，すぐに前のめりに倒れてしまう。そこに運の悪いことに，「使徒」が気づいて襲いかかって来る。「使徒」はエヴァの腕をつかみ，捻り上げ，容赦なく引きちぎる。その「痛み」はそのまま，操縦者に伝わるので，シンジは絶叫する。ネルフの葛城ミサトは「シンジ君，落ち着いて。あなたの腕じゃないのよ」と言うのだが，その言葉はシンジには届かない。その直後，「使徒」の攻撃がエヴァの頭部を貫く。すぐ次のシーンで，意識を取り戻したシンジの目には，病室の「知らない天井」が映っている。

4　巨大ロボットと身体

　1990年代の爆発的なアニメブームの中心となり，テレビ放送終了後も何度も劇場作品化されている人気巨大ロボットアニメであるこの『エヴァンゲリオン』だが，その最初の出撃シーンはかくも無残で衝撃的なものであった。まるで自分自身の身体のように，自由自在に巨大なロボットの身体を操れる，そんな夢のような設定が，そのまま身体的な「痛み」も生々しく耐えがたいものに変え，鋼鉄の巨大ロボットの体内＝胎内で守られているという万能感・安心感はたちまち不安と恐怖に置き換えられてしまったのである。

　『エヴァンゲリオン』放送から10年後の2005年には，『創聖のアクエリオン』という巨大ロボットアニメが放送された。1万2千年前に滅んだはずの「堕天翅族」と人類の戦いを描く本作では，人類は海底遺跡から発掘した「機械天使・アクエリオン」を動かして敵に対抗するのだが，アクエリオンは3機の戦闘機「ベクターマシン」がそれと感応・共鳴できる「エレメント」と呼ばれる特別な搭乗者を乗せて「合体」することによって姿を現すことになっている。

　さて，この作品において，たしかに戦闘機であるベクターマシンの操縦はいわゆる戦闘機らしい，機械的な装置を通してなされるが，肝となるのはやはり「合体」という要素である。巨大ロボットアニメにおいて，「合体」という要素は『マジンガーZ』の原作者である永井豪と石川賢による3機合体の『ゲッターロボ』（1974）からみられ，以後数多くの作品で展開されてきた。だがこの『アクエリオン』において目立っていたのは，無機的な戦闘機などの「合体」が生々しい身体感覚を伴っていたことである。たとえば，毎回の物語のクライマックスでベクターマシンが合体してアクエリオンとなる際，各エレメント（搭乗者）の裸の姿がマシンと重ねて映し出され，ある種の恍惚状態に陥る演出がなされる。これは設定上は各エレメントの感覚が共有されたために起こる現象とされるが，みる者にはこれが性交を暗示していることは明白である（実際に「気持ちいい！」という台詞まである）。さらに，作品のキャッチコピーが「あなたと合体したい」（作品ホームページ参照，傍点は筆者）であることは，エレメント自身が互いに「合体」しているという体感を表しており，作中にはセックス依存症を思わせる「合体依存症」なる語も出てくるなど，意図的なものであることはもはや明らかである。

　こうした巨大ロボットへの「合体」による「快感」「恍惚」の描写は，先の

57

エヴァンゲリオンにおける「苦痛」の同期とまさに裏表の関係にあるといえる。かつて科学の粋を集めて築かれた巨大ロボットの鋼鉄の「鎧」は，いまや搭乗者の身体感覚を増幅する敏感すぎる「皮膚」となったのである。

5　おわりに

　ここまで，巨大ロボットの身体をある種の社会的シンボル，あるいは身体の拡張とみて，いかなる身体のいかなる機能や象徴性が拡張されているのか，いくつかの巨大ロボットアニメ作品をみながらたどってきた。そこにはまず，搭乗型の巨大ロボットの元祖である「マジンガーＺ」からの，「科学の鎧」としての身体という系譜があった。この「科学の鎧」は，身体から一旦切り離された心＝精神＝操縦者によって徹底的に制御＝支配（コントロール）され，禁欲的かつ合理的に管理される身体であった。それはまさに近代の産業社会に適合的な身体であり，女性的な身体を不完全なものとして対置することで誇張される男性の身体であった。

　だが，第二の系譜として，1990年代以降の巨大ロボットアニメ作品では，操縦者と巨大ロボットの一体化が進み，それとともに本来の作業機械，あるいは兵器としての巨大ロボットには不要であるはずの身体機能が存在感を増すようになった。1つには感情を表現したり，社会的な体面を意味したりする「顔」のコミュニケーション的機能の前景化がある。もう1つは，身体的な欲望をその内に閉じ込めた鋼鉄の鎧としての身体とは対照的な，「敏感すぎる皮膚」としての巨大ロボットの身体の出現である。その敏感すぎる皮膚は，身体的な苦痛も，快楽も，人間の身体のそれをさらに拡張して表現してしまうのである。

　もっとも，巨大ロボットの身体の描写，表現が，第一の系譜から第二の系譜に完全に移ったというわけではないが，とりわけ1990年代以降，作品でいえば『エヴァンゲリオン』以降，この第二の系譜が広がっていったことは間違いないだろう。抑圧されていた身体的欲望や本能が，科学の鎧を突き破って表に出てきたのである。『エヴァンゲリオン』第拾九（19）話では，そのことが直接的に表現されている。最強の敵との戦いのなかで，主人公・碇シンジはエヴァンゲリオン初号機と一体化してしまう（劇中のキャラクター・伊吹マヤをして「信

じられません，初号機のシンクロ率が400％を超えています！」と言わしめる）。そうして圧倒的な強さを得た初号機は，獣のように敵に襲いかかり，ついには抵抗できなくなった相手の肉（？）を喰らい始める。その結果，初号機の「身体」は膨張し，ロボット然とした装甲を内側からはじき飛ばしていく。そのとき，開発者である赤木リツコは，「拘束具が！……そうよ。あれは装甲盤ではないの。エヴァ本来の力を私たちが抑え込むための拘束具なのよ。その呪縛が今，自らの力で解かれていく。私たちには，もうエヴァを止めることはできないわ」と語る。ここではっきりと，巨大ロボットの鋼鉄の身体は，その本性を抑え込むための「拘束具」であり，「呪縛」であることが明言されている。本来の力を得るためには，それを解かなければならないが，そうなるとその力はもはや制御不能のものとなるという，両義性をもっているのである。

　つまり，第二の系譜の巨大ロボットによって拡張して表現されているのは，生身の身体がもつ敏感さや，獣的なまでの欲望，制御不能な力であり，それが第一の系譜にあった産業社会に適合的な身体を突き破って現出するという事態である。本稿では最後に，こうした事態を，巨大ロボットアニメの世界から実際の現代社会の文脈に広げて，解釈しておこう。まずその補助線となるのが，以下のマクルーハンによる現代社会の分析である。

> 性行為といっても，ただ機械的に肉体をいじくりまわしたりくっつけたりするだけのこととしか思えなくなってしまった人たちには，しばしば形而上学的とでもいうべき飢えが残る。そして本人たちはそれと気づいていないこの飢えが，肉体的な危険，さらには拷問，自殺，殺人などに捌け口を求めているのである。荒唐無稽なフランケンシュタインの話の多くは，人造ロボットが"心"を持たない口惜しさの腹いせに精神錯乱を起こして暴れ回る恐怖を軸として書かれている。人間としての完全な地位を奪われてしまうほど機械化されてしまった我が身を顧みて掴み所のない怒りを感じている人が沢山いるという事実を，これは象徴的に表しているものだといえないだろうか。　　　　　　　　　（マクルーハン 1951=［1968］1991：240）

すなわち，現代社会ではメディアによって理想的な身体は記号化され，テクノロジーの発達はそれを規格化して大量生産することを可能とした。それによって人間の性的な魅力や快楽は機械的な反応に貶められてしまう。つまり人間が機械の

ようになってしまう。しかしそれでは何かやり場のない「飢え」や「怒り」のようなものが生じてしまい，それが屈折した形で暴発する，というのである。

私たちが生きる，現実の高度化した産業社会では，こうした暴発は，自らの命を危険にさらす行為や，犯罪行為に結びついてしまう可能性をはらんでいる。しかし，巨大ロボットアニメは，いわばその暴発のカタストロフィーを仮想的に発散しているといえる。もっとも，その先にあるものは何なのか，性的な恍惚や自他の境界が失われてしまうまでのコミュニケーションなのか，作品ごとに手探りが続けられている。だが１ついえるのは，こうした巨大ロボットアニメが，かつてマクルーハンがしたのと同じように，禁欲的で合理的な産業社会の限界，人間自身の身体を解放することの必要性を示しているということではないだろうか。

---

1) 「マジンガーZ」では操縦席が頭部にあるので，機能的な意味があるともいえるが，いずれにせよ目や鼻，口といった「顔」の形状をとっている必然性はない。

2) 巨大ロボットアニメの代表格である『機動戦士ガンダム』(1979) から続くシリーズの一作品だが，それまでの「ガンダム」作品との連続性は一切なく，世界観（舞台設定）も登場人物も全く別の作品として作られた。

3) 「ネオジャパン」代表の「シャイニングガンダム」は鎧武者，「ネオアメリカ」代表の「ガンダムマックスター」はアメリカンフットボールのプロテクター，「ネオチャイナ」代表の「ドラゴンガンダム」はその名のとおり龍をモチーフに，といった具合である。

4) 念のためにいっておけば，そもそもこうした女性的身体に付与される社会的役割は，きわめて恣意的なものである。現実の人間においてもそうだが，ましてや巨大ロボットの場合，女性が搭乗するからといってその兵器の形状まで女性型にする必要はないし，女性型だからといって男性型のロボットより「弱い」必然性は一切ない。現に，アフロダイAに登場する弓さやかは，主人公の兜甲児よりも先にロボットの操縦を訓練されており，実際に熟達した能力を発揮しているにもかかわらず，より高性能の最新鋭機であるマジンガーZの操縦を何の訓練も受けていない甲児に譲っているのである。冷静にみれば，甲児が操縦に熟達していない段階で敵が次々に襲ってくる物語序盤においては，どう考えてもマジンガーZには甲児よりもさやかが乗るのが合理的なのではないだろうか。

5) もっとも，これより以前のアニメや実写作品でも，操縦者の動きにシンクロして動く巨大ロボットがなかったわけではない。特撮では『ジャンボーグA』(1973)，漫画では『アイアンマッスル』(1983) などがそれに当てはまるだろう。

【木村至聖】

5 巨大ロボットとジェンダー
▶ 『機動警察パトレイバー』と働く女性の未来

1 はじめに

　私が子どものころ，社会はカッコいい女性のイメージであふれていた。ちょうど，男女雇用機会均等法（以下均等法）が成立，施行された少しあとの時代。オフィス街を闊歩する女性や，メディアに登場する女性議員は，憧れの存在として私の目に映っていた。彼女らをライフコースモデルとしてはっきり意識できるほどの自分自身の未来への自信はもち合わせていなかったが，少なくとも，女性の幸せは結婚し，夫に養ってもらい，夫や子どもに尽くすことである，という認識は一切もつことのないまま，大人にはなった。

　そのような私の原体験である，今風にいうところの「女性の活躍」は，当時のメディアにも反映されていたように思える。日本テレビ系列にて放映された『機動警察パトレイバー』（1989）（以下，『パトレイバー』）は，巨大ロボット（レイバー）を操縦する警察官が活躍する，未来（といっても1998年）の警察組織を舞台としたシリーズであり，均等法に沸く時代にふさわしく，主人公はじめ，女性警察官が多く登場する。

　『パトレイバー』に登場する女性たちには，私の知る，いわゆる「ヒロイン」とは異なる新鮮さがあった。彼女らは，美やかわいらしさなどの女性の性的価値を提供する，あるいは主要男性キャラクターの恋愛要員としての女性キャラクターではなく，男性警察官と対等に仕事をし，戦う女性たちであり，魅力的であった。

　しかしながら，女性の活躍が取りざたされたこの時代であっても，実際の働く現場にはまだまだ多くの男女差別が残っていた（現在でも同様であるが）。「女性も男性と同じように活躍してよいのですよ」といわれたところで，「カッコいい」どころかさまざまな苦悩に直面し，もがき苦しんで女性が大多数であっ

61

たと思われる。

『パトレイバー』には，人間のためにさまざまな仕事をこなす巨大ロボット「レイバー」が登場するが，同時に警察官や整備士など多くの男女のレイバー＝労働者が描かれている。女性労働者の魅力的な活躍は，所詮「物語」の理想論にすぎないのかもしれない。実際，男女ともに尊重される人間らしい働き方は，均等法から30年以上を経た現実社会において，ますますイメージしにくいものとなっている。しかし，だからこそ，そんな理想の「未来」の可能性と限界を，あらためて現代から読み解くことでみえてくるものもあるのではないだろうか。

女性が職場で人として尊重され，能力を発揮できる社会もアリだと思えたあの時代。そこで描かれていた「女性の活躍」とは何だったのか。本稿では，主にTVシリーズの『パトレイバー』を概観し，そこに登場する女性が，働く女性の困難をどう乗り越え，どのような生き方の可能性を示してきたのか，そしてそこでは巨大ロボット＝パトレイバーはどのような意味をもつのかについて考えていきたい。

2　「働く女性」のリアル

原作，OVA，TVシリーズ，映画等全般において，『パトレイバー』の舞台は警察組織である。時代設定は，20世紀の終わり，すなわち放映時よりわずか10年足らずの未来であるが，日常生活面では1990年前後の雰囲気を残しつつ，しかし巨大汎用工作ロボット「レイバー」の登場により大きく変わった警察のあり方が描かれている。

物語に登場する東京では，東京湾埋め立てプロジェクト（バビロンプロジェクト）が進められ，そこではレイバーが作業に従事している。操縦するのは人間であるが，このようなレイバーが，自動車や大型機械のように，効率の良い「力」として利用され，普及している。しかし，普及した「力」はときには悪用される。そういった「レイバー犯罪」への対抗策として，警察もまたレイバーを配備し，特殊車両二課（特車二課）を設立する。

主人公の泉野明は特車二課の第二小隊に配属されレイバーの機体操縦の任務

を受ける警察官（巡査）である。彼女の周辺の女性警察官は他に，第一小隊の隊長である南雲しのぶ警部補，レイバー研修のため期間限定で第二小隊に配属された，ニューヨーク警察巡査部長の香貫花クランシー，第二小隊の熊耳武緒巡査部長，また，警察ではないが，自衛隊空挺レイバー隊所属の不破環生二尉が登場する。

　彼女らの「職場」は，警備し，ときには戦うという警察という公的な組織であり，女性の職場としては若干特殊性をもつが，本節では，『パトレイバー』の世界における女性のあり方の魅力を読み解くにあたり，まずは先行研究から，現実の，このような「力」の行使を伴う女性の職場としての警察組織および自衛隊組織，また，そこでの女性の立場や困難について概観していきたい。

（1）均等法の陥穽と「働く女性」

　1985年に制定された均等法は，「雇用のさまざまな面において女性が男性と均等な機会と待遇を受けられるよう事業主に措置を求める法」であり，その成立により「女性だけに適用される結婚退職制や，男女で異なる定年年齢の禁止が明文化され，それらは性差別であり許されないという意識が社会に浸透」した（堀・関・荒木 2017：116）。「1979年に国連総会で採択された女子差別撤廃条約」批准のため，「新たな雇用平等立法が必要とされた」こと，「判例による男女平等法理の定着があった」（中窪 2015：4）ことが成立の背景とされている。条約批准のための法整備であったことで，その内容は「労使の綱引きによる妥協の産物」（中野 2015：8）とされ，実際に働く女性が求めていることとの乖離が指摘されていた。企業への罰則規定が無いこと[1)]，また，それまでの女性労働者への「保護」を無くす流れができたこと[2)]など問題を多く残していた。また，均等法と同時期に多くの企業で取り入れられた「コース別人事」が，一般職と総合職という女性の「分断」（岩間・大和・田間 2015：117）を産むなど，言い換えれば，女性が男性同様に働くとはどういうことか，というビジョンが棚上げされたままの制度であった。

　均等法はその後複数回にわたり，いくぶん現実に即した改正はなされたが，現在にいたるまで，女性労働者のおかれた状況を改善する真に有効な内容とはなりえていない。「均等法後，女性の非正規化が急速に進み，到底自立して生

第Ⅱ部 「巨大ロボット」を社会学する

きてはいけない短時間ないし細切化された不安定・低賃金労働が広がった」
（中野 2015：9）こと，さらには，近年の「働き方改革」における裁量労働制
の導入により「男性並みの残業ばかりか，さらに長時間になりかねない働き方
をしなければ均等に待遇されない」（大森 2018：3）という状況など，依然と
して働く女性の立場は厳しい社会は続いている。

『パトレイバー』が放映された頃より続く均等法後の社会では，男性並みに
働ける一部の女性は活躍できるが，学歴，能力，家族役割の差などで女性は分
断されうる。では，『パトレイバー』で描かれている女性の活躍とは，やはり
「男性並みに働ける一部の女性」の物語でしかないのか。そこには「男性並み」
とは異なる新たな労働のあり方や女性のロールモデルは提示されているのだろ
うか。

（2）警察，自衛隊における「働く女性」

警察，自衛隊における
女性の特殊性

『パトレイバー』の舞台は，警察組織である。「男性
並みの働き方」という均等法の本質的問題から考え
ると，「男性の職場」とされがちな警察での「女性の活躍」はいかなるもので
あったのか。ここでは警察と，類似の課題をもつ職業としての自衛隊における
女性のあり方に目を向けたい。

吉田如子は，世界や日本の警察組織における女性警察官の特殊性やそこでの
位置づけを考察している。まず女性警察官は，「強い統制力を用いない」な
ど，男性警察官と比較し，「同じ事案に対処しても，異なる社会的事実を構築
し，異なる警察活動を提供し」ているとする（吉田 2015：6）。力を伴う業務
執行のあり方においても，男性は，「物理的接触」「腕力を使用する」のに対
し，女性は「目潰しスプレーや催眠スプレーなど化学的制圧用具を使用してい
る」という違いがあるが，実際は「女性は市民と直接対決するような経験をほ
とんど持たない」（吉田 2015：8）という。男女警察官の体力的差異について
は，米英での「テーザーガン（電気ワイヤー銃）の使用」の増加が「女性警察官
の体力の劣位を補うことが可能」となる点（吉田 2015：10）にも言及されてい
る。『パトレイバー』にて，巨大ロボット「レイバー」を操る野明が男性警察
官同様の活躍ができることもまた，女性が「道具」により体力を補えるという

ことと無縁ではないだろう。

　また吉田は女性警察官のおかれる状況について，「様々なハラスメントや配置における差別，昇進における不利益な扱いを受ける」こと，「成人男性ではなく女性や子供，あるいは加害者ではなく被害者への対応に優れているという理解」のため男性とは異なった業務を割り当てられること（吉田 2015：6-7），「女性警察官として注目を集める一方，配置部門は限定されている複雑な状況」（吉田 2015：9）を述べている。また，昇任に関しても，「男性警察官と同じことができるとアピールするか，男性警察官にはできないことができると訴える必要がある」（吉田 2015：6-7）という難しさがある。男性警察官を基準とする業務から排除されるなかで，なお男性同様の働き方をめざす女性警察官が存在する一方，実際には女性の特殊性をも求められるという矛盾がある。結果として，「『女性にしかできないことを』『やわらかさを活かして架け橋に』」などの「自らの役割を既存の警察運営に沿ったあり方で限定する」姿勢（吉田 2015：9）をもつ女性警察官が存在することとなる。

　また，自衛隊の女性への聞き取り調査を行った佐藤文香も，女性であるゆえの二流の評価しか望めないなかで女性自衛官は，「男性より『劣った』性であるがゆえに『同じこと』ができないというプレッシャー」（佐藤 2004：240）から，女性にしかできないこと（気配りなど）で穴埋めをしようする傾向をもつと述べる。そして組織は，そのような「女性の自発性をうまく利用し」て，「『女性に（特定の）仕事をさせる』ことで肉体的な女性の劣位を補わせ，効用の増大を図ろうとする」。この女性のみへの期待には「女性は看板娘だからと化粧を要求され」ること，「自衛官の『外向きの顔』としての役割を担わされる」ことなども挙げられている（佐藤 2004：241）。これらの議論では警察・自衛隊の女性の特殊性が示されている。

女性の排除と分断　さらに，警察・自衛隊における女性の立ち位置については以下のような側面もある。吉田は，女性警察官は男性警察官のホモソーシャルなネットワークに入る機会が少なく，「昇任や自分の希望の職務に就くためにはどうすべきかという情報を得る機会に男性ほど恵まれていない」（吉田 2015：10）と述べている。また佐藤は，入隊希望の女性たちにとって自衛隊は「民間企業よりも公正で，男女平等な職場であると認

第Ⅱ部 「巨大ロボット」を社会学する

識する女性たちを多く惹きつける組織」である一方,「入隊機会を一部女性に対して制限し,限定的な採用枠で知的資源の高い女性を低い階級に引き込んでいる」という差別的側面があると指摘する（佐藤 2004：229-230）。とくに,訓練,教育内容が男女同一となった時期以降は,それらが「男性の基準が範型」としてあるため,「その要求水準に自らが達しないのではないかという不安と焦りを日常的に女性たちに与え,ストレスに追い込まれる形で辞めていく原因の一つ」ともなるという（佐藤 2004：229-230）。さらに佐藤は,自衛隊において,訓練が「女性に自らを『劣った』性,『二流の自衛官』であると強く認識させる場として機能している可能性」についても述べている。

　自衛隊では,必ずしも「男性並み」が求められるわけではなく,女性のみに,「『女性に（特定の）仕事をさせない』形態」と,「『女性に（特定の）仕事をさせる』形態の」二種類の役割が期待される（佐藤 2004：237）という。前者の「特定の仕事」とは,力仕事や夜勤であるということであるが,このことは女性に対してのみ特別扱いする「保護」は平等に反するのかという均等法の議論とも一致する。またこのことは,業務を免除される女性への嫉妬や否定的な評価,「責任のある立場を任せてもらえない」といった差別に結びつくこともある（佐藤 2004：237）。「女性たちが組織的に『優遇される性』として認知されることは,『優遇されない性』である男性自衛官との間に現場レベルで多くの摩擦を生じ」させる（佐藤 2004：237）。また,女性自衛官は戦車に乗れず,「戦車を支援する後方の通信や衛生にしか配置がないこと」に失望を語る機甲科の女性（佐藤 2004：244-245）の声も紹介されている。

　『パトレイバー』の特車二課では野明はもちろんのことレイバーに乗る女性は多く登場し,作品中の自衛官では不破二尉もまたレイバーを操っている。戦車とレイバーを同列に扱うことは難しいかもしれないが,現実の組織に比べ,女性が「保護」を理由に大型兵器から排除される状況はほぼ解消されているといえよう。

　男性と同様の能力を期待される一方で,男性とは異なる職務評価や役割,昇進のあり方という面においての,警察や自衛隊という職場における女性の困難がここでは示されている。実際,他の多くの職場同様,自衛隊にも「女性はすぐに辞める,家庭重視で役に立たないという推測や経験則により,自分たち男

性の負担が増えると思われるため」、役職につくことが歓迎されない傾向がある（佐藤 2004：235）。警察組織においても、「幹部階級に登用される女性警察官は」少ない（吉田 2015：6）。

また、自衛隊においては、「妊娠・出産による不在を誰かがカバーしなければいけないため肩身が狭い」と感じる女性が多く（佐藤 2004：254）、独身の女性が「子どもを持つ既婚女性に向けるまなざしは男性同様に冷たくなること」（佐藤 2004：254）があるという。「女性の間には、未婚か既婚か、子どもがあるかないか、言い換えるならば男性と同じような働きができるか否かによって格差と分断が生じていく」（佐藤 2004：256）。

そしてこのことは、とりもなおさず、「男性と同じような働きができるか否かによって」女性たちが評価され、また、「組織内で構造的に分断されていく」ことを意味する（佐藤 2004：258）。「強い」男性基準で動かざるをえない組織では、セクシュアルハラスメントの被害を受けた場合でも、「セクハラの矮小化」が生じるという。それは、女性が性的加害の被害者となることで、本来他者を「守るはずの」強くあるべき自衛官として「存在することの正当性が剥奪されてしまう」ことを意味するからである（佐藤 2004：265）。

男性の働き方を基準とした職場で女性が働く際の困難には、こういった女性同士の対立や分断、女性差別への批判を否定することで女性が女性の敵となる構図もまた、挙げることができる。

女性が社会で活躍することは「男並み」になることでのみ可能であり、その際、実際に残る女性差別や女性役割は不可視化される。すなわち、男性を基準とした職場での差別構造、それとは矛盾する女性役割への期待、女性同士の対立、といったこれまで概観した困難は不可視化される。このジレンマは、昨今の女性医師（同じく男性基準の強い職場である）の困難をめぐるニュースに象徴されるように、近年の女性活躍推進の機運のなかでも常に問い続けられていることでもある。

『パトレイバー』は、女性たちをこういった困難から解放する理想の物語でもある。単なる綺麗ごとや、能力のある一部の女性にのみ与えられた物語ととらえることも可能ではあるが、実際、それらの困難を乗り越えた未来を読み解いてみることも悪くない。『パトレイバー』はなぜカッコよかったのか。ジェ

第Ⅱ部 「巨大ロボット」を社会学する

ンダー平等はどのような表象として現れるのか。

3 『パトレイバー』で描かれる女性の活躍 ··········

（1）職場環境①性別役割を感じさせない第2小隊

　　『パトレイバー』
　　の世界の女性
それでは，『機動警察パトレイバー』TV シリーズにおける組織のあり方，そこでの女性のあり方はどのように描かれていたのか（組織については第6章も参照）。

　『パトレイバー』(1989) は，1998年の東京を舞台に，汎用工作ロボット＝「レイバー」を使用した犯罪と，警察との奮闘と活躍を描いた作品である。OVA や映画作品など含め，正義をめぐるトータルでの世界観も素晴らしいが，本稿ではより広く知られ，リアルタイムで当時の社会状況（設定は未来であるが）や日常が反映されていた TV シリーズのみを取り上げたい。

　主人公の泉野明（巡査）が所属する特車二課の第二小隊は，失敗や問題行動のある警察官も多く「落ちこぼれ部隊」として悪評も名高いが，個性的で誠実なメンバーが揃う。特車二課では，警察特殊車両（パトレイバー）として，イングラム[3]と呼ばれる機種の巨大なレイバーを取り入れている。野明は，イングラムの操縦士であるが，担当する1号機にアルフォンスという愛称をつけ，愛情をもって接している。

　第二小隊では，イングラム各機の機体操縦担当以外に，指揮（バックアップ）や現場での整備にかかわる担当（レイバーキャリア）が設けられている。「操縦スキル」は「きわめて高」いが，1号機への「偏愛」が過ぎ，「理屈より感情が先行しがち」（別冊宝島編集部 2013：56）な野明のバックアップは，野明との個人的な交流も多い男性巡査の篠原遊馬が担当する。また，イングラム2号機の機体操縦担当に太田功巡査，指揮はニューヨーク警察からレイバー研修で半年間来日している香貫花クランシー巡査部長が23話まで，それ以降は熊耳武緒巡査部長が担当している。これらの主要登場人物に加え，複数の警察官，レイバーの整備士などが特車二課を構成する。

　『パトレイバー』に登場するのは，自ら動き，能動的な意志をもつ女性たちである。女性警察官は決して少数派ではなく，また，第一小隊隊長の南雲しの

68

ぶ警部補など，組織内で地位が高い女性も当たり前に存在している。現実の組織のように，女性が少数派で立場が弱く，男性的能力を高めるか女性役割を活かすかしか生き残る術が無いような状況とは異なる。実際の，男性中心的な警察等のあり方とは異なる人間関係，または男性論理で動く物語とは異なる物語が，そこにはあるのではないか。

「男性性」と「女性性」のバランス

あえて性別を感じさせる描写としては，イングラム1号機操縦士の野明と，二号機操縦の太田との対比が挙げられる。たとえば太田は，「非常に戦闘的で，男性性の本質をきわめてステレオタイプに体現したキャラクターである」，また，「野明という女性原理そのものと，太田という男性原理そのものが完全に対比の中で描かれている」という見方もある（名越 2013：82）。太田は，「レイバーはパワーだ」と言い切り，無謀な戦い方でときには市民に迷惑をかけ，警察内の他の部署からも問題人物であるとみなされている。たいして野明は，イングラムを単なる戦闘の道具としてではなく，愛称で呼び，「擬人化し，明らかに愛する対象として接」し（名越 2013：82），イングラムが傷つくことを極端に嫌がる。名越は，このような野明のイングラムへの愛を「女性的排他性」と呼び，「男性性的戦闘性を抑止する」意義と位置付けている（名越 2013：83）。

　しかしながら，太田の攻撃性や能動性が男性論理であるとするならば，それは第二小隊はじめ『パトレイバー』に登場する男性警察官全体に共有されているとは言い難い。主に敵サイドの人物の犯罪的行動の背景として男性論理に近いものは描かれているが，第二小隊では，太田の野明に対する，「女はレイバー隊に向いてない」という言葉に同調する空気もない。職場でのお茶くみや食事の担当も女性警察官だけでなく，男性警察官もともに持ち回りで行っている。また，何より管理的地位にあるメンバーにも複数の女性がついている第二小隊（第一小隊も）は男性論理が支配的ではない組織であるともいえる。

　往々にして男性論理は女性性の否定や排除のもとに成り立つ。現実の警察組織や自衛隊組織は，体力や役割などを男性基準とし，女性的な役割を女性に割り当て，女性を排除する男性中心的組織であった。第二小隊の組織やそこでの役割はそれにはあてはまらず，むしろ，男性論理を後退させた第二小隊のあり方こそ，女性が活躍しやすい性中立的な職場を成り立たせているともいえる。

第Ⅱ部　「巨大ロボット」を社会学する

男女ともにキャラクターもさまざまであるし，攻撃性，身体能力といった点では，太田をしのぐ香貫花クランシーのような女性も登場し，性別よりも多様性が示されている。太田のみせる男性性もまた，一貫したものとはいえない。たしかに当初こそは女性警察官や，女性がイングラムに搭乗することに対し，排他的な態度をとっていたが，回を追うごとに，同僚としての野明との相互の仲間意識や信頼が強まっていく。

（2）職場環境②女同士の友好的な関係性

恋愛至上主義や
女の分断とは無縁

　『パトレイバー』にはさまざまなタイプの女性が登場するが，一般的な職場での女性同士のあり方について，しばしばそういった多様性は女性の分断を産むとされている。女性たちはそれぞれの立場の違いにより，分断され，対立し合う関係となることがある。その背景の1つに，「かつての女性は自力で社会的地位を築くことなど考えられず，『どの男性に選ばれるのか』によって社会的地位が決まって」いたことが，「女性が仕事をするのが当たり前になった今でも」，「色濃く残って」（水島 2014：22）いることが挙げられる。そこでは，「『選ばれた女性』に対する意地悪やバッシング」，すなわち，「『女の敵は女』と言われる現象」（水島 2014：26-27）が生じる。

　しかし，『パトレイバー』で描かれる女性キャラクター同士の関係性は総じて，良好である。少なくともこのシリーズ内では，勤務内外を通し，女性同士が対立し，不毛な争いをする描写はない。そもそも女性キャラの言動に恋愛対象として男性を意識した描写が極端に少ない。野明と，仕事上のパートナーである篠原遊馬との関係も，嫉妬や，最終話で野明が遊馬をデートに誘うなど「友達以上恋人未満」な感情をにおわす描写もあるにはあるが，決してそれが前面に出ることはない。

　また彼女らは，女性同志の，いわゆるマウンティングの要因ともなりうる「女子力」とも無縁である。第二小隊のテレビ取材の場面では，熊耳武緒巡査部長の美貌と比較され自信を失い，慣れない化粧をしようとする野明が描かれるが，整備担当の榊清太郎にコックピットに化粧の香りが充満すると操縦に集中できなくなるといなされ，即座に気の迷いを断ち切り，泥まみれでも仕事に

打ち込む。前述の自衛隊における「女性は看板娘だからと化粧を要求され」（佐藤 2004：241）るような暗黙の規範も，第二小隊には存在しないようである。いわゆる「女性の恋愛体質」，「女子力」といったステレオタイプにはほぼ絡めとられない自由な女性キャラたちがいて，恋愛の描写に頼らない骨太な物語が展開されている。

描かれる女同士のゆるやかな絆

『パトレイバー』には，それぞれの任務の遂行や，任務を行ううえでの自らの成長をめぐり（男女問わず）他のメンバーの能力や技術との比較で葛藤することはあっても，女性的価値で他の女性と比較し，マウンティングし，自らの立ち位置を認識し安心するというアイデンティティの不安定さは描かれていない。他人の評価でしか自己を評価できない，自尊心の低い女性は登場しない。女性同士は，先輩後輩として，ライバルとして，仲間として信頼関係を築いている。

野明と香貫花という二人の女性は，出会った頃の模擬戦の場面などではまだ距離感があるが，第二小隊の後藤喜一隊長の計らいで設けられた飲み会の席にて本音で語り合えたことなどを通じ，信頼が強まっていく。爆発物の危険性のある現場では，指揮をとる遊馬の命令を無視し，危険に直面する香貫花を野明が助けに向かう。また，イングラムの宿敵であるレイバー，グリフォンとの圧倒的不利な戦いのなかで，先に負傷し指揮をとれない遊馬は野明を心配しおろおろするだけだが，代わって指揮をとる香貫花は野明を信頼しろと言い放ち，「逃げ出したいよ」と弱音を吐く野明を鼓舞し，的確な指示を出し，グリフォンの攻撃を免れることができる。香貫花がアメリカに帰国したあとに2号機指揮を担当する熊耳は，『パトレイバー』の物語全編を通じ敵役となる「内海」の元恋人であったが，内海が天才少年バドに操縦させるグリフォンの攻撃に負傷し，一時的に担当を離れる。その間，香貫花が戻り，入院中の熊耳にも顔を合わせるが，そこでの会話は，内海とはどのような人物であるのかの確認と，私がカタキをとってあげる，という申し出であった。結果として熊耳は恋人時代の内海を敵とは思ったことが無いと返答するが，香貫花と熊耳の戦う女同士の強い信頼関係が示された場面であった。

そのほか，イングラムに憧れ第二小隊で操縦体験をするアイドルの少女が，先輩としての野明を尊敬し慕う様子，自衛隊の不破二尉が野明の操縦能力を評

価しヘッドハンティングするが，警察官としての誇りでそれを断る野明との一連のやりとり，グリフォン戦でのイングラムの負傷に落ち込む野明を熊耳が励ます様子も，女性同士の人間としての絆が感じられる。

　男性中心的論理のせいで女性同士が対立し，尊重し合えない現実とは異なり，『パトレイバー』の女性たちは，多様な個人として通じ合い，高めあう。こういったイメージやモデルこそ，ジェンダーに縛られず個人が活躍できる社会に必要なものではないだろうか。

（3）野明自身の成長──「働き方」「戦い方」

**身体としての「力」
と巨大ロボット**
　　「力」を行使する警察組織での女性である野明の活躍や成長は，イングラムという「力」と一体化した女性であることと切り離して考えることはできない。野明は1号機を道具としてではなく，アルフォンスという愛称をつけ，大切な友人かわが子のように愛し，イングラムが戦闘で傷つけば落ち込み，修理やメンテナンスを担当する整備部隊に頭を下げ，自分は整備ができないからと毎日丁寧に機体を磨く。戦い方にも，太田のようにむやみに「力」を行使するのではなく，機体も周囲の人々もできる限り安全に，イングラムの力を信頼し，敵に立ち向かう姿勢が示されている。またイングラムには，操縦者の癖や技術が学習される特性があり，ともに戦う「仲間」であるのみならず，自らの身体の延長線上にも位置づけることができる（第4章参照）。

　富澤達三は，さまざまな作品に登場する巨大ロボットを，「人工知能を持つ『自立型』」「リモートコントロールで操作される『無線操作型』」「コクピットに人間が乗り込んで操縦する『内部操縦型』」に分類する（富澤 2009：50）。イングラムをはじめとするレイバーは，自立した意志をもたない，ここでの「内部操縦型」に位置づけられる。他方，自らの判断のみでの操縦や戦闘ではなく，バックアップの指示を受け操縦することから，「無線操作型」の側面をもあわせもつ。操縦者自身でもあり，他者でもある。こういった特徴の巨大ロボットは，身体の外殻であり「他者や外界と『わたし』を媒介」する「からだ」であり，また，実際の「機能を担う」人間が「実」としてそこに入っているという二重構造で成り立っている（篠田 2015：125）。山崎は，『マジンガー

Z』『機動戦士ガンダム』『新世紀エヴァンゲリオン』の分析を通じ,「ロボットが表象する『力』が主人公たちにとって社会への渡りを可能にする,自分の身体を越えた,いわば『拡張された身体』となっている」(山崎 2014：58-59)と述べているが,イングラムもまた,野明や太田の身体の拡張であるともいえる。

「力」をコントロールする自己

女子プロレスラーの身体について考察する合羽が述べるように「他者の感情に配慮」し「身体的力を発揮しない」ジェンダーを身に付けてきた女性(合場 2013：109)が,大きく筋力のある身体をもつことにより「力」を得ることは可能である。「本来持っている身体的力を充分に発揮できない現代日本社会の女性が身体的力を」つける「身体的エンパワメント」(合場 2013：177)としても期待できる身体のあり方である。しかしその一方,ときとしてそのような身体は「理想の女性身体としての,痩せた身体」と相容れない(合場 2013：104)。強い身体から得られる力はそのようなジェンダー的葛藤とともにあるが,もとより外殻として着脱可能な巨大ロボットという力は,女性が身体的イメージの変化にとらわれることなく,ジェンダーを乗り越え行使できる力となるともいえる。さらには,女性の身体が拡張し,生身の男性,それ以上の身体的能力を手に入れたイングラム搭乗員は,均等法制定時の議論のような,女性のみの特別扱い＝保護など不要とする労働者であるとも位置づけられる。

　しかしながら,身体の延長線上にあり,かつ身体から切り離された他者である巨大ロボットとの関係は,しばしば操縦者のアイデンティティの葛藤をもたらす。TVシリーズ終盤では,野明は,他者であるイングラムの力に依存し,しかし「実」である自分が弱いせいで大切なイングラムを傷つけてしまうことに思い悩む。何より,能力のある周囲の他者と比較し,自分自身はイングラムを愛する以上の何ができるのか。野明の葛藤は,自らの身体の拡張としてのイングラムの力をコントロールする自分と,イングラムを他者として尊重し向き合う自分との調整をめぐる葛藤であった。イングラムは野明にとってパワーではあったが,単純な外殻でも,自分自身と一体化した力でもなかった。

第Ⅱ部　「巨大ロボット」を社会学する

4　イングラムがもたらした「力」とは何か

（1）第二小隊におけるケア

　それでは，イングラムが野明にもたらしたパワーとは何か。拡張された自己
として，また他者としてイングラムと調整し続けてきた野明の成長とは何を意
味するのか。

　野明にとってのイングラムは拡張された自己であるとともに，慈しみ，尊重
し向き合う他者でもあった。野明がイングラムに対し行っていたことは，ある
種のケアであるともいえる。太田がイングラムの攻撃力や狙撃力を重視する他
方で，野明がイングラムを慈しみながら戦う様子の対比は，正義の論理とケア
の論理の対比であるととらえることもできる。

　現実の警察や自衛隊では，女性は男性警察官や男性自衛官とは異なるケア的
役割を期待され，男性とは異なる論理で動くことで組織にメリットをもたらす
存在として位置づけられていた。しかしそのことは，女性の能力の正当な評価
にはつながらず，二流メンバーとしての扱いを生み，結果として組織からの女
性の排除にもつながった。

　『パトレイバー』では，ケア的な行動原理は，決して野明はじめ女性のみに
限定的なものではない。ベテラン整備員の榊清太郎をはじめ，整備や指揮に携
わる隊員が男女問わず，イングラムへケアの視線を向けている。[4]男女の役割の
固定化のない職場，そこでのメンバーは，ともに働く仲間（隊員，イングラム）
を気遣い，イングラムやときには敵レイバーや一般市民を尊重しながら戦う。[5]
また，ケアとは，気遣いや尊重を超え，「多文化主義であり，差異を承認する
政治」（ブルジェール　2011=2014：35）でもある。すなわち，多様な立場を超え
た連帯が実現した第二小隊は，正義の警察でありながら，広義のケアを内面化
し任務を遂行するメンバーによる，男性中心的な正義の論理のみでは成り立っ
ていない職場であるといえる。

（2）ケアと力の主体として

　巨大ロボット作品は，しばしば，男性の成長物語と位置づけられてきた。野

74

明の成長物語は，これらとは異なった側面をもつ。富澤は，ある時期からの巨大ロボットアニメには「『スポ根もの』で顕著にみられた『主人公が艱難辛苦を乗り越えて人間的に成長し勝利する』という長大なドラマ展開の影響」（富澤 2009：56）がみられると述べている。巨大ロボットに搭乗する，もしくは一体化することで，「少年ゆえの未熟さ」では成しえなかった巨大ロボットの「『力』の制御」を通じ，（主に）男性主人公は「大人」へと「成長」（山崎 2014：58）する。山崎は，この，男性主人公の成長について，「父またはそれに代わるものの用意したロボット」の「力」を引き継ぎ，それを制御できるようになることで父を「乗り越え」，また，『エヴァンゲリオン』の場合などは「母はロボットを介して『子』とのシンクロ」すなわち，主人公による母の支配を経ることで，「大人社会の一員」となる（山崎 2014：59）という。

　それは男性中心的な近代の自立した人間像に基づいている。近代的主体は，母を支配し父を否定する「力」をもつ一方，母（や妻）によるケアを背景化し，誰のケアも無しに自立可能な存在として位置づけられる。しかしながら，1960年代以降の第二波フェミニズムがあきらかにしてきたのは，社会の公的領域での活躍や「力」の獲得は，私的領域（家庭など）でのケアによる「力」の再生産があってこそ，ということであった。加えて，公的領域は男性に，私的領域は女性に割り当てられ，そこでの役割が固定化され，権力構造を生む仕組みがある。『パトレイバー』の世界での「力」の獲得や自立した個人としての成長は，仲間やイングラムといった他者を尊重し，気遣い，ケアし，同時に，自らの拡張した身体であるイングラムを尊重するケアを意識したものとして描かれていた。このことは，誰もが「潜在的な依存者であり，潜在的な依存労働の可能性」（キテイ 1999＝2010：206）をもつ，すなわち，自分も他者も相互にケアする関係性こそ，自立した個人同士の関係性であるという，ケアの論理からの近代社会の再解釈にも通じることである。このような，ケアの論理で動きつつ，かつ，正義の「力」を行使できる主体こそ，葛藤のもと野明が手に入れるであろう主体であったのではないか。そして，女性を排除することで成り立つ男性性も，他の女性を貶めることで可能になる女性性をも乗り越える，アイデンティティ，自信，「力」の象徴として，イングラムを位置づけることもできるのではないか。

第Ⅱ部 「巨大ロボット」を社会学する

　実際，ケアが役割分担として固定化し，しかも背景化，不可視化（資本主義社会のなかではアンペイドワーク化）してきた社会関係は，「力」を得る場から女性を排除し，また，男性の「力」を過剰評価し，負担をかける（長時間労働や男性稼ぎ手モデルなど）という歪な社会であった。誰もが広義でのケアの担い手であり，力を獲得し，性別を問わず尊重され，助け合い，社会衣的意義や自らの成長を実感する職場が描かれたであろう『パトレイバー』TV シリーズは，労働のあるべき未来への希望を示していたともいえる。

　それは，それまでの時代と異なり，性別を問わず相互に尊敬できる関係性でもある。たとえば，荷宮は，1980年代，均等法直後の日本の空気について，「あの当時，『女性が正当に評価されるようになったことに対して，喜びを露にする男性たち』は，たしかに存在した」（荷宮 2004：237）と述べている。均等法に関する政府や経済界の思惑とは別に，豊かで自信に満ちた日本社会の一部では，男女が対等に尊重しあい，共闘する幻の地盤が芽生えかけていたといえるのかもしれない。パトレイバーもまた，そのような時代にあらわれた文化の１つであった。

『パトレイバー』に描かれなかったもの

　性別にとらわれず，多様な個人が相互に尊重し合える関係性を描いた『パトレイバー』であったが，その当時の，また現代を生きる「働く女性」の物語としては，描き切れていないと思われる側面もあった。

　国際連合の女性差別撤廃条約（1979）では，1970年代にすでに，労働において，人間であるからには女性のみならず，両性への保護の重要性が訴えられていた。それは，男女とも，仕事のみならず生活時間をも確保する働き方とセットで実現することである。また，家庭生活は，そこでのケア責任ともセットであり，ILO（国際労働機関）156号条約（1981）では，男女ともの家族役割（主に子育て役割）の重要性が示されている。

　しかし，『パトレイバー』では，長時間労働が当たり前のこととして描かれる一方，男女問わずほぼすべてのメインキャラクターに家族役割の影が感じられない（夫や子どもがいるという設定の人物は登場するが）。職場内での役割分担はフラットで尊重し合うものである一方，労働を支える生活については（寮で生活する隊員が多いこともあり），独身者の最低限の生活時間しか描かれていない。

もしも，家族をもち，また，そうでなくとも仕事以外の時間を大切にしたい労働者が第二小隊に現れたとしたら，希望にあふれる未来を想像することができるだろうか。日本社会全体において，がむしゃらに働くことが良しとされ，いわゆるワークライフバランスの具体的なイメージがなされてこなかった時代の物語ではあるが，しかしながら生活を軽視した労働のあり方は，昨今の働き方改革の空虚さなど，現実の現代にも影を落としている。

5　おわりに

　『パトレイバー』は今回振り返った TV シリーズ以外にも，映画や OVA，スピンオフ作品など，多くの作品が制作されている。2014年の実写化ドラマ『THE NEXT GENERATION パトレイバー』では，大きなレイバー犯罪も起こらない平和な2010年代が舞台であるため，イングラムという「力」をめぐる葛藤や成長の描写は少ない。第二小隊も世代交代し，唯一，整備員のシバシゲオ（アニメで声を担当していた千葉繁が演じている）のみアニメ共通のキャラとして登場するが，過去の登場人物はほとんど登場しない。主な女性キャラクターは野明を彷彿とさせるアキラ（漢字では泉野明で野明と同じ）と，香貫花を彷彿とさせるロシア人のカーシャであるが，この２人は，第７話でアキラがカーシャのタバコの吸いすぎを心配する場面ぐらいしか，仲間としての心の交流はみられない。旧 TV シリーズのようなライバルや味方としての女性同士の関係は希薄である。時代の流れという意味では，仕事に生きがいを感じ，人間らしい生き生きとした隊員の描写が多々みられた旧 TV シリーズに対し，人手不足で連続宿直勤務などブラックな働き方で疲れた隊員の描写が多くみられたことも印象的であった。女性も男性も関係なく，人間らしく働く理想から，女性も男性も，同じように使い倒され，役割を消費され，疲弊する。現実の男女共同参画社会の矛盾がそこには示されているようにも感じられる。

　矛盾点，反省点を知ったうえで，1980年代に示された男女のあり方や個人像に再度立ち返り，生き方，アイデンティティ，他者との関係の仕方をとらえなおす。それまでの男性的規範に合わす「わけではない」，オルタナティブな働き方，戦い方を考える。それらが可能になった結果の「男女の活躍」であるな

らば，今後の日本社会の幸せな未来にとって，モデルとなる何かをそこに見出すことが可能である。

---

1) 「募集・採用（7条）と，配置・昇進（8条）が，明確な差別禁止ではなく，努力義務規定にとどめられ」（中窪 2015：5），「男性なみに働く女性の機会均等を確保する趣旨のもとに，労働基準法の時間外・休日・深夜労働規制の緩和・撤廃に舵を切った」（中野 2015：8）。

2) 「47年労基法は，性別を問わない労働時間の条文に加えて，女性のみに適用される女子保護規定を設けて」おり，とくに残業規制や深夜労働禁止など労働時間規制については「すでに50年代から使用者側が緩和・廃止を要望し」「男性は無制限の残業ができるのに，女性への厳しい制限は使用者側からすれば使いにくい労働力として，性差別の口実ともされ」ていた（大森 2018：3）。

3) 全高8.02m，全幅4.37m，重さ6.62t「さまざまなオプションを使いこなす革新的性能を持つレイバー」（別冊宝島編集部 2013：42）。

4) 整備の技術がないから磨いてあげることしかできない，とこぼす野明に対し，整備部の仲間たちは，女でもできる整備を教えてあげようか，と野明を励まし，野明が操縦士としての自信を失くし実家に帰っている間，イングラムを（野明がしているように）みんなでピカピカに磨く。

5) 警察に敵対する企業「シャフト・エンタープライズ・ジャパン」は，対照的にレイバーも社員も使い捨てにする組織として描かれ，第二小隊におけるホスピタリティをあらためて確認することができる。

6) 現時点の最新情報として2018年8月に新プロジェクト『PATLABOR EZY』が発表されている。

【荒木菜穂】

6 「組織」としての巨大ロボット
▶巨大な力を支えるもの

1　はじめに

スタッフＡ：「敵シールド，第七装甲盤を突破。」

葛城ミサト：「エネルギーシステムの見通しは？」

スタッフＢ：「現在予定より3.2パーセント遅れていますが，本日23時10分には，なんとかできます。」

ミ　サ　ト：「ポジトロンライフルはどう？」

スタッフＣ：「技術開発部第３課の意地に賭けても，あと３時間で形にしてみせますよ。」

ミ　サ　ト：「防御手段は？」

赤木リツコ：「それはもう，盾で防ぐしかないわね。」

伊吹マヤ：「これが盾ですか。」

リ　ツ　コ：「そう。SSTOのおさがり。見た目はひどくとも，もともと底部は超電磁コーティングされてる機種だし，あの砲撃にも17秒はもつわ。２課の保証書つきよ。」

ミ　サ　ト：「結構。狙撃地点は？」

日向マコト：「目標との距離，地形，手ごろな変電設備も考えると，やはりここです。」

ミ　サ　ト：「うん，たしかにいけるわね。狙撃地点は二子山山頂。作戦開始時刻は明朝零時。以後，本作戦を，『ヤシマ作戦』と呼称します。」

　巨大構造物，兵器としての巨大ロボットの存在は，「組織」によって支えられている。『新世紀エヴァンゲリオン』第六話「決戦，第３新東京市」では，射程距離内に入った外敵を加粒子砲で排除し，攻守ともにほぼ完璧といえる能力を有する「使徒」の侵攻を受けて，エヴァンゲリオン初号機は大破，そのパイロット・碇シンジは死線をさまよう危機に陥る。「使徒」はさらに地下にあるエヴァンゲリオンの基地（特務機関ネルフ本部）の直上からも攻撃をしかけ，基

79

地を守る全装甲盤破壊までのタイムリミットは10時間と差し迫る。こうした絶体絶命の状況で，作戦部長の葛城ミサト一尉は，敵の加粒子砲の射程外から高エネルギーを一点集中させて狙撃する作戦を立案する。スーパーコンピューターによる計算では成功率8.7パーセントとされるも，それがもっとも高い数字であると主張して総司令官・碇ゲンドウの承認を得たミサトは，まず作戦の要となる陽電子砲（ポジトロンライフル）を，別組織である戦略自衛隊の技術研究所から徴発する。だが，この作戦にはさらに大きな課題があった。敵の強力なシールドを貫くのに必要な大出力を得るためには，日本全国から電力を集めなければならなかったのである。

　冒頭の会話は，果たして北から南まで，日本全国から電力を集める目途が立ったところで，ミサトが作戦準備の最終確認をするシーンである。ここまで，敵の戦力の調査に基づいて作戦を立案し，上司の許可を得て必要な資源を調達するまでの過程がテンポよく展開する。その中心は作戦部長の葛城ミサトだが，そこにはさまざまな「組織」や「部署」が関与していることが明に暗に示される。ポジトロンライフルを徴発するシーンでは「特務機関ネルフ」と「戦略自衛隊」との間に「徴発令状」というお役所文書がやりとりされ，先の引用シーン内の「技術開発部第3課の意地に賭けても」といったセリフからは，ふだん物語の背後に隠れてはいるが誇りをもって働いている技術者チームがあることがうかがえる。そしてたった10時間の間に，日本全国の電力を集めてくるためには，おそらく役所や報道機関などの間でおびただしい数の指示や連絡が走ったことが想像できる。

　兵器である巨大ロボットを運用する組織は基本的には軍事組織であり，主人公であるそのパイロットは，同僚だけでなく上官もいるその組織の一員である。そして，巨大構造物としての兵器を運用するうえでは前線に立つ兵士だけでなく，ロボットの修理やメンテナンスを担う技術者・メカニックや，上官からの指令を伝えるオペレーターなど，バックアップ要員がいる。また多くの場合，巨大ロボットにはその開発者が存在する。仮に超技術の産物としての巨大ロボットの場合でも，そのメカニズムや機能を解明し，現場で運用可能なレベルに落とし込む科学者の存在は不可欠である。さらにそうした科学者の背後には，物語中に直接登場しなかったとしても，その知識の体系を支える学会など

の科学者集団が存在するはずである。同様に，物語中ではあまり表舞台に現れ
てこないが，こうした軍隊組織や科学者集団に予算をつけ，資源や人員を配分
する巨大な官僚機構も存在するかもしれない。『新世紀エヴァンゲリオン』の
序盤のクライマックスともいえるこのエピソードでは，主人公（碇シンジ）不
在，巨大ロボット（＝エヴァンゲリオン）不在の状況で，本来その背後にあるべ
き巨大な「組織」が躍動するのである。

　こうした巨大ロボットの開発・運用・維持といった一連のプロセスを支える
「組織」に考えをめぐらすと，いくらヒロイックな巨大ロボットといえ「組織」
という巨大な構造物の一部品にすぎないことがわかる。あるいはこういってし
まうこともできるだろう。巨大ロボットのふるう巨大な力とは，「組織」の力
そのものなのである。

2　なぜ巨大ロボットを通して「組織」について考えるのか

（1）「組織の時代」と若者

　巨大ロボットと「組織」との関係は，作品内のことだけにとどまらない。巨
大ロボットが登場するアニメは，1972年の『マジンガーZ』から本格化し，
1980年代に百花繚乱の時代を迎えたわけだが，その時代は日本においてまさし
く「組織」が注目された時代でもあった。

　1973年の第四次中東戦争をきっかけとして起こった石油危機は，原油価格高
騰により世界経済を混乱に陥れ，欧米先進諸国はここから深刻なスタグフレー
ション期に突入した。日本もまたこの影響によって，1974年には戦後はじめて
経済成長率がマイナスとなったが，産業構造の転換や潜在的な製造業の強さに
よって比較的早く経済を立て直し，その後の安定成長を実現した。こうした日
本の安定成長は世界的な注目を集め，その背景にあるものとして日本的な集団
主義的経営とそれを可能とする組織文化への関心が高まった（ドーア
1973＝1987）。今日では，日本の集団主義というのは，しばしば責任の所在の不
明確さや排他性が批判の対象となることが多いが，かつて安定成長を実現して
いた時代においては，それが成功の秘訣として注目されていたのである。巨大

第Ⅱ部 「巨大ロボット」を社会学する

ロボットアニメが日本のこうした「組織の時代」に発展し，1990年代のバブル崩壊とともに衰退に向かっていったことは，巨大ロボットと「組織」の密接なつながりを示す象徴的な事実といえるだろう。

　それと同時に，1980年代という時代は，若者がこうした「組織」に取り込まれていく時代でもあった。1960年代の日米安全保障条約改定をめぐる反対運動（安保闘争）やベトナム戦争への批判的運動などを通して若者たちは戦前生まれの大人たちに反抗し，学生運動は全国に波及した。しかし，1970年代の学生運動内での内部分裂（内ゲバ）や消費社会化の進行は，若者たちの関心を政治から遠のかせていった。大人たちが作った社会の理不尽さに対して，団結して声を上げる機会は少なくなり，大多数の若者たちは大学を出て，会社＝「組織」のなかで働き，それぞれの幸福を追求するようになった。だがその一方で，戦前生まれの大人たちが作る「組織」，社会の矛盾というものが解消されたわけではない。そうした矛盾に直面したとき，戦後生まれの若者たちは個別に葛藤を抱えるようになったのである。「組織の時代」に隆盛を迎えた巨大ロボットアニメは，まさにこうした悩める若者を主人公に据えて物語を展開した。巨大ロボットアニメは，視聴者層に合わせて，主人公を10代から20代の青少年に設定し，その成長を描くジュブナイルものという性質をもっていたのである。

　だが冷静に考えてみれば，仮にどれだけ恵まれた才能をもっていたとしても，未熟で社会的な責任も負えない青少年に，強大な力をもつ兵器である巨大ロボットを任せることはきわめて不自然なことである。巨大ロボットアニメは，こうした問題を解決するため，一見それらしい理由づけを用意してきた。たとえば，『マジンガーZ』（1972）の主人公の兜甲児は，スーパーロボットである「マジンガーZ」の開発者である兜十蔵の孫である。つまり，青少年が巨大ロボットに乗れる理由として，「血筋」が示唆されているのである（たしかにはじめはマジンガーZの操縦に四苦八苦する甲児だが，「意地」と「勘」でいつの間にか乗りこなしてしまう）。同様の「血筋」による理由づけは，『機動戦士ガンダム』（1979）においても引き継がれている。主人公のアムロ・レイは，「ガンダム」の開発者テム・レイの息子であり，半ば偶然ガンダムに乗り込み敵と戦うことになる。だがアムロの場合，単純に「血筋」だけでガンダムのパイロットを任されるわけではない。戦争のさなか，秘密兵器であるガンダムを建造して

いたスペースコロニー（宇宙空間に作られた植民都市であり，アムロが当時住んでいた）が敵に奇襲され，本来責任を負うべき正規兵＝大人のほとんどが命を落としてしまう混乱のなかで，偶然パイロットになってしまうのである。

『ガンダム』以降のロボットアニメでは，このように青少年が半ば偶然に巨大ロボットのパイロットとなり，それを支える「組織」のなかに巻き込まれる描写が多くみられる。そのなかで，青少年はいわばロボットの巨大な力を手に入れる代償として，「組織」のなかで揉まれ，大人たちからの承認を求められたのである。こうした少年たちにとって，大人たちによって構成される「組織」はしばしば不可解で理不尽なものとして映る。それは彼らが所属していた家族や同世代の仲間集団とは異なる原理で動く集団であり，いわば「異文化」であった。逆に，「組織」にとって青少年は，社会のルールやマナーを知らない異物＝ストレンジャーだったといえる。だが青少年は，その「異文化」に適応し，そこに自分の居場所をみつけなければならなかったのである。

（2）「組織」とは何か──地位─役割と社会化

『ガンダム』を組織論の視点から観ることについては，すでに経営学などの分野ではありふれたものになっている（たとえば，鈴木2011など）。それらは基本的には経営者やリーダーが「よりよい（効率的に利益を生み出す）組織を作るには」という視点から書かれたものである。これに対して，社会学の組織論では，「個人や社会にとって組織とはそもそも何なのか」「何のためにあるのか」というより根本的な問いが設定されている。

社会学において「組織」とは[1]，単なる人の集まりを指す「集団」のなかでも，①特定の明確な目標をもつこと，②目標を実現するために，地位と役割の分化が進んでいること，③その結果，非人格的なシステムとして機能するものである。目標というのは，たとえば「軍隊」という組織であれば戦いに勝つことであり，「会社」という組織であればより多くの利益を上げることである。だが仮に共通の目標をもっていたとしても，メンバーがただやみくもに思い思いの行動をしていたのでは，なかなかうまくいかない（サッカーでチームの全員がゴールをねらって突進していくようなものである）。そこで「組織」は集団全体としての方針を決め，指示を出す人，実際に行動する人などの「役割」を分担

し，それを「地位」として特定の人物にあてがう。指揮官と一般兵，管理職と平社員といった具合にである。そして，「組織」というとしばしば冷たい印象をもたれることがあるが，これは「組織」の構成員が互いに個性のある個人として認識しあうよりも，組織のなかでの「地位」で相手を認識することが多いからである（名前ではなく，「部長」「課長」などと呼ぶことにも表れる）。

とはいえ，「組織」に外から新しく加わるメンバーは，はじめからあてがわれた「地位」に期待される「役割」をこなせるとは限らない。先輩から教えられたり，周囲をよく観察したりすることを通して，ときには失敗もしながら学び，身につけていく。こうしたプロセスを「社会化」という。

こうした視点から巨大ロボットアニメをみるとき，青少年というストレンジャーの視点から「組織」はいかなるものとして映り，そのなかでいかに葛藤するのかに注目することは，現代社会において「組織」とは何なのかを考えるうえで有意義な手がかりとなりうるだろう。そこでここでは主に分析対象とする巨大ロボットアニメとして，『機動戦士ガンダム』と『新世紀エヴァンゲリオン』(1995)を中心に取り上げて読み解いていきたい。

3　巨大ロボットアニメにおける組織

（1）官僚制としての組織

ストレンジャーである青少年にとって，「組織」というものは複雑怪奇な存在である。『機動戦士ガンダム』という作品は，「地球連邦政府」が成立し，人口の大半が宇宙で暮らすようになった時代，連邦政府とそこからの独立をめざす勢力（「ジオン公国」）との戦争を描いた物語である（第8章参照）。先述のとおり，主人公のアムロは，連邦側の秘密兵器である「ガンダム」をねらったジオン軍による奇襲のなかで，なし崩し的にパイロットになってしまう。もっとも，こうして成り行きで戦争に巻き込まれてしまうのは，主人公だけでなく，奇襲を受けたスペース・コロニーの多くの民間人も「避難民」として軍艦「ホワイトベース」に乗り込むことになる。そして正規兵がほとんど命を落としたため，ホワイトベースの艦長を任されたのはまだ10代の士官候補生ブライト・ノアであった。

6 「組織」としての巨大ロボット

　こうした状況のなかで，秘密兵器ガンダムをねらうジオン軍の攻撃をかいく
ぐって生き延びるため，自らも避難民であるはずのアムロたちはやむをえず戦
闘に参加する。そしてようやく宇宙にある地球連邦軍唯一の拠点である資源衛
星「ルナツー」にたどり着いたと思いきや，避難民の受け入れは拒否されてし
まうばかりか，なんとアムロらは軍事機密＝ガンダムを無断で使用した罪で拘
禁されてしまうのである。第4話「ルナツー脱出作戦」では，こうした「組
織」の不可解さが生々しく表現されている。以下，敵（ガンダムの奪取を命じら
れたジオン軍のシャア少佐の部隊）の襲撃を受けて混乱するさなか脱出し，ホワ
イトベースに乗り込もうとするアムロ，ブライトらとルナツー方面軍司令官
ワッケイン少佐とのやり取りである。

> ワッケイン：「貴様らそこで何をしとるか。ホワイトベース立ち入り禁止は厳命し
> 　　　　　　 たはずだ。」
> ア　ム　ロ：「シャアと戦えるのはガンダムしかないんです。」
> ワッケイン：「すぐに退去したまえ。」
> ブ ラ イ ト：「反逆罪は覚悟の上です，ワッケイン司令。あなたの敵はジオン軍な
> 　　　　　　 んですか？　それとも私たちなんですか？」
> ワッケイン：「貴様……。今，君に軍規がなぜ必要なのか説明したくはないが，定
> 　　　　　　 められた命令は厳守だ。」
> ミ　ラ　イ：「軍規軍規，それがなんだっていうんですか。軍人が軍規にのっとっ
> 　　　　　　 て死ぬのは勝手です。でも，他の民間人がその巻き添えになるのは理
> 　　　　　　 不尽ではないでしょうか，ワッケイン司令。」

　少佐ながら司令官という任に就くワッケインにも，実は彼なりの事情があっ
たかもしれないが，ここでは（地球連邦）軍という組織のルールである「軍規」
に縛られて「理不尽」な判断しかできない非人間的な人物として描かれている。
　社会学者のマックス・ウェーバーは近代社会において幅広くみられる組織の
あり方を，官僚制という概念で説明している。それによれば，官僚制は①明確
な規則による職務の配分，②一元的で明確な上下関係，③文書による職務の遂
行と公私の分離などを特徴とする（ウェーバー 1922＝1987）。つまり規則や上下
関係（命令系統）を明確にとり決め，個々は定められた専門的な職務に集中す
ることを可能とする組織の仕組みである。その大元にある規則（ルール）は，

85

第Ⅱ部 「巨大ロボット」を社会学する

決して個人の利害や趣味に基づいて主観的に左右されるものではなく（没主観性・非人格性），公式に明確に定められているからこそ，組織のメンバーは安心してそれに従い行動することができるのだ。

　こうした組織のメカニズムがうまく機能すれば，官僚制はきわめて合理的なものであり，本章冒頭に紹介した「ヤシマ作戦」のような大作戦が可能となる。しかし，この官僚制が「本来の目的」（軍であれば敵に対する勝利や防衛）に対して合理的に機能するばかりではないことは，先の『ガンダム』のエピソードからも明らかである。社会学者のロバート・マートンは官僚制の「逆機能」という言葉を使って，こうした事態を説明している。すなわち，官僚制が前提としている規則が絶対化し，次第に組織の目標と関係のないものとなっていくと，不測の事態が生じたとき柔軟な対応がとれない（つまり「理不尽」な事態を呼び起こす）ことがあるというのである（マートン 1957=1961）。

　『機動戦士ガンダム』の序盤の流れとしては，ジオン軍にやや押され気味だった地球連邦軍が，秘密兵器「ガンダム」を開発し，徐々に形勢が逆転していくのだが，仮に「ガンダム」があったとしても，それを適切に運用できなければ連邦軍の勝利は危うかったかもしれない。『機動戦士ガンダム』は，全43話中の序盤の第4話にしてすでに，青少年たちが生き延びるために（戦争だけでなく）非人間的な「組織」の論理と葛藤する，というテーマを提示していたのである。

（2）「居場所」としての組織

　バブル崩壊後の1995年，1月に阪神大震災，3月にオウム真理教による地下鉄サリン事件が起こるという暗い世相の時期に放送され，ガンダム以来といわれるブームを巻き起こした巨大ロボットアニメ作品が『新世紀エヴァンゲリオン』である。ここに登場する「組織」は，冒頭の引用部分にあるようにヒロイックにも描かれる一方で，青少年の目から，そのドロドロとした内実も映し出している。

　中学二年生の少年・碇シンジ（母とは死別）は，ある日離れて暮らす父から突然呼び出しを受ける。何もわからぬまま指定の場所に赴いたシンジは，巨大ロボット「エヴァンゲリオン」（エヴァ）に乗って正体不明の怪物と戦うよう命

じられる。当然，「無理だよ，そんなの。見たことも聞いたこともないのに，できるわけないよ」と言うシンジに対して，父のゲンドウは「乗るなら早くしろ。でなければ帰れ」と意に介さない。シンジはただ戸惑うばかりだが，最終的には「逃げちゃダメだ」と自らに言い聞かせ，エヴァに乗る「覚悟」を決める。しかし，エヴァに乗ることはシンジにとって過大な身体的・精神的負担を強いるものであり（詳しくは第4章も参照），初戦は原因不明のエヴァの「暴走」によりなんとか敵に勝利することができたものの，シンジの心に大きなトラウマを残す。にもかかわらず，彼は身体が回復するとすぐに操縦訓練に参加し，周囲の大人は彼の「従順さ」にむしろ戸惑うのである。

　ここで比較のために思い起こしておきたいのが，『機動戦士ガンダム』における主人公アムロがガンダムに乗った理由だが，それはまず何よりも自分が巻き込まれた戦闘状況を生き延びるためであった。それに加えて結果的に，彼がガンダムを一番上手く操縦できることが明らかになり，彼もその期待に応えなければならなくなったわけである。それに対して，『新世紀エヴァンゲリオン』のシンジはどうだろうか。冒頭の「ヤシマ作戦」のエピソードにおいて，彼は出撃後いきなり敵の加粒子砲の直撃を受けて死線をさまよう。その間に，すでにみたとおり「組織」が動いて作戦準備は着々と進行するのだが，シンジは目覚めるやいなや同僚パイロットの少女，綾波レイに60分後の出撃を言い渡される。

　　レ　イ：「食事。」
　　シンジ：「何も食べたくない。」
　　レ　イ：「60分後には出発よ。」
　　シンジ：「また，あれに乗らなきゃならないのかな。」
　　レ　イ：「ええ，そうよ。」
　　シンジ：「いやだ。綾波はまだあれに乗ってこわい目にあったことがないから，そんなことが言えるんだ。もうあんな思い，したくない。」
　　レ　イ：「じゃあ，寝てたら？」
　　シンジ：「寝てたらって……。」
　　レ　イ：「初号機には，私が乗る。赤木（リツコ）博士が初号機のパーソナルデータの書き換えの用意，しているわ。」
　　シンジ：「リツコさんが……。」

第Ⅱ部 「巨大ロボット」を社会学する

　レ　イ：「じゃ，葛城一尉と赤木博士が，ケイジで待っているから。」
　シンジ：「あっ……。」
　レ　イ：「さよなら。」

　このシーンで，シンジ自身は同僚のレイに冷たくあしらわれただけでなく，
エヴァンゲリオン初号機のパイロットとしての役割さえも代わり（＝レイ）が
おり，自分を頼りにしてくれていると思っていた周囲もまた思うほど自分に期
待してくれていないことを思い知らされ，ショックを受ける。「ヤシマ作戦」
という大作戦のために「組織」が躍動する一方で，個人としてのパイロットは
たとえ主人公であっても取り換え可能な歯車の１つにすぎないというリアリズ
ムが，このエピソードでは徹底されている。そんなこともあり，シンジ自身は
なぜ自分がエヴァに乗るのか，この先も自問自答し続けることになる。これは
「生き残るため」という明瞭な理由があるアムロとの大きな違いである。
　主人公自身がわかっていなかった，エヴァに乗る理由は，物語が進むにつれ
て徐々に明らかになってくる。第拾弐（12）話「奇跡の価値は」で，シンジは
はじめて（！）父親である司令官・ゲンドウに「よくやったな」と褒められ，
そのときようやく自分がエヴァに乗る理由が「父に褒められたいから」だった
のだと自覚するようになる。つまり，シンジは自分が他者から認められる「居
場所」を求めていたのである。

（3）インフォーマル・グループの功罪

　『機動戦士ガンダム』において，地球連邦軍は素人・ストレンジャーである
若者たち＝ホワイトベースのクルーを利用することによって，ジオン軍との戦
争で勝利を勝ち取ることになる。主人公たち青少年にとっては，そうして「組
織」に取り込まれ，利用されることは，生き延びるためのやむをえない選択で
あったわけだが，そのなかで互いの絆を強め，「組織」とは異なる擬似家族の
ような関係を育んでいく。クルーのなかで一応士官候補生であるため艦長と
なってしまったブライトが，「父」のような役割を担い，一般人ながらスペー
スグライダーのライセンスをもっていたためにホワイトベースの操艦を担うこ
とになってしまったミライ・ヤシマが「母」のような役割を担うのである（た

とえばミライは第33話では別のキャラクターに「ホワイトベースのおふくろさん」と呼ばれており，続編となる『機動戦士Ζガンダム』ではブライトとミライは実際結婚し，二人の子どもをもうけている）。

こうして組織内に自然発生するインフォーマル・グループ（非公式集団）の存在は，いわゆる日本的経営論の文脈でも大いに注目された（山田 2017）。組織内の小集団の人間関係が良好な形で成立すると，そのメンバーの不満も組織内の役割を超えた非公式なコミュニケーションのなかで解消され（いわゆる「ガス抜き」），所属意識やモチベーションも高まると考えられたのである。そして多くの日本企業は，ホワイトベースクルーの絆を利用したのと同様に，こうしたインフォーマル・グループを会社の業績向上のために利用し，それはある程度はうまくいくと考えられていたのである。だが，1990年代に入ると，様相は異なってくる。

『新世紀エヴァンゲリオン』においても，こうしたインフォーマル・グループが存在する。物語の序盤で，主人公・シンジの上司である葛城ミサトは，一人暮らしをしようとするシンジを自分のマンションに同居させることを決める。はじめてミサトのマンションにやって来たとき，「お邪魔します」というシンジに対して，ミサトは「ここはあなたの家なのよ」といって，「ただいま」「お帰りなさい」というやりとりを促す。父との関係がうまくいっていないらしいシンジに同情，あるいは共感したミサトは，シンジと「家族」になろうとしたのである（同僚の赤木リツコはそれを「家族ごっこ」と揶揄する）。だがそのやり方は決して上手いとはいえない。たとえばミサトは「歓迎会」と称してシンジをいわゆる「飲みニケーション」に付き合わせるのだが，それは「楽しいでしょ，こうして他の人と食事すんの」，「辛気臭いわね。男の子でしょ，シャキッとしなさい」といった具合に，かなり押しつけがましく，見方によってはハラスメントといっていいレベルである。

こうしたミサトの「失策」としては，次のようなエピソードも挙げられる。シンジは二回目の出撃の際，形勢の悪化による後退命令を無視し，敵に捨て身の特攻をしかけてしまう。上官であるミサトはこの命令違反をあとで厳しく咎めるが，それに対してシンジは「もういいじゃないですか，勝ったんだから。言われれば乗りますよ。乗ればいいんでしょ」と反抗的な態度をとる。これに

対してミサトは感情的になり，シンジに平手打ちを加える。先述のとおり，シンジが家族という原初的な「居場所」を手に入れるために「組織」という非人間的な論理で動く集団のなかで「役割」を果たさざるをえなかったということを考えれば，こうした反抗は「家族」としてのミサトへの甘えだったのではないかと考えられる。しかし平手打ちでそれを拒絶してしまうことで，ミサトはそうした関係を築くことにここでは失敗してしまうのである（一方，基本的に同じストーリーをリメイクした「新劇場版」における同シーンでは，ミサトは感情をぐっと抑え，シンジが部屋を出たあと自分自身の頬を打つ。この違いは非常に大きい）。

　その後，シンジと同い年の少女でやはりパイロットである惣流・アスカ・ラングレーも同居することになり，ミサトは2人の「上司」であるだけでなく，「保護者」としての役割も担うことになる。『新世紀エヴァンゲリオン』の物語は，中盤にこうした疑似家族を中心としたコメディタッチの展開もあるが，実は序盤から蓄積したインフォーマル・グループの形成の失敗が，後半の息苦しい雰囲気を導き出すことになる。先に「組織」のなかにおけるインフォーマル・グループは適切に機能する限り「ガス抜き」の役割を果たすと述べたが，本作品の特務機関ネルフ内におけるミサト・シンジ・アスカの疑似家族はとても適切な距離感を保った人間関係とはいえない。「保護者」であるはずのミサトは，父との不和・恋人の死からくる自身の寂しさを紛らわすため，「家族ごっこ」をしていることを2人（とくにアスカ）に見抜かれており，また彼女自身もシンジ・アスカの家族として振る舞いながらも，敵を倒す手段として二人を利用してしまっていることに葛藤する（こうした異なる社会的役割の間でジレンマに陥ることを社会学では「役割葛藤」という）ことになる。だがそれでも，「上司」でもあるためその家族のような関係を破綻させるわけにもいかず，結局皆が皆「逃げ場」がなくなってしまうのである。その結果として，ミサトによる疑似家族はアスカの家出によって破綻を迎える。インフォーマル・グループの有意義性は，それがあくまで自然発生的なものであり，適切なレベルにとどまる限りでのものであるのはいうまでもない。

　ただし，それはフォーマル／インフォーマル，公私の領域を切り離すということを必ずしも意味しない。『機動戦士ガンダム』第36話「恐怖！機動ビグ・ザム」では，戦いが激しさを増すなか，思いを寄せるスレッガー中尉の安否が

気になって仕方がないミライに対し，艦長のブライトは「戦闘中の個人通話は厳禁だが，水臭いぞ，ミライ。君のことを見守るぐらいのことはこの僕にだってできるつもりだ。……君の気持ちはわかっている。が，僕はいつまでも待っているよ」と告げる。「戦闘中の個人通話は厳禁」と言いながら，ミライのことを思いやり，大胆に自分の思いまで伝えてしまうのである。「組織」のなかでインフォーマル・グループを成り立たせるためには，こうした「通話の切り換え」が大事なのかもしれない。

4 流動化する現代社会における「組織」の解体と再編

　ところで，今日の現実の社会における「組織」をみてみるとどうだろうか。かつての終身雇用・年功序列・企業別労働組合の日本的経営が成り立っていた時代ならまだしも，バブル崩壊以降，企業そのものがつぶれたり，大企業であっても大規模な統合・再編によってリストラされてしまったりして一生その「組織」の一員でいられる保証はなくなった。ましてや非正規雇用や任期付き雇用の流動的な立場にいれば，もはや「組織」の正式な一員として認められることさえなくなってしまう。社会学者のジグムント・バウマンは，近代社会を形作ってきた基本的な枠組み（家族，仕事，地域，国家，思想など）が揺らぎ，不安定で不確実な相貌を示すようになった現代社会のことをリキッド・モダニティ（液体的近代）と呼んだが（バウマン 2000=2001），まさに現代社会においては長い間変わらぬ「確かなもの」などもはや何ひとつなく，かつて堅固なものだった「組織」といえども例外ではなくなっているのである。そのため，流動化した近代においては，個人個人がおかれる立場は常に変化するし，そのため社会や組織が共通の目標をもつということはそもそも難しいのである。

　『ガンダム』の続編『機動戦士Zガンダム』（1985）では，地球連邦軍は内部分裂し，旧ジオン軍残党狩りから生まれて主導権を握った急進派「ティターンズ」と，ティターンズに反対する「エゥーゴ」の内戦が描かれる。この作品では主人公は前作のアムロから別の少年に代わるが，第13話から中盤にかけて，先の戦争で英雄となったアムロの姿が描かれる。しかしそれは決して輝かしいものではなかった。アムロは地球連邦軍から大尉の地位を与えられるものの，

その能力を危険視されたため，厳重な監視のもと軟禁され，鬱屈して抜け殻のように生きていたのである。そんな彼が再び奮起し，反ティターンズのために立ち上がるきっかけとなったのが，かつてホワイトベースで一緒に過ごした仲間との再会であった。当時はまだ小さな子ども（孤児）だったカツという少年から，「僕らにとって，いえ母にとっては，アムロさんはヒーローだったんです！」と言われて再び戦うことを頑なに拒んでいたアムロの心は揺れ動く（「母」というのは，アムロと一緒に避難民としてホワイトベースに乗っていた少女・フラウ・ボゥのことである。彼女は戦後，カツたち孤児を養子として引き取ったのである）。

　生き延びるため，ひとまずは地球連邦軍という「組織」の軍人としてジオン軍と戦ったアムロだったが，戦争が終わり，一応安全な生活を与えられた状態で彼は自分のなすべきことを完全に見失っていた。「組織」はその目標の変化とともに分裂・解体・再編されるが，インフォーマル・グループはそうした目標とは必ずしもかかわりなく，情愛や愛着などによって結びつく性質をもっている。アムロにとってはそれはかつて家族のような絆で結ばれていたホワイトベースの仲間であり，彼らと再会することで，アムロは彼らにとっての「ヒーロー」として自分がどう振る舞うべきかをようやく認識し，身をおくべき「組織」（ここでは，宇宙を中心に活動する「エゥーゴ」の地球上における協力組織である「カラバ」）を選びとるのである。

　こうしたことをみると，流動化した現代社会において，インフォーマル・グループというのは「組織」をうまく機能させるための部品としてみなすよりは，個人にとってのセーフティーネットのようなものとしてみることができそうである。

　そもそも，「社会化」の形は必ずしも1つではない。組織の文化のなかには個々の組織でしか通用しないようなものも多くあるし，たとえばアメリカの企業組織の文化と日本の企業組織の文化でも大きな違いがある。そしていうまでもなく，私たちは企業組織だけでなく，家族や地域社会，趣味の集まりなどさまざまな社会集団を同時に生きているはずである。運よく定年まで1つの会社で勤め上げることができた世代であっても，退職後急に「社会」から切り離されて生きる目標を見失ってしまうケースは多々あり，それは会社という組織が

それまでその人にとっての唯一の「社会」であり，家族や地域社会における「社会化」がないがしろにされていたからである。また特定の組織のなかで「過剰に社会化」されてしまった人は，他の組織や集団のなかで生きていくことがかえって困難になってしまうかもしれない。そうした意味でも，所属する「組織」がなくなっても，あるいは「組織」のなかで重ね合わせるべき目標を見失っても，そのつど個人はインフォーマル・グループを頼りに自分と「組織」の関係を再編しなおすことできるはずである。

5 おわりに

　ここまで，巨大ロボットを動かす力として官僚制的な「組織」が不可欠であることを確認したうえで，巨大ロボットアニメは青少年の視点からその不気味さ・不可解さを映し出しながら，彼らがいかに「組織」と葛藤したのかを描いてきたことをみてきた。そのなかで，とくに非人間的な「組織」と青少年の間をつなぐ，インフォーマル・グループの存在が重要であることにも触れた。『機動戦士ガンダム』においては軍艦ホワイトベースのクルーが，主人公アムロにとっての家族のような存在となり，最終話「脱出」では，最終決戦を終えて宇宙を漂うアムロが生き残った仲間の姿をみつけ，「まだ僕には帰れる所があるんだ。こんな嬉しいことはない」と言わせて物語は幕を閉じる。それはあたかも，「組織の時代」において，理不尽な組織の論理と戦いながらも，そのなかで居場所を作って生き抜こうとしてきた当時の若者たちの姿を表しているようにもみえる。

　一方，『新世紀エヴァンゲリオン』においては，放送当時も物議を醸した謎めいた展開によって主人公シンジの成長（？）物語は有耶無耶になってしまったが，結局彼の周囲のコミュニティは次々と破綻し，彼自身も何のためにエヴァに乗って戦っているのかを完全に見失ってしまう。これは主人公の問題というよりも，周囲の大人たちが「組織」と個人の間をつなぐインフォーマル・グループを形成することに失敗（具体的にはそのためのコミュニケーションに失敗）したことによるものであると考えられる。テレビ版の最終2話を描きなおした旧劇場版では，そうしたインフォーマル・グループの破綻の末，シンジがエ

第Ⅱ部 「巨大ロボット」を社会学する

ヴァに乗り込んでも「動かない」という描写がみられる。

結局のところ，巨大ロボットは「組織」の力だけで動くのではなく，その力をいかに振るうのか，といった視点でインフォーマル・グループとしての「家族」の力を必要とするのである。それは搭乗型巨大ロボットの元祖とされる『マジンガーZ』において，「神にも悪魔にもなれる」と形容される「マジンガー」の頭部に，主人公・兜甲児が乗った小型飛行機「ホバーパイルダー」が合体（「パイルダーオン」）することが，主題歌において「正義の心をパイルダーオン！」と表現されていることからもうかがえる。それは，まぎれもなく正義の心をもつ主人公が巨大ロボットを操縦するということだが，その主人公が守るべき，あるいは主人公を助けてくれる仲間たちとの情愛による絆が，その力の振るい方を決めているということでもあるのだ。

『エヴァンゲリオン』においても，それはかつて失敗してしまったが，主人公をめぐるインフォーマル・グループの形成がもし成功していたら，絆を取り結ぶことができていたなら，主人公は最後に再び立ち上がり，自らの社会化の形を選び取ることができたのではないだろうか。2000年代にリブートされた「新劇場版」が，そうした別の未来を描くのかどうかは，現時点ではまだ不明だが，それはおそらくどのような形であっても，現代社会における個人と組織，あるいは他者をつなぐ絆のあり方を示すものとしてみることができるだろう。

───────────────

1) 社会学における組織論は，マックス・ウェーバーによる官僚制論（ウェーバー 1922=1987）に始まり，経営学における組織論（たとえばバーナード 1938=1968など）の知見も取り入れながら発展してきた。本節ではそのエッセンスを要約して紹介しているが，宮本ほか編（1994）および山田（2017）を主として参照した。

【木村至聖】

7 巨大ロボットと宗教

▶「神にも悪魔にも」

1 はじめに

「その力は，神にも悪魔にもなれる──」

『劇場版 マジンガー Z INFINITY』（2018）のキャッチコピーだ。『マジンガー Z』（1972）から10年後の世界を描いた本作は，「神にも悪魔にも」なりうる，善悪の彼岸に立つ巨大な機械の魔神（＝マジンガー Z）という原点を引き継ぎつつ，「多様性を受け入れられるほど，人間はできた生物ではない」とのニヒリズムゆえに人類滅亡を企てる現代的な悪として，敵役 Dr. ヘルを復活させている。

本章では宗教の観点から，巨大ロボットアニメという表現形態の構成要素に注目し，20世紀後半の日本社会のいかなる側面からこの表現形態が生み出され，どのように発展したのか，を考察する。

筆者は，〈言語による知のみでは，了解不可能な前提に立つ世界解釈へ向かう問題意識を，おおよそ今日のわれわれは「宗教的」ととらえる〉とみる。こうした世界解釈と，それに基づく具体的行為を共有する人間集団が，宗教の教団・教派となる。この見解は，われわれの目に映る「宗教性」を，宗教の内実，本質論や評価をも避け，かつ個別事例を離れたところに指し示そう，との試みである。翻訳等の検討の余地はあるが，筆者はとりあえずこの見解で，伝統的宗教団体から個人の印象論まで，現代日本語で何が「宗教」的とされるかは網羅できると考える。この「宗教的」要素と巨大ロボットとの間に，とくに親和的関係性（以下，〈親和性〉と記す）が存在するならば，ではそれはどのように構成されるのか。

「福音」を想起させる題名に始まり，物語世界の表現にユダヤ教・キリスト教伝統に由来する象徴をちりばめたのが，『新世紀エヴァンゲリオン』（1995）

第Ⅱ部　「巨大ロボット」を社会学する

だ。莫大な経済効果をもたらし，海外へも波及した社会現象「エヴァ」人気は，いわば空想娯楽作品一般と宗教方面との相性のよさの申し子であり，〈親和性〉の存在を我々に強く印象づける。世紀転換期の日本における「エヴァ」のインパクトは，これを〈親和性〉の結節点，ととらえることが可能だろう。そこで以下ではまず，搭乗型巨大ロボットの原点『マジンガーＺ』放映から『エヴァンゲリオン』という結節点までの，1970年代から90年代までの時代を軸に，ときにさらにさかのぼりながら〈親和性〉について考察を進める。次いでその考察に即し，巨大ロボットアニメを生み出した20世紀後半の日本社会の特徴について，筆者の観点から論じたい。

2　操縦と変身と

（1）架空かつ圧倒的

　1995年放映の「エヴァ」からさかのぼり，「神」の文字や神聖にかかわる言葉，宗教を連想しうる語が題名に含まれる主な作品をたどってみると，**表7－1**のようになる。

　魔神たる『マジンガーＺ』以降，ロボットを「神」と見立てる傾向が，幅広くはないが持続している。「神」や「魔」という文字のシニフィエ，つまり言葉によって喚起されるイメージにより，主役であるロボットを対象化する視聴者の主観に働きかけ，架空，かつ仰ぎみるごとき巨大物量の実体的表現が可能となっている。[1]神や魔物は直覚的には圧倒感をもって人間に迫る，にもかかわらず，物理的には架空の存在だからである。

　この架空性と圧倒感の両立ゆえに，宗教的象徴性は表題に限らず，しばしば巨大ロボットの周辺にも見出せる。搭乗者の名前なら「ゲッター２」の神隼人，『無敵超人ザンボット３』(1977)の神ファミリーなどである。古代ムー帝国の守護神『勇者ライディーン』(1975)の如く，ロボットの来歴，動力や操縦のメカニズムに「神秘の力」宗教的要素が示される場合も少なくない。『獣神ライガー』では，太古の善神アーガマ（ジャイナ教・仏教の用語）が作り出したバイオアーマーを，神秘の力を受け継いだその子孫たちが操縦する。[2]いわゆるリアルロボット作品でも，作品内社会に宗教的象徴が現れる。『超時空要塞

7　巨大ロボットと宗教

表7-1　主な作品題名に現れた宗教的語彙（『新世紀エヴァンゲリオン』まで）

年　代	作　品　名
1972	『マジンガーZ』
1974	『グレートマジンガー』
1976	『大空魔竜ガイキング』，『UFO戦士ダイアポロン』
1977	『超合体魔術ロボギンガイザー』
1978	『宇宙魔神ダイケンゴー』
1980	『宇宙大帝ゴッドシグマ』，『伝説巨神イデオン』
1981	『戦国魔神ゴーショーグン』，『六神合体ゴッドマーズ』
1982	『魔境伝説アクロバンチ』
1983	『光速電神アルベガス』，『聖戦士ダンバイン』，『機甲創世記モスピーダ』
1984	『巨神ゴーグ』，『ゴッドマジンガー』
1985	『超獣機神ダンクーガ』
1986	『マシンロボ　クロノスの大逆襲』
1988	『トランスフォーマー超神マスターフォース』，『魔神英雄伝ワタル』
1989	『獣神ライガー』，『魔動王グランゾート』
1990	『魔神英雄伝ワタル2』
1991	『絶対無敵ライジンオー』
1993	『機神兵団』
1994	『ヤマトタケル』，『魔法戦士レイアース』

出所：筆者作成。

マクロス』（1982）の可変戦闘機バルキリーの由来は，北欧神話で戦死者の魂
を運ぶ，翼をもつ女性の半神・ヴァルキューレだ。『装甲騎兵ボトムズ』（1983）
には，「神の子の組織」と呼ばれる修道会を思わせる「秘密結社」が登場する。[3]
　先に空想娯楽作品一般と宗教方面との「相性のよさ」と表現したが，空想作
品の創作側にとり，宗教的象徴の掻き立てる想像力の幅広さを利用すること
は，必須ではないが便利ではある。作品内の超越的な力の起源は，しばしば太
古の呪的な力に求められるが，逆にいえば現実空間における古代以来の宗教や
神話伝承の世界観そのものが一般に，空想による超現実性がもたらすカタルシ
スにその基盤をおいている，ともいえる。現代の消費社会の商品としての空想

娯楽作品と宗教との間に広く親和的関係を見出せるのは，人間が原初より有する，自己の外部に対する操作願望，超現実性の想起，超越への志向，の現代社会における一形態だからであろう。

ここで巨大ロボットアニメの世界を超え，脱呪術化された近代的世界観を一応の前提とした（すなわち合理的な説明を修辞的に伴う）空想科学作品一般と，宗教との関係のなかに〈親和性〉を定位してみよう。先駆的な例は，19世紀半ばから20世紀初頭に欧米で社会現象化した心霊主義（津城 2005：4-19）の影響がみられる，米国のエドガー・R・バローズの小説『火星のプリンセス』（1917）である。幽体離脱により火星に移動する剣士の物語は，のちに『スター・ウォーズ』を生むスペース・オペラの起源とされる。

（2）超人化

他方日本の特撮映像作品では，巨大怪獣や変身ヒーローの系譜に独自の流れも発達している。モスラはインファント島の守護神であり，正義の戦士と戦う悪の組織は，しばしば秘教的集団として描かれる。視覚表現によって現実を明らかに超えた世界を創作し展開させるうえで，言語知のみでは了解不可能な前提をまぎれ込ませれば，その前提が仮に科学を標榜していても，宗教性に近づいて行く。また，「科学」による防衛組織が限界に面したとき，その限界を超えるように，人間の体に憑依していた巨大宇宙人が，呪具的な何かにより解き放たれ救いをもたらす，という『ウルトラマン』シリーズの基本構成も，この意味ではきわめて宗教的要素と親和的である[4]。

変身ヒーローの「変身」を，瞬間的にもたらされる人間の「超人」化，ととらえるならば，その超人化の瞬間をもたらす導因として，主に(1)西洋近代の人間中心主義に立脚した自然科学の超現実的な成果，(2)人間が対象化し利用する環境（＝ほぼ地球上）の外部宇宙から来た霊的存在による憑依，(3)呪術や超古代の秘法など人類文明の原初的行為，を示すことができるだろう。そして実は，(1)から(3)すべての導因に，人間の視座から，言語知のみでは了解不可能な超越の領域をうかがい知ろうとする，宗教に関わる要素が見出される[5]。

こうした変身による超人化の延長上に，われわれが問う〈親和性〉も定位することができる。まず，巨大ロボットは人の形をしているが，人形そのものが

呪具性を有することはよく知られている。では巨大ロボットはなぜ，人間より
はるかに巨大なのか。大きな人型といえば仏像やキリスト像，歴史的人物像が
思い浮かぶ。これらは基本的に概念化された宇宙観・宗教観や，歴史観の表象
であり静態的に安置されるものだ。一方，可変身長のウルトラマンが通常時に
巨大なのは敵＝怪獣が巨大であることへの対応が理由であり，戦闘用ロボット
もまた，巨大な敵の物理的破壊力に同等の力をもって立ち向かうため巨大なの
だと想定される。

　つまり巨大ヒーロー作品での主人公の「変身」の瞬間は，巨大ロボット作品
における操縦者の搭乗やロボット起動の過程，に対応する，と理解される。マ
ジンガーＺの搭乗過程「パイルダー・オン」は，結果的に，科学の力による
兜甲児の巨大超人への変身と等価である。『アストロガンガー』における主人
公とロボットの一体化は，まさに「操縦」と「変身」の融合でもある（第1章
参照）。

3　召命される操縦者

（1）操縦

　変身者もロボットの操縦者もともに，超越をうかがう人間の立ち位置を表し
ている。そもそも人間——多くの場合個人——による人体より巨大な乗り物や
機械の運転・操縦一般は，操縦者の巨大な「依り代」への憑依と比喩的にとら
えることも可能だ。したがって巨大ロボットに限定すれば，その稼働原理につ
いての科学的説明の度合いにかかわらず，その操縦という行為の描写には言語
知による了解を超えて宗教に近い要素が内包されている，とみなしうるので
ある。

　架空存在たるロボットに限らず，そもそも外部から不可視化された機関過程
を含むもの——乗物の操縦，巨大施設の制御，ロケットやミサイルの管制など
——は，みな何がしか脱・脱呪術的要素を帯びた行為だ。この観点には巨大な
物理的破壊力の人間による行使と制御，という視点も加えうる。われわれは，
超大国に破壊の恐怖を与えることで体制存続の保障を得ようとする東北アジア
の国家が，核兵器を「霊剣」と呼びその開発に物神信仰に近い情熱を注いでき

た，慄然たるこの数十年の史実を知っている（菅 2017）。ただし上の視点も，巨大装置や兵器は神格化対象となる傾向を有する，〈親和性〉の淵源もここに求めうる，との単純な議論を許すものではない。巨大性，操縦，強大な破壊力の運用，の点で，巨大ロボットと類似の性格をもつ現実空間の軍用飛行機は，あまりに一般化しているゆえか，宗教との強い親和性はみられない。

　飛行機へのごく初期の見解には，宗教とのある種の親和性もみられる。ライト兄弟の初飛行から5年と少しあと，イタリアの詩人フィリポ・トンマーゾ・マリネッティは『未来派宣言』(1909) で，工業化と機械文明を，人間が人間のまま超越をうかがう手段と見立て，飛行機を賛美した。その立場は，反キリスト教的立場からの，上述の超人化の導因(1)に通じる[6]。

　咆哮する自動車を「サモトラケのニケ（勝利の女神）よりも美しい」と称える，二極的にとらえた世界を最先端技術の統御により横切ろうとする意識は，科学がやがて行き着く脱・脱呪術化の，芸術方面での先取りともいえる。さらに20世紀初頭の未来派に先立ち，フリードリヒ・ニーチェはツァラトゥストラに「重さの霊」から解放され天翔ける者としての超人の思想を説かせた（Nietzsche[1884] 1990：181-5）。ならば遥か未来の宇宙世紀において，地球の重力から解放された人々のなかに現れる「ニュータイプ」は，人類が超人にいたる階梯だろうか。ともあれ我々の課題は，未来派が「世界の唯一の健康法」と戦争を賛美した地点から，さらに未来（の架空のなか）に現れた巨大ロボットと宗教との〈親和性〉である。

（2）召命

　操縦者が人格者であれ頽廃した人間であれ，あるいは仏教徒でもイスラム原理主義者でも「神の死」を確信した無神論者でも，訓練により修得した正しい手順に技術的に従えば，飛行機は空を飛ぶ。科学技術の成果である巨大ロボットの作動も飛行機と同じく，本来，操縦者の宗教性や道徳性や人間的内実にはかかわらない，はずである。なればこそ鉄人28号は「あるときは正義の味方，あるときは悪魔の手先」なのだ。横山光輝は次作『ジャイアントロボ』を，敵に作られていながら，声を最初に登録した草間大作の命令でのみ動く，と設定した。特撮版最終回では，電子頭脳に大作との友情のようなものが芽生え，ロ

ボは命令を無視して敵首領もろとも隕石に体当たりする。これはのちの汎用人型決戦兵器における，パイロットとの「シンクロ率」の原型となる現象だろうか。

　周知のとおり自動車や飛行機にも運転・操縦者の性格的適性はあるものの，基本的に知識と技術の取得によって誰でも運転・操縦が可能となる。一方，多くの巨大ロボットアニメにおいて，操縦者が実機に乗る前に，座学から始めて教習を受け……という課程の描写は省かれており，なかには巨大ロボットが最初から「主人公のため」に作られている場合すらある。つまり，「シンクロ率」より前から巨大ロボットは，同じ機械である自動車や飛行機が決して行わないような仕方で，実は乗り手を選別し続けてきたのだ。それはあたかも神による「召命」のようである。

　神による「召命」のバリエーションとして，『バビル二世』や『獣神ライガー』など，ロボットが「ご先祖様のご加護」である例もあり，更にはご加護どころか『ザンボット３』の様に，先祖の因縁により，地球防衛のため命がけで戦う一族が，逆にその地球人達から疎まれ続ける例すらある。何にせよ基本的にリアルロボット以前のすべての作品において共通する，巨大ロボットの方から何らかの形で操縦者を選んで作品世界に登場するというドラマ的大前提は，[7]主人公の変身巨大化と等価である。その大前提あればこそ，本来，ドラマ中の善悪や敵味方の構図を規定しているはずの主役ロボットの存在が，それら構図に対し逆に相対化する挿話（実は科学技術の産物ゆえに，敵に操縦される可能性もある等）に，しばしば視聴者は不安や興奮を誘われるのだ。

4　浮遊する人型

（1）破壊力

　巨大ロボットは，先祖や家族の縁，作戦任務から単なる行きがかりまで，濃淡はあれど何らかの理由で，操縦者を破壊力の所有者として選び出す。選ばれた彼／彼女は，人型のロボットと一体の超人へと変身し，とくに主人公は，いわばロボットの背後の「神」により選ばれし作品世界の救世主たることを，視聴者から期待される。そのなかで忘れられがちながら，神もしくはその使者の

如く描写されてもロボットは技術の産物なので，その巨大な破壊力は作品世界内の善／悪や味方／敵に対するには，本質的には中立の位置をもつ。もしかすると，その内奥の力は作品世界すべてを破壊し尽す可能性すらもっているかもしれない。

もとより巨大ロボットは神でも悪魔でもない兵器であり，善悪を内包しない，という当然の事実は，架空作品世界内の構図とどう交錯するのか。「おそらく」（その意味は後述）巨大ロボットアニメでもっとも強大な破壊力を描いた作品である，劇場版『伝説巨神イデオン』接触編・発動編（1982年）をもとに考えよう。

『伝説巨神イデオン』では，２つの異星人の接触が，滅亡した文明の遺物である巨大ロボットに秘められた無限の力をめぐり全面戦争に拡大する。殺戮の果てに，かの無限の力が宇宙的規模で「発動」し星々は滅亡，登場人物も全滅。破滅した「因果地平」の向こうで，すべての知的生命が新たな転生に向かう，という物語が描かれる。ここではロボットというより，その内奥に秘められた破壊力が死と再生を導く。その無限力「イデ」は遥か昔，数十億の「第六文明人」の滅亡と引き換えに生み出された精神エネルギーの集積で，子どもの純粋な防衛本能に反応する。イデは宇宙的で抽象的な，善悪の彼岸にある生命存在意志のようだが，物語結末に近づくにつれ特定方向の意思を加速度的に具体化させる。そしてイデオンの操縦者ユウキ・コスモは，イデに対してその発動の瞬間，つまり滅亡の最後の瞬間まで抵抗した人間，と描かれる。

あるいはイデ発動は，宇宙規模のハルマゲドンにより導かれた世の終末であろうか。新約聖書『ヨハネの黙示録』には，世界の創造主と敵対者の破滅的決戦，再臨の救世主がもたらす千年王国，そして最後の審判，が来る様子が記される。この決戦場の名・ハルマゲドン（アーマゲドン）とは，実在する古戦場メギドの丘の象徴化とされ，いつしか最終戦争そのものの意に転じて行った。

（2）人型兵器

イデオンは，精神と物質の統合に成功した第六文明人科学の，破滅の墓標である。その墓標に封印されていた「神」の如きイデの力は，しかし有限人数の人間の意識の集積であれば，絶対神のように真に「無限」な力ではないのだろ

うか。そしてそのイデの力が物質的限定化を受けて，巨大な機械人形の形を
とっていることの意味とは何か。極限規模の破壊力に関するこの2つの疑問の
うち，前者についてはしばし保留する。後者への答えを，ここまでの議論を踏
まえて，巨大ロボットアニメ一般の〈親和性〉考察に向け，かの無限の力を借
りて一挙に展開してみよう。

　すなわち，巨大な破壊力をもつ人型の戦闘機械（大体は作品名に記されている）
が，作品内世界の二極的勢力の一方を味方に選び，他方を敵としている。ロ
ボットと視聴者の味方として選ばれた勢力が通常「善」を，敵方は「悪」を演
じる。だが相手方に操られる可能性もある点では，この人型は舞台を2分する
両勢力の間を浮遊している[8]。味方／敵のいずれに対しても本質的には客体であ
る，と言い換える方がわかりやすいだろうか。

　作品世界における味方と敵との対立を極限まで突き詰めれば，この「浮遊す
る人型」に「召命される搭乗者」の構図こそが，〈親和性〉を根本で規定して
いたのではないか。味方／敵の間におかれた人型は，もちろん人間を巨大超人
に変身せしめる呪具でもある。巨大な人型兵器は，善悪の間をたゆたう人間
が，マリネッティのいう「世界の唯一の健康法」戦争の未来形態を超えて，善
悪の彼岸に，超越の領域に達することの象徴ととらえられるだろう。

5　舞台の舞台

（1）世紀末へ

　〈親和性〉に関するここまでの考察を踏まえ，次いで巨大ロボットアニメと
いう「舞台の舞台」としての，現実世界における20世紀後半の日本社会につい
て考えたい。先んじて述べれば，ここでのキーワードも「世の終末」であろ
う。

　唯一絶対の神が，人の形をとり人の歴史のなかに救世主として降誕したこと
を，キリスト教神学の用語で「受肉（Incarnatio）」という。キリスト教との葛
藤のなかから科学文明を生み出した欧米世界が，かの「受肉」より2000年の年
に向かうなか，彼らと無神論勢力である共産世界との間で核軍拡競争が展開さ
れ，キューバ危機（1962）が象徴する如く，文明自滅の悪夢が人類を戦慄させ

ていた。それとは別に，しばし前に非欧米圏から科学文明をもって世界に戦い
を挑み，炎の柱に焼き尽くされた国で生き延びた日本人たちは，決戦の最中も
その後も，自分たちの運命を何か特殊ととらえる自意識過剰のなかにあったの
かもしれない。実は日本国憲法第九条が戦力不保持を定める以前から，地上最
強の巨大破壊力＝米軍は日本列島に駐留し続けていた。今や味方と頼むその米
軍は間違いもなく，しばし前にかの炎の柱を降らせた力であった。

　戦後日本社会では安保闘争という形で1960年代，日米安全保障条約と戦争放
棄，米国の戦争への関与が改めて問われ，さらに第四次中東戦争と石油危機
(1973) 以降ベストセラーを重ねた五島勉『ノストラダムスの大予言』シリー
ズも，終末論ブームを掻き立てた (笹山 2018)。予言詩解釈の形ながら実際は
五島の創作である『大予言』が，「一九九九年七の月」恐怖の大王降臨の具体
的時期を明示しつつ，同時に「世界破滅を救う日本の使命」のような一種の選
民思想を論じていたことは興味深い。[9] 西洋文明論とキリスト教的終末論が内実
を失って記号化し，破滅の到来と選ばれた者によるその超克が前景化された
「誤解された世紀末」を抱いた20世紀末の日本社会の様子がみてとれる。[10]

（2）新世紀へ

　空想娯楽の範囲内ならば，「誤解された世紀末」である最終決戦も選ばれし
者の使命も社会的に許容される。だが，東西冷戦が東の無神論勢力側の自壊に
より終わりを告げ次なる世界秩序への模索が進むなか，超人妄想を抱いた指導
者率いる極東の宗教集団・オウム真理教が反社会性を強めていた。「エウアン
ゲリオン・テス・バシレイアス」なる放送も行っていたオウム真理教は，自ら
を選ばれ超人たる集団と虚飾するため，他者に最終決戦の「敵」を投影して実
際に攻撃した。自己内面への超越であるはずの人間生命の神秘性への志向が組
織化され，他者への裏返しのルサンチマンとして暴力的に具現化されたこと
で，何の罪もない人々が犠牲となったのだ (井上 2015)。[11]

　やがて人々は「誤解された世紀末」から来るべき新世紀に目を転じ，脱・脱
呪術化のエンターテイメントとして，『新世紀エヴァンゲリオン』が注目され
た。一方，現実世界では逆世俗化したイスラム過激派による暴力が，西欧近代
に向けて大きく牙をむく。新世紀は飛行機を用いた米国同時多発テロ (2001)

の衝撃を経て，世界が「文明の衝突」状況に突入することで幕を開けたのである。

　神秘には，不明確ながらも，しかし現実との連続／非連続の双方を感じさせてこその魅力がたしかに存する。『エヴァンゲリオン』と前年の『ヤマトタケル』（1994）との比較は，この点を浮き彫りにする。前者に登場する宗教的象徴は，カトリックとプロテスタントの違いも詳細に認識しない多くの日本人にとって，知識として知ってはいるが生活実感のない異国の信仰にかかわるものだ。他方の後者は，惑星イズモを舞台に，主人公が搭乗するスサノオ他神仏像風のロボットが登場する「日本的」作品であるが，視聴率は振るわなかった。視聴者側に比較的なじみある題材であるからこそ，神話のキャラクターだけを借用しようとしても，肯定的な空想の拡大につながりにくいという指摘ができよう。そして何より，上記の〈親和性〉の構図とは無関係に，単に宗教的要素をもち込んでも，芸術性に深みが生じないということなのだろう。

6　カミと神の交錯

（1）ゴーレム伝説

　ここで巨大ロボットアニメの「製作側の意識」に焦点を移し，今少し〈親和性〉の考察を掘り下げてみよう。

　『エヴァンゲリオン』監督の庵野秀明は，自らが影響を受けた作品として，アーマゲドンを描いた永井豪『デビルマン』（原作連載1972～73）を挙げている。『デビルマン』には，永井の師である石森章太郎（石ノ森章太郎）が『サイボーグ009』天使編（1969）で描こうと試みた，価値の逆転と創造主との対決，という主題の影響が読み取れる。創造主と被造物世界を否定するその発想は，グノーシス主義（大貫ほか 2001a,b）の反世界的善悪二元論を彷彿させる。無論，神と悪魔の位置に関する宗教思想史上の命題を踏まえつつも，ここで前面の問題となっているのは，善と悪の所在を舞台のどこに配置するかという演劇演出上の発想である。永井には，人間が巨大な悪魔と一体化する主題を描いた作品として『魔王ダンテ』（連載1971）もある。永井は少年時代にダンテ・アリギエーリの『神曲』に強い影響を受けたといい，事実自らの筆で『神曲』の

劇画化もしている。永井は「『魔王ダンテ』も（頭を指して）ここに人が乗っかってるでしょ。だからマジンガーはそのロボット版という形になったんだろうな」とも述べている（永井 2018：18）。

『マジンガーZ』に対する，特撮映画『大魔神』（1966）の影響も否定できまい。戦国時代の日本，神託を無視する領主の暴虐に，魂を宿した武神の石像が憤怒の相で大暴れする物語だ。『大魔神』は，神聖ローマ帝国支配下の中世プラハでユダヤ教ラビが創った巨人像に命が宿る「ゴーレム」の物語（イラーセク 1894=2011：261-268）に影響を受けて製作されたとされる。『ロボット（R.U.R.）』の作者カレル・チャペックも，このゴーレム伝説からロボットの着想を得ている。日本の巨大ロボットは魔神の側面でも人型の側面でも，さかのぼれば中世ユダヤ人のゴーレム伝説に行き着く。『大魔神』にはとくに，迫り来る反ユダヤのルサンチマンと暴力の権化ナチス・ドイツの影を感じつつ製作された，チェコスロヴァキア・フランス合作映画『Le Golem』（1936）の影響があるという[12]。

ユダヤ教そしてキリスト教の聖典である旧約聖書『創世記』は，唯一神は「自分のかたち」に土のちりで人間を創造し，命の息をその鼻に吹きいれたと記す（第1章27節，第2章7節）。唯一神とは天地万物創造の主語＝主体である。人型とはまた創造主の似姿であり，すなわち人間自身が，創造神によって命を吹き込まれたゴーレムなのである。神学的には，人が創造神の形をもつことは，人間は本質において完全な善の側に立つ精神の自由を有するが，同時にその自由により悪魔の誘惑に従って知恵の実を食べたという「原罪」の形で絶対者から距離をもっており，善にも悪にもなりうることを示すものとされる。

一方，機械のゴーレム＝ロボットに対しては，人間は創造主側にある。ロボットは主体／客体の二極の間を揺れ動いている。労資の階級闘争や革命とも重なる『ロボット（R.U.R.）』の反乱するロボット像は，創造や労働についてロボットが客体の側から引き離されることで生じている。アイザック・アシモフは，創造主／被造物の間の禁忌「ロボット三原則」により，自律型ロボットが主体的に人間の客体に留まるよう規定し反乱するロボット像を打ち消した。

だが人間操縦型の巨大ロボットでは「三原則」は問題とならない。ロボットは操縦者と一体である限り行動の主体側に立つが，モノとしてはあくまでも，

製造者あるいは操縦者の客体のはずである。にもかかわらず上述のとおり，操縦者はロボットもしくはその背後の「神」により，人間のなかから召命されている。被造物である人間が，悪魔の誘惑で得た知恵により創造した客体である巨大ロボットが，今度は「神」もしくはその使者として，その強大な破壊力の所有者を人間のなかから選ぶ。巨大な人型を，人間の客体でもあり主体でもある存在に宙吊りにする，このときの「神」とはいかなる神なのか。

（2）カミとは

「さて凡て迦微とは，…何にまれ，尋常ならずすぐれたる徳のありて，可畏き物を迦微とは云ふなり，すぐれたるとは，尊きこと善きこと，功しきことなどの，優れたるのみを云に非ず，悪きもの奇しきものなども，よにすぐれて可畏きをば，神と云なり」（本居［1790］1968：125）（ルビ筆者）。尋常ではない資質・力をもち，恐れの念を抱かせるものはみな「カミ」であり，しかも善悪を問わない，これが国学者・本居宣長が『古事記伝』巻三に記した，「カミ」の定義である。

　すなわち，尋常ならぬ大きさと力をもつ巨大ロボットも一度動き出せば，いや「こいつ，動くぞ」の段階で，すでに日本語「カミ」の外延に含まれてしまう。ロボットが無生物であることは問題ではない。現実世界でも，機械である小惑星探査機の「孤独と苦労」を想像して「おかえり，はやぶさ」と涙する，言語知のみでは了解不可能なアニミズム的感性が存在しているからである。こうしたアニミズム的感性を，巨大ロボットのみならず，日本におけるアニメ全般の方向性と関連付ける見解も示されている。フー・ツェユ（Hu, Tze-Yue）（2010）は，操り人形と人形遣いの関係性に人間とカミの和合をみようとした本居宣長の思想を，やはり日本のアニメを規定する枠組みの1つと見立てた。また池田宏（2011）は，アニメーション概念を「自由に顕在化するアニミズム的な精神活動を許容する生成系映像」と説明している。

　ひたすら大きいことの表現として仏典『華厳経』に登場する数字同様，ビッグバン並のエネルギーを発する「ゲッターエンペラー」や観測可能な宇宙を覆う「超天元突破グレンラガン」のように，もはや物理量や実在の意味も虚しくなる極限の破壊力や巨大さも，画像表現としては可能となる。イデが「おそら

第Ⅱ部 「巨大ロボット」を社会学する

く」もっとも強大，としたのはこの意味においてである。興味深いのは，これらがなおも「人型」で描かれている事実だ。『華厳経』に説かれる宇宙の真理・毘盧舎那仏を巨大な人型坐像として物象化した1200年前の心理が，21世紀の大衆表現においてこれらの巨大ロボットを生み出したのだろうか。

唯一絶対の創造主も，日本語では「カミ」に含まれてしまう。だが，一神教的創造主は，生命的動態を有する天神地祇，四季の移ろいや作物の稔りを見守る民俗神，諸仏の守護者たる善神，という日本の「神」とは本来明らかに異なる存在である。それはしばしば語られる一神／多神の形式よりむしろ，造化の過程に必ず物実の先在が前提される（日本的な）世界内では，無から有の創造の主語であり完全な善たる存在を規定しきれない，という問題である。かつて，このことを明確に意識していた宣教師達によって「天主」という独自の語で示されていた天地万物の創造主は，近代において機械文明とともに日本に再登場して以降は，日本語の「神」の範疇に加わり，今や「カミ」の概念と混然一体化している（大野 1997：80-85）。いわば明治以降の日本人は，「無限」と「無限の方にある有限」との区別を，日常生活に関係しない，との功利的理由で無視してしまったのだ。[13]

しかし，この絶対の創造主とカミの混交という近代日本特有の状況こそが，巨大ロボットと宗教の〈親和性〉を規定していたのではないか。巨大な人型を，人間の客体かつ主体に宙吊りにし，味方／敵の間に漂わせ，操縦者を召命する「神」の姿は，全能の創造主（無限）と，人がただ畏むカミの一柱（無限の方にある有限）とが重なることで結ばれる。そして巨大な人型自体もまた「神にも悪魔にもなれる」人間存在そのものを，超越の方向へと記号的に拡大した「カミ」であり「神」なのだ。

7 おわりに

以上，巨大ロボットと宗教的なものの〈親和性〉の考察から，巨大ロボットへの搭乗は，操縦者の巨大超人への変身と等価であること，ロボットは神の召命のごとく操縦者を選別する主体であること，にもかかわらずこの巨大な人型は本質的にはモノであって，舞台上の味方／敵の二極勢力に対しては浮遊する

客体であること，を論じてきた。

　宗教との葛藤から近代を獲得したという歴史意識が強い欧米でもなく，無神論が政治経済を規定した社会主義国でもなく，もちろん偶像への強い禁忌をもつイスラム世界でもなく，宗教と社会的に向き合うことにきわめて（あえてこの語を用いるが）「鈍感」な戦後日本において，なぜ巨大ロボットアニメが生み出されたのか。本書第1章でも指摘されているとおり，日本にキリスト教的な創造に関する禁忌意識が薄いというだけでは，なぜ20世紀後半の日本社会で巨大な人型が次々と姿を得たのか，という設問への積極的説明とはならない。

　巨大な「機械仕掛けの神」[14]が物語の冒頭から主役となり，一方では人に対する圧倒的な主体のようにふるまい，他方では人に製造され操縦される客体の位置を保つ，というアイロニカルで風変わりな演劇は，日本語世界で交錯した「神」と「カミ」のゆえに姿を得ることが可能だった——これが「なぜ戦後日本において巨大ロボットアニメが生み出されたのか」という問いに対する筆者の一つの応答である。人間が，自らが創造した巨大な人型を神と畏怖し，さらにそれを操り，造物主に対する客体性を踏み越えて超越の領域をうかがう，という架空の舞台は，創造の主体と客体とを，無限と，無限の方向にある有限とを弁別しない，近代日本特有のある種の宗教的「鈍感」のもとでこそ，はじめて成り立つものだったのではないだろうか。

　あるいは，巨大ロボットに搭乗し「変身」する主人公達は，実は「世界破滅を救う日本の使命」のような，「誤解された世紀末」における日本社会の，一種過剰な自意識の投影だったのかも知れない。巨大ロボットに相当するのは，米国と一体の日米安保体制であり，主人公側の勢力は東西冷戦の西側陣営である。[15]「地球の平和」を守り抜こうとする主人公は，しばしば味方／敵の二元論を抜け出て，その平和に退廃や利己主義をみて煩悶したり，敵の側にも義とする世界像があることを知ったりする。その姿はあたかも，「55年体制」として国内政治にももち込まれた東西冷戦の二元論に翻弄された，戦後日本の人々のようである。

　『Le Golem』は『巨人ゴーレム』の名で日本でも1937年10月，労資の階級を越えてみなお国のために出征だ，という映画『進軍の歌』と同時に封切られている。この時戦場の日本軍の敵は，ドイツ軍に支援された中国国民党軍であっ

第Ⅱ部 「巨大ロボット」を社会学する

た（田嶋 2013）。そして1939年，チェコスロヴァキアは束の間の平和の幻想を経て，ナチスにより解体・併合される[16]。歴史の「もしも」は無意味だと知りつつ思う。当時の状況からすれば，その後ナチス・ドイツと日本とは，同盟国ではなく敵国となった可能性も皆無だった訳ではない。

ならば日本は，悪魔との同盟者として国土を焼き尽くされることも，その炎を投げ込んだ軍勢を頼みに「戦争放棄」を唱えながら第二次大戦後を生きることもなかっただろうか。「敗北」と道徳的「悪」を連続体ととらえる思考に過剰反応することもなく，ひいては「世界破滅を救う日本の使命」の自意識過剰もなかったかもしれない。だが，それでも神は巨大ロボットアニメを，世界のどこかで創造したまうのだろうか。

---

1) 同じ宗教的力を表す語彙に関係する文字でも，たとえば「霊」「呪」など，印象として物量や物理的強制力とのかかわりが薄い文字はみられない。

2) 巨大ロボット・レインボーセブンが登場するアニメ『愛の戦士レインボーマン』（1982）も，表題には宗教的象徴性を見出せないが，主人公ヤマトタケシは聖者ダイバ・ダッタの弟子で「阿耨多羅三藐三菩提（仏教用語・仏の悟りを意味する）」と唱えて変身する。

3) 秘密結社性を醸し出す表面的演出以上の「宗教」性は，とくに示されない。なお主人公キリコは異能生存体とされ，次回予告に「キリコは，次の巡礼地に向かう」「キリコは，神を挑発する」等のセリフがあった。

4) 憑依能力をもつ宇宙人という想定が，心霊主義を前提にしなければいかに奇妙であるか。逆に我々地球人が，他の惑星の生命体に憑依する可能性を想像すれば理解できよう。なお，ウルトラマンの顔について，デザイナーの成田亨は，広隆寺の弥勒菩薩像に相関するアルカイック・スマイルをモチーフとした，と述べている（成田 1996：18-24）。

5) 変身ヒーローとジェンダー的に対をなすであろう，魔法少女の変身については，石井研士による研究がある（石井 2018a，b）。

6) 「推進機が旗の音や熱狂した群集の喝采に似て居る飛行機の辿り行く飛翔を，私達は歌ふであらう」（神原 1929）。反キリスト教会的主張が，すなわち非宗教的態度だとはいえないことに注意したい。速度と機械化の美を称え，過去の芸術の全破壊を叫び，暴力を賛美したこの「宣言」は発表後すぐに，森鴎外により『スバル』誌上で日本向けに紹介されている（森［1909］1974：13-15）。なお飛行機については，日本海軍の航空母艦に，空想上の存在を含む飛翔動物の名が付されたことも興味深い。

7) リアルロボットアニメにおいても，何らかの運命・宿命的な形態で主人公とロボットが邂逅するという意味で，「召命」的要素を有する作品が実は多い。

8) 人間のドラマであるのに，称号を付した兵器名が題名である点に注目すれば，逆に舞台上の両勢力はロボットの背景と化している，とも解しうる。

9) 「世界破滅を救う日本の使命」の主題は，2世紀後の世紀末を描く作品『宇宙戦艦ヤマト』（1974）にもみられる。なお『超時空要塞マクロス』（1982-83年）でも，宇宙人の巨大戦艦が地球に落下したのは1999年7月とされる。

10) 石井（2008：19-33）は，1974年がテレビ番組と宗教の，日本における画期だと指摘している。

11) 阿部美哉は地下鉄サリン事件の翌年，20世紀末の先進国におけるカルト宗教の動向を「世俗化の普遍化に対する疑念が，逆世俗化の運動として展開している」と描写した（阿部 1996）。

12) 詳細は未詳だが，日本にも，愛知県に実在の大仏像が入魂祈願に応じて立ち上がり各地を散歩する『大仏回国』（1934）なる特撮映画が存在している。

13) イデがこの意味で，無限なのか，日本のカミよりもずっと無限の方にある有限なのかは，結局判断がつかない。

14) 本来，古代ギリシャ演劇で，最後に登場して舞台上の混乱を何もかも突然解決に導くのが，機械仕掛けの神（deus ex māchinā）である。

15) 恐らく「オクシデンタリズム（反西洋思想）」の視点からの考察も可能であろう（Buruma and Margalit 2004）。「都市」「市民階級」等，オクシデンタリズムが二元論的に敵意の対象とする「西洋近代」像は，20世紀後半の日本のテレビ画面で，週に何度も何種類も現れる敵が破壊を試み続けたものだ。

16) ナチスのプラハ占領時，カレル・チャペックはすでに病死していたが，兄で画家のヨゼフは逮捕され，終戦直前に収容所で獄死している（クリーマ 2001=2003：330-343）。

【菅 浩二】

8 巨大ロボットと戦争

▶ 『機動戦士ガンダム』の脱／再神話化

1 はじめに

　本書が題材とする巨大ロボットアニメというジャンルは，主人公が巨大ロボットに搭乗し敵組織の巨大ロボットとの戦いを継続的に繰り広げるというフォーマットのアニメ作品群とも定義される（富澤 2009：49）。振り返れば，第一次大戦前後の国際情勢の影響下で創作された『ロボット（R.U.R.）』にてカレル・チャペックが創造した「ロボットという言葉自体，紛れもなく戦争の子であり，戦争の世紀の産物」であった（井上 2007：3 - 4）。日本のアニメにおけるロボットも日本最初の TV アニメシリーズ『鉄腕アトム』(1963) 以来，一部少数のコメディ・ギャグ作品を例外に，基本的に戦いの渦中にあり続けてきた。

　一方，社会学という学問領域において，戦争は相対的に等閑視される傾向にあった。荻野昌弘は，社会学が前提する「社会」概念にその理由があるとする（荻野2016：21）。社会学理論を基礎づけたエミール・デュルケームの『社会分業論』では，社会は人々に集合意識が存在し自律的に発展していく存在ととらえられており，そうした社会観のもとでは「社会を社会の『外部』との関係においてとらえるという発想」が欠けているため，「外部に存在する社会との『戦争』という問題には関心が至らない」ことになるからである（荻野 2016：22）。しかし，そうした研究状況に対するアンソニー・ギデンズの批判が指摘するように，いうまでもなく戦争が近現代社会に与えた衝撃は大きなものである（ギデンズ 1985＝1999：33）。

　また，第二次世界大戦終結以降の世界において，戦争・武力紛争は1980年代後半まで増加し続け，その後一時減少するものの，2012年以降再び増加している（久保田ほか 2018：218）。世界では常時戦争・武力紛争が発生している一

方，戦後の日本人でそれを直接経験した人はわずかである。その結果として，戦後世代のほとんどの日本人にとって，戦争に関する知見は，学校教育・ニュース・ノンフィクション・劇作品などを通じた間接的知見として与えられている。とくに子どもやティーンエイジャーにとっては，それらのなかで娯楽性を伴うメディアは戦争への身近な接点であり，巨大ロボットアニメも戦争に関する社会意識の形成に少なからぬ影響を与えていると考えられている（安彦2015）。そのため，アニメなどの娯楽作品での戦争の描かれ方は社会学的にも重要な考察の対象たりうる。

　本章では，『機動戦士ガンダム』(1979)（以下『ガンダム』）を中心事例とする。その理由は，巨大ロボットアニメとしてはじめて「壮大な興亡史・戦記物語」を描いた作品とされるからである（氷川 2013c：20）。まず本章の分析視覚として社会科学的な戦争の分析視覚を整理したあと，それを応用する形で，巨大ロボットアニメにおける戦争・武力紛争の描かれ方について分析する。その際，『ガンダム』以前の巨大ロボットアニメ，『ガンダム』，『ガンダム』以降のガンダムシリーズを比較することで，巨大ロボットアニメのなかでどのように戦争が扱われてきたのか，その変遷について明らかにしてみたい。

2　戦争への分析視覚

（1）戦争の概念

　戦争概念は多様である。カール・フォン・クラウゼヴィッツは戦争の根源的要素を「二人の間の決闘」とし，「戦争とは，敵をしてわれらの意志に屈服せしめるための暴力行為」と定義する（クラウゼヴィッツ 1957＝2001：34-35）。そのうえで，戦争のより詳細な規定として「戦争とは他の手段をもってする政治の継続」という有名な定義を示している（クラウゼヴィッツ 1957＝2001：63）。ロジェ・カイヨワは，「戦争は集団的，意図的かつ組織的な一つの闘争である」と定義する（カイヨワ 1963＝2019：7）。

　近代における主権国家体制を前提とした国際法の領域では，伝統的に戦争の主体を国家に限定してきた。戦争は国家間に生じる現象であり，非国家主体による武力行使によって生じる武力衝突は，その規模によって犯罪・テロ・内戦

等として戦争とは区別されてきた。正当な理由に基づき正当な手続きを踏む限り戦争は合法であり，国家の権利でもあった。マックス・ウェーバーが近代国家を「ある一定の領域の内部で正当な物理的暴力行使の独占を（実効的に）要求する人間共同体」であり，暴力行使への権利の唯一の源泉と定義したのも（ウェーバー　1919＝1980：9-10），こうした主権国家体制を前提としたものである。このような近代国際法における戦争の位置づけは，中世の正戦論（正当な原因をもつ，君主による戦争のみを合法とする考え方）の延長線上にあったが，実際には，第二次世界大戦後の国際連合成立（1945）まで，各主権国家の武力行使の正・不正を判断する具体的な仕組みが存在しなかったため，ウェストファリア条約（1648）から20世紀半ばまでは，「主権者のおこなうすべての戦争は国際法上合法と認めざるをえないという無差別戦争観」が支配した時代であった（藤田1995：5）。現代の国際法においては，戦争は違法化され，国際連合による集団的措置と国家による自衛権の行使のみが正当な武力行使，それ以外は違法な武力行使とされている。以上のように，国際法の領域における戦争観は，正戦論から無差別戦争観へ，無差別戦争観から戦争違法化へと変遷を遂げている。

　国際連合の成立以降，国際法の概念上厳格な意味における戦争はもはや存在しない。しかし，すでに述べたように国家間の武力衝突，植民地独立をめぐる紛争，内戦などの武力紛争は国際連合の成立以降も発生しつづけている。さらに，全米同時多発テロ事件（2001）を契機に，テロ組織という非国家主体と国家の戦いが「対テロ戦争」「新しい戦争」と称される状況も生じている。

（2）AKUF による紛争研究

　こうした状況を踏まえ，ハンブルク大学に拠点をおく戦争の原因に関する国際研究グループである AKUF（Arbeitsgemeinschaft Kriegsursachenforshung）は，国家をアクターとしない武力紛争も含めた社会学的な紛争研究のアプローチ（ハンブルク・アプローチ）を提唱している。AKUF による戦争の定義は，(a) 2つないしそれ以上の武装勢力が戦闘に参加しており，そのうち少なくとも1つの勢力が政府の正規の武装組織（軍，準軍事組織，警察）である，(b)争っている双方の側で戦争の遂行や個々の戦闘について最低限の中央の指揮による組織

化が行われている，(c)軍事作戦が突発的な衝突としてではなく，ある程度の持続性をもっておこなわれる，という3つの条件を満たすものであり，武力行使を伴う紛争が起こっているが，以上の条件がすべて満たされない場合を「武力紛争」とする（高橋 2011：2-3）。さらに，個別の戦争現象の過程を分析するために，①矛盾（歴史的にもたらされるもので，紛争の構造的な背景を形成する。宗教的，経済的，政治的，民族的，文化的対立など）→②危機（矛盾のうちからあるものが当事者の価値評価によって実際に紛争の「原因」として選びだされ，社会的コンフリクトの「原因」として構築される）→③紛争（実際に武力〔暴力〕の行使を伴う紛争行為が開始され，そのために必要な資源の動員〔武器などの物資，戦闘員などの人員，人員と行為の正当化のための思想，人員を動かす組織作り等〕が始まる）→④戦争（紛争自体がさらなる紛争の原因を作り出してエスカレート・自己目的化することで紛争状況が持続する。またいわゆる戦争経済が形成されると，紛争状況を生活基盤とする人々が現れ，紛争の永続化の要因となる）という4局面を区別し，「戦争の文法」と呼ぶ（高橋2011：4）。そして，戦争問題の分析のため「個人」／「国家・社会」／「国際システム」の3つの分析レベルを区別したうえで，「国家・社会」レベルの分析をもっとも重視し，戦争分析における「個人」レベルのアクターの影響力について，社会的な存在である個人が行う決定や行為の妥当性はその社会において付与されるため，「そのような前提を看過してアクターとしての個人を想定するのは，『純粋なフィクション』であるとする」（高橋 2011：4-5）。

　以上のアプローチを応用する形で，巨大ロボットアニメに描かれる戦争・武力紛争を考察し，その変遷をたどってみよう。なお，以降の記述においては，AKUF の戦争の定義に当てはまらない「武力紛争」と，戦争の両者を含む用語として「戦争」と表記する。

3　ガンダム以前の巨大ロボットアニメにおける「戦争」……

　本節では，『ガンダム』以前の巨大ロボットアニメにおける「戦争」の事例として，『マジンガーZ』（1972）を取り上げたい。搭乗型の巨大ロボットが登場する最初のアニメ『マジンガーZ』は，世界征服をねらう Dr. ヘル率いる機

第Ⅱ部 「巨大ロボット」を社会学する

図8-1 マジンガーZにおける紛争

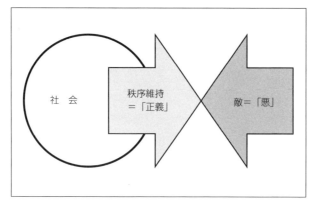

出所：筆者作成。

械獣軍団と巨大ロボットマジンガーZに乗る主人公兜甲児および光子力研究所の戦いがストーリー全体を通じて描かれた作品である。Dr.ヘルは天才科学者＝人間である。『ガンダム』以前の巨大ロボットアニメで人間対人間の戦いを描いた作品はわずか2作品に止まる点で，『マジンガーZ』は注目すべき作品である（『マジンガーZ』と『惑星ロボ ダンガードA』(1977)）。『マジンガーZ』は，AKUFの戦争の定義における，(b)争っている双方の側で戦争の遂行や個々の戦闘について最低限の中央の指揮による組織化が行われている，(c)軍事作戦が突発的な衝突としてではなく，ある程度の持続性をもって行われる，という2つの要素を満たした人類の武力紛争を描いていることになる。

世界征服はDr.ヘルの野望とされている。彼は，古代ミケーネ帝国の高度なロボット技術の存在を知り，それを手に入れたことで世界征服を実行に移した（第2話）。一方，なぜDr.ヘルがそのような野望を抱くにいたったのか，言い換えれば，どのような思想・構造的対立がその野望を生み出したのかについては明示されない。したがって，『マジンガーZ』の「戦争」においては武力紛争の背景にある構造的対立，すなわち，AKUFの「戦争の文法」における「矛盾」や「危機」の要素が存在しない。ごく小規模なテロなど個人レベルの犯罪はさておき，組織的な武力行使の前提に「矛盾」や「危機」の要素が存在しないことは，現実にはありえないだろう。したがって，Dr.ヘルによる武力

行使は社会的背景の無いフィクショナルな個人的野望によるもの，つまり社会学的にも説明のつかない逸脱（＝「悪」）となる。こうした悪との戦いは，秩序の維持・回復のための警察活動や正当防衛と同様のものとなり，侵略に対峙する側は「正義」となる。この点において，『マジンガーZ』には従来の社会学の一般的傾向同様「社会を社会の『外部』との関係においてとらえるという発想」が抜け落ちているといえよう。

　『マジンガーZ』における武力紛争は基本的に常に主人公の周辺でのみ生じる。機械獣に唯一対抗できる存在であるマジンガーZをDr.ヘルが世界征服の障害として執拗にねらうことと，Dr.ヘルが独占をねらう無公害エネルギー「光子力」の源である「ジャパニウム鉱石」が唯一埋蔵されている場所に主人公陣営の拠点，光子力研究所が所在するためである。こうして，『マジンガーZ』においては，主人公個人周辺の「戦闘」と武力紛争の全体がほぼ等しいものとなる。物語の終盤，主人公がDr.ヘルを自らの手で倒すことで，『マジンガーZ』における武力紛争は終わり，束の間の平和がもたらされる（第91話）。兜甲児は個人の影響力で武力紛争を終わらせたのである。

　『マジンガーZ』においては，Dr.ヘルの動機にせよ，武力紛争の描き方にせよ，AKUFによる戦争分析のレベルの考え方に照らせば，「国家・社会」レベルのアクターの描写がきわめて薄く，かつ「個人」レベルのアクターの影響力が大きく描かれている。ハンブルク・アプローチに照らせば，こうした「戦争」の描かれ方は「純粋なフィクション」である。

4　『機動戦士ガンダム』における戦争

（1）構造的対立

　『ガンダム』は，未来の地球とその周辺宙域における，地球連邦とジオン公国との間の戦争が舞台となっている。主人公は偶然戦闘に巻き込まれたことをきっかけに地球連邦軍のモビルスーツ，ガンダムのパイロットとなる民間人の少年アムロ・レイである。第1話の冒頭ナレーションは，以下のようにこの戦争の背景と経緯を語る。

第Ⅱ部　「巨大ロボット」を社会学する

　人類が増えすぎた人口を宇宙に移民させるようになって，すでに半世紀が過ぎていた。地球の周りの巨大な人工都市は人類の第二の故郷となり，人々はそこで子を産み，育て，そして，死んでいった。宇宙世紀0079，地球からもっとも遠い宇宙都市サイド3はジオン公国を名乗り，地球連邦政府に独立戦争を挑んできた。この1ヶ月あまりの戦いでジオン公国と連邦軍は，総人口の半分を死にいたらしめた。人々は自らの行為に恐怖した。戦争は膠着状態に入り，8ヶ月あまりが過ぎた。

　『ガンダム』以前の一般的な巨大ロボットアニメに比して特徴的なのは，物語上戦争が与件としてあらかじめ存在し，この独立戦争の開始に主人公は宿命的なかかわりをもっていないこと（戦争の原因・理由に外在する主人公）である[2]。ジオン公国の戦争目的は，第12話「ジオンの脅威」におけるジオン公国のギレン・ザビ総帥の演説において，以下のように語られる[3]。

　　地球連邦に比べ，わがジオンの国力は30分の1以下である。にもかかわらず今日まで戦い抜いてこられたのはなぜか。諸君，わがジオン公国の戦争目的が正しいからだ。一握りのエリートが宇宙にまで膨れ上がった地球連邦を支配して50余年，宇宙に住む我々が自由を要求して何度連邦に踏みにじられたか思い起こすがいい。ジオン公国の掲げる人類一人一人の自由のための戦いを神が見捨てるわけはない。（中略）地球連邦は聖なる唯一の地球を汚して生き残ろうとしている。われわれはその愚かしさを地球連邦のエリートどもに教えねばならんのだ。

　ここでは，地球（の支配層）とスペースコロニー（宇宙空間に建設された人工都市）に住む人々との対立という社会的背景のもとで，地球連邦のエリートによるスペースコロニーに対する不当な支配からの自由のために，ジオン公国は正義の戦いを開始したという戦争目的が示されている。一方，地球連邦にとっては，いわば仕かけられた戦争であり，戦争初期にジオン公国が大量破壊兵器（質量兵器・核兵器）を用いた大量殺戮を行ったことから，自衛戦争的・秩序維持的な正義が存在する。なお，物語上の敵陣営の不当性は，ジオン公国の政治的軍事的支配者であるザビ家のメンバーが独裁をもくろんでいるとされていることで担保されている（第12話）。

　『ガンダム』の舞台設定が現実と地続きの近未来に起こる戦争（「仮想歴史」）としての現実性を有していることは（宇野 2017：160-162），①矛盾：地球と宇

図8-2 『機動戦士ガンダム』における戦い

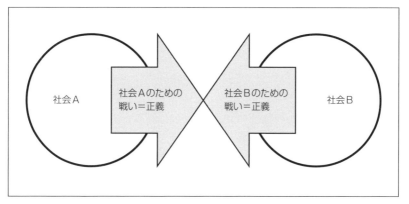

出所：筆者作成。

宙移民の経済的・政治的・民族的対立という構造的背景，②危機：地球のエリートによる宇宙移民の不当な支配という価値評価，③紛争・④戦争：ジオン公国による先制攻撃による戦争の開始という形で，AKUFの紛争研究のアプローチが適用可能であることによっても示すことができる。つまり，ガンダムは社会学的に戦争を描いているのである。

なお，現実の世界において，植民地からの独立戦争は1975年以降行われていない（久保田他2018：218）。したがって，現在の若年層には，独立戦争という設定自体が，過去のものと映るかもしれない。しかし1979年には，独立戦争を過去のものとする感覚は薄かったであろう。

（２）戦争における個人

上記の構造的対立の存在ともかかわって，『ガンダム』では戦争の原因・理由が主人公個人に外在している。すでに述べたように，物語冒頭，アムロが直接的に戦争にかかわるようになるのは戦争が始まってから8ヶ月が過ぎてからであり，戦争は物語の背景として主人公個人の存在や行為に関係なく開始されている。ここでの戦争はその原因・理由が主人公に外在し，かつ，圧倒的な拘束力でいやおうなく個人を巻き込む〈与えられた状況〉である。したがって，アムロには主体的に戦う理由が存在しない。それを端的に示すのが，敵のパイ

第Ⅱ部　「巨大ロボット」を社会学する

ロット，ララァ・スンとの戦闘中の会話である（第41話）。

　　　ララァ：「なぜ，なぜなの？なぜあなたはこうも戦えるの？あなたには守るべき人
　　　　　　　も守るべきものもないというのに」
　　　アムロ：「守るべきものがない？」
　　　ララァ：「私には見える。あなたのなかには家族もふるさともないというのに」
　　　アムロ：「だ，だから，どうだっていうんだ！？」「守るべきものがなくて戦っては
　　　　　　　いけないのか？」
　　　ララァ：「それは不自然なのよ」

　アムロは物語の冒頭で偶然ガンダムに乗り，正規パイロットの不在とガンダムの操縦に適性を示したことによりガンダムのパイロットになる。つまり，アムロがガンダムに乗って戦うのは，上手くできたから，たまたまそうなっただけなのである。物語の中盤ではガンダムを搭載する母艦ホワイトベースの艦長ブライト・ノアが，戦闘での独断が目立つアムロをガンダムのパイロットから降ろそうとしたことでアムロがホワイトベースから脱走するというエピソードが描かれ（第17話），ガンダムを上手く扱えることを否定されたアムロには戦う理由がなくなることが示される。なお脱走したアムロは結局ホワイトベースに戻る（第19話）。最終回においても，アムロは「ごめんよ，まだ僕には帰れる所があるんだ。こんな嬉しいことはない。わかってくれるよね？ララァにはいつでも会いに行けるから」と独白する。戦いの終結時にいたってようやくアムロが帰れる所＝守るべきもの＝ホワイトベースの仲間を見出した事を意味しており，逆説的にアムロにはそれまで一貫して主体的に戦う理由が欠如していたことを示している（第43話）。

　戦争が圧倒的な拘束力でいやおうなく個人を巻き込む〈与えられた状況〉であるということを示す描写は，たとえば，ジオン軍の学徒兵が友軍の誤射により死亡する直前に「母さん……」と叫ぶシーン（第42話）に代表されるように，『ガンダム』において敵味方問わずに散りばめられている。『ガンダム』の監督富野喜幸（現，富野由悠季）は，リアリティを担保するためには，作中の設定やキャラクターの感情といった要素にどこか現実と接点のある部分を作っておくことが必要であるといい，その接点として，家族という要素は非常に大き

な役割を果たしているとする（富野 2011：14）。つまり，『ガンダム』は戦争だけでなくキャラクターについても社会学的な目線で描いているのである。

　さらに重要なのは『ガンダム』では，主人公を含む個人が戦争に与える影響をきわめて小さなものとして描いていることである。アムロとガンダムは画面上＝個々の戦闘レベルでは顕著な戦果を上げつつも，物語中盤の会戦で敵の水爆攻撃を阻止したこと以外（第25話），戦争全体レベルでは戦局に決定的な影響を与えていない。物語序盤で連邦軍は民間人避難者を乗せたホワイトベースを厄介者扱いし（第4話），物語中盤でジオン公国軍がホワイトベース・ガンダムの高い戦闘力を評価していることに気がついた連邦軍は，ホワイトベースとその民間人クルーを正規軍に正式に編入するが，その際にも，敵の評価を逆手に取り敵戦力を引きつける「おとり」としてホワイトベースを利用する選択をする（第30話）（この点に関しては，第6章参照）。その時期，すでにガンダムの量産型が生産されており，以後の戦局は圧倒的な生産力を背景とする物量作戦による連邦軍の優位へと移行する。最終決戦となったジオン軍の宇宙要塞ア・バオア・クーでの戦闘においても，アムロは全体の戦局よりジオン軍のエースパイロット，シャア・アズナブルとの決着をむしろ優先させているように描かれ，連邦軍の勝利もアムロ・ガンダムの行動が決定的な要因となっていない。連邦軍の戦力の豊富さに加え，ザビ家の長男であり総帥のギレン・ザビが妹のキシリア・ザビによって戦闘中に暗殺されるという内紛によってジオン軍の指揮系統に混乱が生じたことが連邦軍の勝利の契機となっている。ザビ家の最後の1人となったキシリアもアムロの行動とはまったく無関係にシャアによって暗殺され，そのシャアによる暗殺もキシリアの乗艦がその暗殺直後に（アムロやホワイトベースとは無関係の）モブキャラクターの連邦軍の巡洋艦によって撃沈される描写がなされることで，シャアの行為がなかったとしても結局キシリアは死んだという暗示で〈無意味化〉される（第43話）。

　戦争という大状況に対しては，主人公をはじめとする個人の力は小さなものであり，決定的な寄与はなしえない。むしろ生産力とその前提となる国力の差が戦局を決する[4]。このことが，画面上のガンダムの活躍の陰で過度に目立たぬように，しかし徹底して描かれている。戦争における個人の影響力を小さなものとして描く『ガンダム』の物語は，AKUF の戦争分析における個人レベル

第II部 「巨大ロボット」を社会学する

のアクターの影響力についての考え方と一致する。つまり『ガンダム』は，戦争の背景にある構造的対立を明確にしたという架空戦記としての設定的現実性の側面だけでなく，戦争を個人に対して外在的でありながら圧倒的な拘束力を有するものとして，同時に，個人を戦争という大状況に対して基本的に無力なものとして描いたことで，「仮想現実」性を獲得していると考えられる[5]。

（3）ガンダムの「リアリティ」をめぐって

　以上のように，「戦争」の社会的背景を描かず，個人の影響力を大きく描いた『マジンガーZ』の「戦争」に比して，『ガンダム』における戦争の描かれ方はその構造的対立を描き，個人の影響力を小さなものとした点で画期的であった。巨大ロボットアニメの歴史において，『ガンダム』の画期性は「常識」ともいえるが，一方，しばしばその画期性は勧善懲悪からの脱却や搭乗型巨大ロボットを「リアリティ」のある兵器として描いた点に求められる。

　たとえば，2018年4月に放映された『歴史秘話ガンダムヒストリア』は，1979年の『ガンダム』放送を「リアルSFアニメの誕生」と位置づけ，『ガンダム』の「3つの発明」として，①正義のみえない戦争（勧善懲悪からの脱却），②ニュータイプ[6]，③モビルスーツ（戦闘機や戦車の様に大量生産される兵器としてのロボット）を挙げている（NHK 2018）。

　たしかに，『マジンガーZ』のヒットを受けて，1970年代に多数作られた「ロボットアニメ」は，その放映当時，「ジャリ番」（子供向け番組に対する蔑称）の最下層にして「おもちゃ屋の宣伝フィルム」（富野 2011：11-12），「低俗番組の代名詞」（宇野 2017：148）などと評され，「SF作家の一部からは『ロボットプロレス』という蔑称を与えられ，見下されていた」という状況が存在していた（氷川 2013c：16）。

　しかし，「正義のみえない戦争」を描いた巨大ロボットアニメは『ガンダム』が最初ではない。架空の未来における惑星間戦争を描いた『宇宙戦艦ヤマト』（1974）が社会現象ともいえるブームを巻き起こし，子供向けとされてきたアニメの視聴者層が青年層まで広がっていることが明確になった時期以降の巨大ロボットアニメには，すでに勧善懲悪からの脱却傾向が明確にみられるからである。たとえば『超電磁ロボ コン・バトラーV』（1976）や『超電磁マシーン

122

ボルテス V』(1977) は敵を美形かつ高潔に描くとともに敵に戦う理由（必然性）を付与した作品であったし，『グロイザー X』(1976)・『無敵超人 ザンボット 3』(1977)・『闘将ダイモス』(1978) は敵陣営中の平和主義者・味方陣営中の主戦主義者という思想対立，どんでん返し的な正義と悪の転倒による勧善懲悪の相対化などを物語に取り入れていた（富澤 2009：54-55；氷川 2013c：15-16）。

　「戦闘機や戦車の様に大量生産される兵器としてのロボット」を描いたという点も，『ガンダム』以前の作品にすでにみることが出来る。そもそも，日本最初の TV アニメシリーズ『鉄腕アトム』と同年に放映された『鉄人28号』(1963) の遠隔操作型巨大ロボット鉄人28号は第二次世界大戦末期に設計された旧日本軍のロボット兵器が戦後平和利用のために完成されたものである。つまり日本のアニメにおける巨大なロボットは，その最初の例から「兵器」であった。量産型のロボット兵器という設定についていえば，『ゲッターロボ』(1974) の主人公機であるゲッターロボは宇宙開発用と戦闘用の 2 機が開発されている（第 1 話）。敵陣営のロボットが量産型の兵器である作品は多く，巨大ロボットアニメではないものの，古くは『新造人間キャシャーン』(1973) の敵陣営であるアンドロ軍団のロボット兵は工場で量産される自律型のロボット兵器であった。巨大ロボットアニメにおいても，『合身戦隊メカンダーロボ』(1977) の敵陣営の小型ロボット（ヘドロボット）は量産型で，巨大ロボット（メカ獣）にも同型のものが存在した。『宇宙魔人ダイケンゴー』(1978) の敵陣営の獣骨メカにも同型のものが存在している。また，搭乗型の巨大ロボット同士が戦うという設定も，1970年においてすでに一般化していた。

　振り返ってみれば，ガンダムなどの「リアルロボット」に比して相対的に「リアリティ」に欠ける「スーパーロボット」の元祖と位置づけられるマジンガー Z [7] も，戦闘用ロボットを祖父から主人公が私的に譲り受けるなど「リアリティ」に欠ける設定もある一方，改修によって強化されていき，戦いによって何度も壊れ，作中において修理・メンテナンスがなされるというように，基本的には「兵器」のような描かれ方をしている。さらに『マジンガー Z』では，物語初期において，操縦に慣れない主人公が，段階を踏んで操縦に習熟していく過程が丁寧に描かれたうえ（第 4 章参照），第 3 話では，普段着のままマジンガー Z に搭乗する主人公が，機体の揺れにより操縦席内部の突起物にぶ

つかって流血し，その結果ガードスーツという搭乗用の専用服が開発されるというエピソードも描く。これらは，『ガンダム』における，簡単にマニュアルを読んだ主人公が搭乗型巨大ロボットを上手く操縦するという展開や，敵のエースパイロットが搭乗服を基本的に着用しないという描写に比して，より「リアリティ」のある描写といえるだろう。ワンオフ（一点もの）の主人公機からの脱却という点でガンダムを画期的とみる評価もあるが，ガンダムは試作型の超高性能機という設定がなされており，基本的にはマジンガー Z と同じワンオフ的存在である（宇野 2017：165）。

『ガンダム』が「モビルスーツ」という敵味方両陣営通じた共通の枠組みで巨大ロボットを包括し，「兵器としての巨大ロボット」という描写を従来の作品に比して飛躍的に徹底した点はたしかにきわめて画期的であるが（宇野 2017：163），巨大ロボットアニメにおいて正義のみえない戦争を描くことやロボットを兵器として描くことは，決して『ガンダム』の「発明」とはいえない。『ガンダム』の「画期性」はあくまで前項で示したような戦争の描かれ方に求められるべきなのである。

5　ガンダムシリーズにおける「戦争」

『ガンダム』の後日譚・前日譚および『ガンダム』の外伝として世界設定をそのまま引き継ぐ作品群（「宇宙世紀」シリーズ）およびガンダムの名を冠しつつ『ガンダム』とはまったく別の世界設定を有する作品群（「アフターコロニー」「コズミック・イラ」等「宇宙世紀」と異なる紀年法が用いられる）は，ガンダムシリーズと位置づけられている[8]。

ガンダムシリーズにおいて，未来の国家間における代理戦争としてのロボット武闘大会（「ガンダムファイト」）および暴走して全人類の抹殺をめざす「デビルガンダム」との戦いを描いた『機動武闘伝 G ガンダム』（1994）と，地球外金属生命体との戦いを描いた『劇場版 機動戦士ガンダム00』（2010）以外の作品は，人類の戦争・武力紛争が描かれている。では，『ガンダム』以降のガンダムシリーズ作品は，どのように戦争・武力紛争を描いているであろうか。ここでは，映像作品を対象に，執筆時点でのガンダムシリーズ全体を概括的に考

察する。

（1）構造的対立

　戦争・武力紛争の構造的背景は，何らかの形ですべてのガンダムシリーズで設定されている。スペースコロニー対地球，月対地球，火星対地球，国家対国家の間における政治的・経済的対立，治安維持強硬派対反対派，絶対平和主義対反対派，ニュータイプ肯定派対否定派などの思想対立，スペースノイド（宇宙移民）対アースノイド（地球住民），ナチュラル（遺伝子操作されていない人類）対コーディネーター（遺伝子操作された人類），などの人種対立がそれである。

　さらに，ハンブルク・アプローチが指摘する「戦争経済が形成されると，紛争状況を生活基盤とする人々が現れ，紛争の永続化の要因となる」状況は（高橋 2011：4），物語世界が4ヶ月，戦争全体の期間も1年間とされた『ガンダム』では明確に描かれなかったが，その7年後が舞台となる『機動戦士Zガンダム』(1985) ではアナハイム・エレクトロニクスやルオ商会という軍需産業が描かれ，こうした存在は以降のガンダムシリーズにおいてもしばしば戦争・武力紛争の背後に存在する勢力として登場する。

　なお，『ガンダム』と同様に，物語上の主たる戦争・武力紛争が物語の開始より前にすでに発生している作品は『機動戦士Vガンダム』(1993)，『機動戦士ガンダム SEED』(2002)，『機動戦士ガンダム AGE』(2011) に限られ，ほとんどの作品が物語開始と戦争の開始が同時に描かれるか，物語が開始してから戦争が発生している。関連して，『ガンダム』後日譚である「宇宙世紀」を用いたすべての作品や『機動新世紀ガンダムX』(1996)，『∀ガンダム』(1999)，『ガンダム Gのレコンギスタ』(2014)，『機動戦士ガンダム 鉄血のオルフェンズ』(2015) など，物語世界の歴史における過去の戦争が現在の世界情勢や物語の展開に影響しているという設定の作品が多くなっている。

（2）戦争の主体

　『ガンダム』においては，作中において地球連邦軍対ジオン公国という対立関係は不動のものであった。以後のガンダムシリーズでは，戦争・武力紛争の主体に関する基本的な対立関係が流動的に描かれることが多くなっている。物

第Ⅱ部　「巨大ロボット」を社会学する

語の展開につれて第三勢力が参戦して対立関係が複雑化する作品や，物語当初の対立関係が変化する作品が多くみられるのである。たとえば，『機動戦士Zガンダム』では，主人公の属するエゥーゴ対ティターンズの対立関係に途中より第三勢力ネオ・ジオンが参戦して三つ巴の武力紛争に変化するし，『新機動戦記ガンダムW』(1995)では，主人公の属するスペースコロニー独立運動地下組織対地球圏統一連合という対立関係が，物語展開の中で劇的に変化し，最終的には世界国家対ホワイトファング（主人公の属する地下組織とは別のコロニー革命組織）の対立関係になるなどである。同時に，戦争のアクターが非国家主体である作品も増えている『機動戦士Zガンダム』のエゥーゴ，『新機動戦記ガンダムW』のコロニー独立運動組織，『機動戦士ガンダム00』(2007)のソレスタル・ビーイングは，それぞれ主人公が所属する地下組織である。民間軍事会社がアクターとなる作品もあり，『機動戦士ガンダム鉄血のオルフェンズ』で主人公が属する鉄華団（当初CGS）がそれにあたる。

　以上のように，「国家・社会」レベルの構造的対立が存在し，かつ対立関係が複雑・流動的に描かれること，戦争のアクターが国家以外の主体に多様化していることは，現実世界の戦争の状況を反映しているといえるだろう。

（3）戦争・武力紛争における個人

　一方，『ガンダム』以降のガンダムシリーズで顕著な傾向は，戦争・武力紛争における「個人」レベルのアクターの影響力を，『ガンダム』以前の一般的な巨大ロボットアニメのように大きく描いていることである（社会＜個人）。すでにそれは『ガンダム』直後の2作品（『機動戦士Zガンダム』と『機動戦士ガンダムZZ』(1986)）において現れている。『機動戦士Zガンダム』では主人公のカミーユ・ビダンが敵組織ティターンズの指導者パプテマス・シロッコを，『機動戦士ガンダムZZ』では主人公のジュドー・アーシタが敵組織ネオ・ジオンの指導者ハマーン・カーンを自ら戦闘で直接倒すことによって戦争・武力紛争が終結する。そして主人公が敵の指導者や主戦派を自ら倒すことにより戦争・武力紛争が終結するという描かれ方は，ガンダムシリーズで一般化していく。主人公が作中の武力紛争全体の大状況にほぼ影響を与えない作品は，『機動戦士ガンダム　鉄血のオルフェンズ』くらいである。

隔絶して高い戦闘能力を用いて主人公が戦争・武力紛争全体レベルの戦局に
決定的影響を与えることに関連して，個々の戦闘レベルにおいても，主人公が
意図的に敵パイロットを〈殺さない〉ように，モビルスーツの武装などのみを
破壊して無力化するシーンもしばしば描かれるようになる（『新機動戦記ガンダ
ム X』，『∀ガンダム』，『機動戦士ガンダム SEED』，『機動戦士ガンダム SEED　DDES-
TINY』（2004），『機動戦士ガンダム AGE』等）。こうした個人レベルのアクターの
影響力の描き方は，AKUF の知見に照らすまでもなく戦争・武力紛争の現実
からすれば，「純粋なフィクション」である。

　ガンダムシリーズは「個人」レベルのアクターの影響力を大きく描くだけで
なく，その行動の自由度も大きく描くようになっていく。『新機動戦記ガンダ
ム W』の主人公ヒイロ・ユイは，作中で主人公が所属陣営を替えた最初の例
である。『機動戦士ガンダム SEED』では，主人公の所属する地球連合軍の軍
艦アークエンジェルがそのクルーとともに味方陣営である地球連合軍を離脱，
第三勢力を形成し，地球連合軍およびそれに敵対するザフト軍の大量破壊兵器
の使用を阻止するために両陣営と戦うという展開が描かれる。『∀ガンダム』
においてもムーンレイス（月面居住者）である主人公のロラン・セアックが，
ムーンレイスの地球帰還計画の先攻潜伏調査任務のために地球に降り立ったあ
と，イングレッサ・ミリシャ（地球の地方領主の武力組織）の一員となりムーン
レイスと戦う。ロランはその後ディアナカウンター（ムーンレイスの和平派）の
一員として地球側の和平派（イングレッサ・ミリシャ以外の地方領主の武力組織）
とともに，ギンガナム艦隊（ムーンレイス主戦派の私設艦隊）およびイングレッ
サ・ミリシャ（地球側の主戦派）と戦うのである。こうした主人公の作中におけ
る陣営移動は，『機動戦士ガンダム UC』（2010）や『ガンダム G のレコンギス
タ』（2014）においても描かれている。これらの作品においては，戦時下・紛
争下という状況において，個人が自分の意思をもってその所属する陣営を変更
し，さらに戦局に決定的な影響を与えている。『ガンダム』において，ホワイ
トベースを脱走したアムロが結局ホワイトベースに戻ったことに比べて，対照
的である[9]。また，『ガンダム』では，民間人殺戮命令に逆らってジオン軍を脱
走した兵士ククルス・ドアンも登場するが，ドアンは連邦・ジオンの両軍から
逃れるために孤島に潜むだけで，当然戦局には影響を与えない（第15話）。

第Ⅱ部 「巨大ロボット」を社会学する

図8-3 機動戦士ガンダム SEED 等における戦争

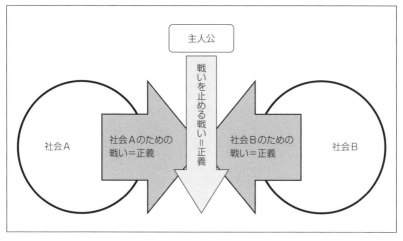

出所：筆者作成。

　1990年代半ば以降のガンダムシリーズが，戦時下における個人の自由度を大きく描くようになったのは，1990年代以降，冷戦の終結によって，主権国家の枠組みを超えるグローバル化の傾向が強まった現実を反映しているのかもしれない。上記の主人公らの主体的な陣営移動は，基本的に主戦派に対する反発によって生じることがほとんどである。平和のために，平和を乱す戦争を生じさせている勢力と戦うという思想・行動原理がここに存在している。

　『機動戦士ガンダム00』において，主人公の所属するソレスタル・ビーイングは，そうした思想・行動原理を体現した存在である。ソレスタル・ビーイングは，戦争を根絶するために武力介入を行う事を目的とした，特定の社会の利益を背景としない地下組織であり，小規模の組織でありながら，世界のすべての紛争の原因となる国家・企業に対峙する。これらの作品は戦争違法化が徹底されていく時代の象徴であるともいえる。[10]

　以上のように『ガンダム』以降のガンダムシリーズにおいては，舞台設定の「リアリティ」は徹底される一方，個人の戦局・「戦争」に対する影響力をきわめて大きく描く傾向がみられた。また，物語上，主人公たちはその構造的対立に基づく〈戦争の拘束力〉に縛られることなく，自由に，主体的に行動するよ

うになっていき，同時に，〈戦争そのものを悪〉として，主人公たちが戦争を
止めるために第三者的立場から介入するようになる。ここでの主人公は〈戦い
そのものを自らの戦いによって終結させる〉という点で『マジンガー Z』など
の作品と共通するものであるが，「悪」は「敵」ではなく，「戦争」そのものへ
と変化している。

6　おわりに

　本章では，『ガンダム』以前の巨大ロボットアニメにおける「戦争」（『マジ
ンガー Z』)，『ガンダム』の戦争，『ガンダム』以降のガンダムシリーズの「戦
争」について，その描かれ方を考察してきた。『マジンガー Z』の「戦争」に
おいては，構造的対立は描かれず，また個人の「戦争」に対する影響力が大き
なものとして描かれた。敵の世界征服の社会的背景は描かれず，主人公の戦い
は平和を回復する正義の戦いとされた。『ガンダム』の戦争においては，戦争
の前提・背景にある構造的対立が明確に描かれ，かつ個人の「戦争」に対する
影響力は小さなものであった。『ガンダム』以降のガンダムシリーズの「戦争」
においては，構造的対立は描かれるが，一方で，個人の「戦争」に対する影響
力を大きなものとして描いた。さらに構造的対立によって生じる「戦争」その
ものを悪と位置づける行動原理も描かれるようになっている。
　こうした変遷は，見方によっては，正戦論（『マジンガー Z』）→主権国家体制
を前提とした無差別戦争観（『ガンダム』）→戦争違法化（『ガンダム』以降のガン
ダムシリーズ）という戦争観の推移とパラレルになっているとみることも可能
である。『ガンダム』以降のガンダムシリーズにみられた戦時下における個人
の行動の自由度を大きく描く傾向について，主権国家体制の規定力を低くみる
「グローバル化」の理念の影響がありうると指摘したが，現実の世界では2016
年のイギリスの国民投票における Brexit 選択やアメリカのトランプ大統領誕
生など，アンチグローバリズム＝主権国家体制の再確認の動きもみられてい
る。こうした世界情勢のなかで，これからの巨大ロボットアニメは「戦争」を
どのように描いていくのであろうか。
　さて，最後に1つ述べておきたい。氷川竜介は『ガンダム』について，

第Ⅱ部 「巨大ロボット」を社会学する

「『スーパー』と『リアル』の端境期にあり，両面備えた特異点的な作品」であるとする（氷川 2013c：20-21）。一方，本章は，「戦争」における個人の影響力の描かれ方という氷川とは異なる観点から，『ガンダム』がガンダムシリーズのなかでも「特異点的な作品」であることを明らかにしてきた。この個人の影響力の描き方こそが，『ガンダム』の「リアリティ」を本質的に担保しているのである。ではなぜ『ガンダム』がこうした特異性を有することになったかといえば，同作が視聴率低迷による打ち切りで，当初の放映予定全52話が全43話に短縮されたという理由が大きい。富野喜幸の「初公開トミノメモ」によれば，もともとの予定では最終回に主人公のアムロが自らギレンを射殺して戦争が終結するという構想であったという（ニューアート・クリエーション編 1980：196-198）。つまり『ガンダム』はいわば偶発的に「特異点的な作品」になったともいえる。

　ドラマ性の観点からすれば，主人公が大状況に対してほぼ無力であるという展開は「リアリティ」はあるものの娯楽作品として成立しがたいし，視聴者の人気を得ることはより難しいだろう。『機動戦士ガンダム鉄血のオルフェンズ』の第二期は，主人公やその仲間たちを武力紛争に悲劇的に振り回されて死んでいく無力な存在として描いたが，そのために多くの否定的評価を受けている。戦争を「リアル」に描きつつ人気を得たという意味でも，『ガンダム』はやはり「特異点」的な作品なのである。

　1）　『マジンガーZ』第92話（最終回）では，後継作『グレートマジンガー』（1974）へ物語をブリッジするエピソードが描かれ，闇の帝王率いるミケーネ帝国が地上侵略に乗り出し，光子力研究所を攻撃することになる。
　2）　主人公の父親がガンダムの開発者である，というある種の「宿命的かかわり」は設定されている。
　3）　TV放映時と，のちにTV放映の修正・再編集版として上映された劇場版では，この演説における「正義」のアクセントのおき方に違いが存在し，劇場版では「宇宙の民」が「地球の古い人類を倒す」ことによる「人類の革新」という正統性が強調して語られている（菰田2019）。
　4）　『ガンダム』の劇場版『機動戦士ガンダムⅢめぐり合い宇宙編』（1982）では，このことを象徴する「戦いは数だよ兄貴」というジオン軍の将軍でギレンの弟ドズル・ザビのセリフが追加されている。

5) なお，『メカンダーロボ』（1977）は，①味方陣営の主力は通常の戦闘機や戦艦を用いる「連合軍」であり，主人公が搭乗するロボットは決定的な力を有するものの主たる戦力ではない，②最終回（第34話）で敵陣営の首領は主人公の行動に関係なく自滅する，というストーリーを描いており，その点では，『ガンダム』との類似がみられる。しかし主人公が搭乗するメカンダーロボは，戦局に頻繁に決定的な影響を及ぼし，地球侵略の司令官（実質的な敵のトップ）オズメルは，主人公の手で直接倒されている（第35話）。

6) 宇宙空間での生活環境に適応した結果，「超能力」的に認識力が拡大した人類のことであり，モビルスーツの操縦に関する能力が高いだけでなく，テレパシーのような非言語的コミュニケーションを用いることができる存在とされる。主人公アムロも物語のなかでニュータイプとして覚醒する。「ニュータイプ」は少年パイロットにすぎない主人公の高い操縦能力を説明するために番組途中（第33話以降）に導入された概念であり，むしろ戦争の「リアリティ」に逆行するものである（宇野2017：166-168）（足立2019：254-256）。

7) 足立加勇は，そもそも「中に人が乗り込む巨大な人型の機械に兵器としての有用性がない以上，『リアルロボット』も『スーパーロボット』もどちらも等しく『非リアリズム的』」であるとするが，基本的には正当な指摘であろう（足立 2019：252）。

8) 『∀ガンダム』（1999）によって，「宇宙世紀」以外の世界観を有するすべてのガンダムシリーズも太古の戦争の歴史＝「黒歴史」と位置づけられ，同一の世界の物語である，という設定がなされた。

9) なお，『機動戦士ガンダムZZ』，『機動戦士ガンダム0083』（1992），『新機動世紀ガンダムX』（1996）でも，同じく主人公が所属組織を「脱走」するエピソードが描かれるが，いずれも所属組織に戻っている。

10) 小森健太朗は，『新機動戦記ガンダムW』を社会党政権時代の平和絶対主義を反映した作品，『機動戦士ガンダムSEED』を9.11以後に平和絶対主義が破綻したことに伴って作品も破綻している，と評している（小森2013）。

本章は JSPS 科研費 JP18K18596による成果の一部である。

【小島伸之】

第Ⅲ部

「巨大ロボット」と現実世界

9 巨大ロボットとビデオゲーム
▶物語世界の接合を可能にする場の構造

1 はじめに

　1989年に大塚英志は、「『ガンダム』のＴＶ放映から十年たった今，ガンダム商品の消費者はオリジナルの『ガンダム』を知らない子供たちである。(中略)今や本家『ガンダム』はSDのリアル版でしかない」(大塚[1989]2001：108)と評した。SDとは「スーパーデフォルメ」の略語であり，ロボットやキャラクターを誇張して低頭身に再構成したコミカルなデザインを指す。なかでもSDガンダムは当時，児童をターゲットに据えてアニメやまんが，プラモデル，玩具，カードゲーム，ビデオゲームへと幅広く展開をみせた代表的な商品であった。巨大ロボットの伝統的な出自はやはりアニメにあったが，巨大ロボットが生み出した想像力はアニメの周縁にあるさまざまな分野と独自に結びつくことに成功し，もはやオリジナルを知らない層にも支持されてきたのである。

　しかしそこでは，アニメとは異なる構造のもとで想像力が発揮されてきたはずである。それぞれの分野と結びつくことで，巨大ロボットはいかにして想像力を変化させ，いかなる可能性を得たのであろうか。玩具と模型における展開は第10章に詳しいが，本章ではビデオゲームに焦点を当てて考察したい。

　ビデオゲームを対象とすることにはいくつかの理由がある。ビデオゲームが爆発的に普及した1980年代後半は，第二次アニメブームと第三次アニメブームの境目に当たる。巨大ロボットアニメもまた作品数を減らしながら，低頭身にデフォルメされたロボット作品が企画され，児童向けへと回帰する姿勢がみられた（氷川 2013c：29-30）。これらのアニメにとって，近しいターゲットを抱えていたビデオゲームの存在は無視できず，実際に数多くの作品がビデオゲームのパッケージへと再構成されていた。

9 巨大ロボットとビデオゲーム

　想像力の生み出し方においても，ビデオゲームは独自の構造をもっている。イェスパー・ユールは「ビデオゲームをプレイすることは，現実のルールとやりとりすることであると同時に，虚構世界を想像することでもある」（ユール2005=2016：9）と述べ，そのルールとフィクションの相互作用を重要な特徴に挙げている。本来巨大ロボットアニメが抱えていたはずの想像力は，ビデオゲームのルールに組み込まれることで何らかの相互作用を生じ，変化してきたと考えられる。

　以上のことから，巨大ロボットはビデオゲームの構造に組み込まれることでいかなる可能性を得たのか。これを本章の問いとして設定する。巨大ロボットアニメとビデオゲームの関係を考えるとき，まさに象徴的な作品を１つ挙げることができる。それが『スーパーロボット大戦』である。この作品は，かつてさまざまなアニメ作品に登場した巨大ロボットたちがゲームの世界で共闘するというコンセプトをもつ無類の人気シリーズである。この作品を具体的に分析することで，問いに対する回答を試みる。

2　『スーパーロボット大戦』というゲーム

（1）　ビデオゲームのルール

　まずはビデオゲームそのものの構造を確認する必要があるだろう。ユールによると，ゲームのあり方はルールをどう処理するかに結びついている。なかでもビデオゲームではルールと演算処理，そしてゲーム状態の管理記録をコンピュータが行う。そしてプレイヤーは，コンピュータに与えられた挑戦課題をできるだけうまく乗り越えようと試みる。この挑戦課題を解決することで生まれる達成感がゲームのもっとも普遍的な楽しみの１つであるという（ユール2005=2016：68-77）。

　ゲームの楽しみを生み出す挑戦課題には創発型と進行型の２つの基本的な型があるという。創発型はいくつかの単純なルールの組み合わせによって，おもしろいゲーム展開のバリエーションを作り出すもので，プレイヤーは多様な状況に対応できるように戦略を練らなければならない。この特徴はストラテジーゲームなどによくみられる。進行型は個々の挑戦課題が順次提示されていくも

135

第Ⅲ部 「巨大ロボット」と現実世界

ので，プレイヤーはあらかじめ決められた一連の行動を行っていかなければならない。この特徴は物語を重視するゲームによくみられる（ユール 2005=2016：13-14）。これらの挑戦課題を乗り越えるための試行錯誤をゲームプレイと呼び，ここにビデオゲームの楽しみが生まれていく。

（2）『スーパーロボット大戦』とは

　それでは『スーパーロボット大戦』シリーズとは具体的にどのようなビデオゲームなのか。このシリーズは1991年4月の第一作目発売から，2004年5月には累計33タイトルを数え累計出荷本数は1000万本を突破し[1]，さらに2014年4月には累計83タイトルを数え累計出荷本数は1600万本を突破した[2]。以降もベスト版などの諸形態を含めて90以上のタイトルが存在し，2019年3月には最新作『スーパーロボット大戦T』が発売された。そのタイトル数と累計出荷本数から考えると，現在にいたるまで十分に知名度をもった作品だといえる。タイトルごとに多少のルールの違いはあるが，29年目に突入したこのシリーズのゲームシステムは，意外にも初期の段階である程度確立され，現在まで受け継がれている。

　まず概略的なルールと遊び方を説明する。このゲームは主に1人で遊ぶ作品である。ロボット同士の戦争をモチーフにしており，陸・海・空・宇宙を舞台にプレイヤーは戦場の最前線に身をおくことになる。戦闘ではチームを率いて戦い，戦場を俯瞰するマップのなかで自軍のロボットたちを駒として適切に操作して（図9-1），コンピュータが操る敵軍のロボットを1体ずつ撃破する（図9-2）。自軍すべてのロボットを操作したあとは敵軍の手番に移り，決着がつくまで交互にこれを繰り返す。戦場によっては戦闘以外のさまざまな挑戦課題が与えられるので，これを一つひとつ順番にクリアしていく。課題は徐々に難しくなっていくため，ロボットの改造やパイロットの強化といった下準備も必要になる（図9-3）。たとえ戦場で敗北したとしても，セーブした記録を呼び出すことで何度でも同じ課題をやり直すことができる。そして勝利することでシナリオが1話ずつ進行していく。シナリオは主に会話形式で進み（図9-4），キャラクターの関係性や物語の背景が次第に明らかになり，最終的には平和を脅かす敵軍から世界を守ることが自軍の目標になる。すべての課題を

136

図9-1　シミュレーションパート（マップ）　　図9-2　シミュレーションパート（戦闘）

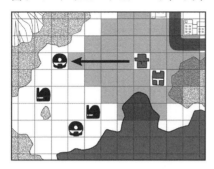

図9-3　インターミッション　　図9-4　アドベンチャーパート

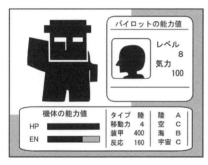

出所：筆者作成。

順番にこなし，最後に最大の敵を倒すことでゲームクリアとなる。

　このように戦略を必要とする場面においては創発型，シナリオにおいては進行型の挑戦課題が組み合わさっており，原作アニメを知らないプレイヤーでもゲーム自体を十分に楽しむことができるルールの構成になっている。
　しかし『スーパーロボット大戦』シリーズのコンセプトはそもそも，さまざまな時代の人気巨大ロボットたちがクロスオーバー，すなわち作品の垣根を越えて一堂に会するところにある。そう考えると前述のルールとフィクションの相互作用における，フィクションに当たる部分も検討していく必要がある。

第Ⅲ部 「巨大ロボット」と現実世界

（3） 物語とキャラクター

　ビデオゲームにおいて虚構世界を想像させるようなギミックは多々あるが，物語とキャラクターはとくにこのゲームにおいて主要なものである。クロスオーバーが成立するためには，原作からキャラクターを抽出することが必要になる。本来巨大ロボットアニメ作品の物語を効果的にみせるために生み出されたはずのキャラクターは，なぜゲームへと越境することが可能になるのだろうか。ここからは，その手がかりになる議論を追っていく。

　まず検討するのは物語消費という分析枠組みである。かつて大塚は物語消費をマーケティング戦術の一例として解説し，1980年代に『ビックリマン』という食品玩具のおまけシールがブームとなった背景を説明した。このシールの表面には低頭身のキャラクター，裏面にはキャラクターに関する断片的な情報が書かれており，当時の子どもたちにこの断片的な情報からキャラクター同士の関係性やその背後にある神話的な世界観を想像させ，さらにシールを集めることで世界観を更新させていくという仕かけをもっていた。

　　「物語消費論」は「断片のモンタージュ」による物語の生成と世界像の構築を「送り手」でなく「受け手」自らがそれを行うことを意味する。そして最後に重要なのがこの一連のプロセスにおいて，何らかの消費行為が結びつくということである。

（大塚 2012：10）

　大塚はこのような指摘とともに，ポスト・ビックリマンとして SD ガンダムを紹介している（大塚 [1989]2001：107）。この大塚の物語消費に，さらに一歩踏み込んだ分析枠組みを導入したのが東浩紀である。大塚が断片化された物語を「小さな物語」，それらの背後にある世界観を「大きな物語」と括弧付きで呼んで対応させたのに対し，東はそこに現実社会における大きな物語であった政治的イデオロギーと，その凋落とを重ね合わせて，もはや「大きな物語」を必要としない世代が登場したと述べた。

　　分かりやすく言えば，ある作品（小さな物語）に深く感情的に動かされたとしても，それを世界観（大きな物語）に結びつけないで生きていく，そういう術を学ぶ

のである。 （東 2001：122）

　すると「受け手」である読者は世界観そのものではなく，過去の物語の蓄積から生じた情報のデータベースのなかから「小さな物語」を読み込むようになる。それはたとえば，萌え要素と呼ばれる市場的に蓄積されてきた記号，すなわち，グラフィカルな特徴，口癖，設定，物語の類型的な展開などを文化の全体から複雑に引用し，組み合わせて生成されたキャラクターと，そこから生まれる「小さな物語」に感情移入するという。東はこのような消費の様式を，データベース消費と呼んだ（東 2001：67, 77-78）。

　物語の断片化はキャラクターが「大きな物語」から浮遊することを促すが，とくにビデオゲームの構造下においては顕著になる。東は記号と身体の表現をめぐる議論を構造的に整理し，物語に首尾一貫した始まりと終わりがあるなかで傷つく身体と死を描こうとしてきた「まんが・アニメ的リアリズム」に対して，「ゲーム的リアリズム」という観点から物語とキャラクターに関する想像力のあり方を考察する。たとえばリセットの経験における，「コンピュータ・ロールプレイングゲームのプレイヤーは，重要な選択肢や危険な場面の直前で『セーブ』して，プレイヤーキャラクターが『死』んだらそこに戻ってもういちど同じ場面をやりなおす，ということを日常的に行っている」（東 2007：121）という説明はわかりやすいが，リセットのみに限らず，ビデオゲームにはルート分岐や周回プレイという繰り返しの楽しみが設定されている。そのため物語の構造はメタ的になり，複数性を帯びていく。ビデオゲームは繰り返しによって複数の物語を生み出すシステムなのである。

　そして物語がそのような形態を取るとき，キャラクターこそが作品の核となる存在になっていく。東はキャラクターが物語から自律化する，すなわち，キャラクターは「さまざまな物語や状況のなかで外面化する潜在的な行動様式の束として想像される」（東 2007：46）と述べる。分岐した物語や，変化し続ける戦況に直面したとき，このキャラクターならどのように行動するのか。こうした想像力は首尾一貫した物語の制約から外れて，たとえリセットや周回プレイで異なる物語を歩んだとしても作品に矛盾を感じさせなくなる。このようなキャラクターをめぐる想像力のあり方が「ゲーム的リアリズム」である。さ

第Ⅲ部 「巨大ロボット」と現実世界

らに東は，二次創作に関する議論のなかで「キャラクターがメタ物語的な結節点として与えられているがゆえに，あらゆる物語に対して別の物語への想像力が半ば自動的に開かれてしまう」（東 2007：125）とも述べている。

　ある種の物語批判となった東の論考に対して，宇野常寛はキャラクターそれ自体に特定の共同体内部で共有される人物像という現代的な性質を組み込み，それは共同体の承認によって成立するものだと述べる。

> データベース消費モデルは，むしろ物語の力を肥大させるのだ。キャラクターは決して「小さな物語」を超越しない。個々の小説，映画，漫画作品を越境して共有されることはあったとしても，それらの作品を規定している共同性を決して超越することはない。キャラクターは表現の空間からは独立するかもしれないが，物語には隷属するのだ
> 　　　　　　　　　　　　　　　　　　　　　　　　　　（宇野［2008］2011：56-7）

　ここではキャラクターが作品を越境した先でいかなる想像力を発揮したとしても，元の物語，とくに「小さな物語」との関係は決して切断されず，むしろ再強化されることが示される。宇野はキャラクターを記号ではなく人格だとみなしたうえで，「小さな物語（人間関係）のなかで与えられた位置＝役割のようなものにすぎない」（宇野［2008］2011：52）と考察し，キャラクターこそが「小さな物語」の源泉であると述べている。

　以上のようにみていくと，ビデオゲームをはじめとした複数性を帯びた物語の構造のなかで，キャラクターは行動様式の束，もしくは人間関係のなかで与えられた役割をもつものとして自律化しながらも，元の物語との関係性を維持すると説明されてきた。このようなキャラクターに対する想像力を前提として，作品の垣根を越えるようなクロスオーバーが成立していたと考えられる。「小さな物語」と「大きな物語」が指し示す範囲は論者によって多少のずれがある。本章では原作アニメとゲームで物語を区別し，「小さな物語」にキャラクターを取り巻く戦況にみられる局所的なドラマを，「大きな物語」に作品のもつ世界観やメッセージを想定して考察を進めたい。

　それでは，物語とキャラクターはフィクションとしてどのようにルールと相互作用して，巨大ロボットをめぐる想像力を養ってきたのであろうか。次節ではより具体的に『スーパーロボット大戦』を分析し，ルールおよびフィクショ

ンの楽しみを生み出す構造の変遷を記述していく。

3 ゲームのデザインの変遷

（1） ウォーゲームの文脈

『スーパーロボット大戦』は，1985年発売のPC用ゲームである『大戦略』が発想の基点であったという[3]。これはコンピュータの演算能力を使い，兵士を駒として操作して模擬戦闘をするビデオゲームであったが，その系譜は西欧のボードゲーム，なかでもウォーゲームと呼ばれるジャンルにある。

ピーター・P・パーラは，ウォーゲームの歴史を碁の原形と思われる「ウェイ・ハイ」，四人で戦うボードゲームである「チャトランガ」，そして「現代チェス」まで遡った（パーラ　1990=1993：35-40）。その発展形の「戦争チェス」が軍事に利用されてきた歴史のなか，ジェームズ・F・ダニガンは，一般向けには1953年の『タクティクス』からアメリカで商業ゲームが誕生したと述べる。これは第二次大戦後相当の軍備をもった架空の国家が戦うウォーゲームであった（ダニガン　1980=1982：189-192）。そして日本では1975年からアメリカ製ウォーゲームが本格的に輸入され（ダニガン　1980=1982：286），国産ゲームも続々と登場した。安田均は，国産ゲームはアニメ文化と結合したのが特徴的であり，その突破口が1981年の『ジャブロー』をはじめとする『機動戦士ガンダム』シリーズであったと述べる。この『ジャブロー』はモビルスーツ同士の地上戦闘を扱い，原作の迫力ある一騎打ち的な戦闘場面から９つのシナリオを再現し，豊富な装備を駆使して勝ち進めるシステムをもつゲームであった（安田　1986：130-138）。

このようなシミュレーション・ボードゲームを構成する基本は，ターン・シークェンス，移動，戦闘方法，勝利条件の４つである（安田　1986：67）という。また，このようなゲームは現実や原作のアニメを再現してシミュレーションするため，あらゆる要素を数値，駒，サイコロなどにおきかえる。プレイヤーはそのなかで試行錯誤することによって「もう一つの現実」，すなわち，もしもあのときにこうしていたら結果はどうなっていたのかという「IFの世界」（安田　1986：12）を追体験することになるが，『スーパーロボット大戦』に

おいても同様のルールが継承されている。

（2） クロスオーバーの文脈

　作品の垣根を越えて共闘するというクロスオーバーのスタイルは，1960年代後半から特撮の分野ですでに展開されていた。まんがやアニメにおいても作者を同じくする作品など，主に版権元が近いものの間にみることができた。

　ゲームの領域でもクロスオーバーはみられ，1987年にはガンダムシリーズのさまざまな機体が共闘する『SD ガンダムワールド ガチャポン戦士 スクランブルウォーズ』が発売される。SD ガンダムは瞳があるガンダムであり，搭乗型というよりは自律型に近い性質を与えられ，ロボット単体で人格をもつコミカルなキャラクターとして描かれていた。次第に版権元を跨いでクロスオーバーを行う企画が登場し，ゲーム製作会社バンプレストはコンパチヒーローシリーズ[4]という一連のクロスオーバー作品を製作する。1990年には第一作目の『SD バトル大相撲 平成ヒーロー場所』が発売され，ウルトラマン，仮面ライダー，ガンダム，戦隊ヒーローなど，世界観も大きさも異なるヒーローたちのスケール感を統一して混載する異色さをみせた。本作は「当時，世界観の違うキャラクターが，同一の作品に登場することは，タブーとされていた」（浜村2005：204）時代の，ビデオゲームにおける版権を越えたクロスオーバー作品の嚆矢となる。そして好評によりタイトルを重ねたコンパチヒーローシリーズの１つとして，1991年に『スーパーロボット大戦』の第一作目が発売されることになる。コンパチヒーローシリーズや『スーパーロボット大戦』では SD ガンダムのデザインが採用され，ガンダム以外のヒーローやロボットもまた低頭身化されていく。

（3） スーパーロボット大戦シリーズ

　（初代）スーパー
　　ロボット大戦

以上を踏まえて，ここからは初期の４タイトルから，ゲームシステムが確立されていく様子を確認する。（初代）『スーパーロボット大戦』は，1991年４月にゲームボーイで発売されたタイトルである。グラフィックはハードの仕様により白黒表現であった。ロボットは『機動戦士ガンダム』『マジンガーZ』『ゲッターロボ』というエポックメ

9 巨大ロボットとビデオゲーム

イキングな３作品のなかから登場する。プレイヤーはロボットのなかから１体を選び同一化して操作する。本作最大の特徴はパイロットが存在しない点である。そのためロボットは自律したものとして扱われ，原作の人間関係を反映するような動機上の対立もみられず，説得によってほぼすべての敵ロボットと交渉して自軍に引き込むことが可能であった。

本作では他のゲームにはみられない「精神コマンド」というシステムが導入されている。これはたとえば攻撃力を上昇させる，体力を完全回復する，敵の攻撃を確実に回避する，といった戦闘を有利に進めるための特殊能力であり，プレイヤーの操作するロボットのみが使用可能な，特別に強力な技であった。

戦闘のシミュレーションにはもっとも多くの時間が割かれるが，これはシリーズすべてに共通する。プレイヤーはほとんどの時間を戦闘に費やして，緊張状態におかれることになる。その戦闘を盛り上げるのが原作の主題歌からフレーズを抜き出したキャッチーな BGM と攻撃の演出であるが，本作での演出はまだシンプルなものであった。ロボットにはそれぞれの個性に応じた性能や武装の良し悪しがあるが，レベルの上昇やアイテムの装備により能力値を上げることができた。

| 第二次スーパー
ロボット大戦 | 『第二次スーパーロボット大戦』は，1991年12月にファミリーコンピュータで発売されたタイトルである。グ |

ラフィックがハードの仕様によりカラーになる。本作からパイロットが導入され，ロボットはパイロットが搭乗する機体として扱われることになる。パイロットの存在がゲームに与えた影響は大きく，それによって個性的なキャラクターたちが人間的にぶつかり合うクロスオーバーの魅力が最大化されたとともに，共闘するためには動機上の調整が必要になった。パイロットにはセリフが用意され，また敵の説得は非常に限られた状況下でしかできなくなった。

とくに「精神コマンド」は大きく変化する。前作ではプレイヤーしか使用できなかったはずの強力な技を，自軍のパイロットすべてが利用可能になった。その種類は豊富になり，原作におけるパイロットとロボットの個性が考慮されたうえで割り当てられた。たとえば，原作のここぞという場面でパワーアップをみせたパイロットにはゲーム内でも攻撃力が上がる能力，原作で幸運にも生き残ったパイロットにはゲーム内でも幸運が舞い込む能力と，それぞれの立ち

143

回りを反映するような能力が与えられた。プレイヤーはその割り当てに応じて，攻撃役，防御役，回復役，補助役などの役割を想像することになる。

本作から重要な役割を果たすのが，ゲームオリジナルの敵役，味方役キャラクターである。敵役が人間味をもって描かれ，味方役がその野望を阻止すべく立ち回ることで，数十人のパイロットたちの間で共闘のための動機が調整されていくことになる。

前作と比較して考えると，パイロットの導入はゲーム自体の自由度に制限をかけたが，一方でその不自由さこそがキャラクターの間にドラマを生み出していた。そのことは本作からパッケージに「シミュラマ」（＝シミュレーション＋ドラマ）という造語が与えられたことにも表れる。

第三次スーパーロボット大戦

『第三次スーパーロボット大戦』は，1993年7月にスーパーファミコンで発売されたタイトルである。新ハードへの移行によりすべての面で大きく進歩し，とくに戦闘時のエフェクト演出ではアニメーションのような動きがみられるようになる。登場するロボットとパイロットの数も増加し，シナリオのボリュームも増している。

システムの変化として大きいのは武器改造と乗り換えの導入である。これによってロボットとキャラクターの果たす役割や戦略の幅がさらに広がり，戦闘の下準備に費やす時間が増えていく。本来はそのパイロットが扱わないようなロボットに乗せて活躍させることも可能になり，カスタマイズの楽しみが強化された。

また本作から選択肢や戦闘時の行動選択による複雑なシナリオ分岐が実現し，進行型ゲームとしての楽しみにも深みが出ることになった。ここにおいて基本となるゲームシステムが確立し，現在にいたるまで継承されていく。

スーパーロボット大戦EX

『スーパーロボット大戦EX』は，1994年3月にスーパーファミコンで発売されたタイトルである。本作の特徴は作品の中心にゲームオリジナルのキャラクターのドラマと世界観が据えられた点である。ガンダムやマジンガーZなどの巨大ロボットはあくまで助っ人として活躍する。ここではゲームという媒体を通じて，巨大ロボット作品そのものを再生産する試みが行われていた。

本作よりあとに，スピンオフとしてゲームオリジナルのキャラクターのみが

登場するタイトルも製作され，ゲームソフトを基点としてアニメやラジオなどの他メディアへと展開する様子もみせていく。

4　ルールとフィクションの相互作用

（1）　キャラクターの取り込み

　さて，ユールは「ゲームのルールはフィクションとは独立に機能できるのに対して，ゲームのフィクションはルールに左右される」（ユール　2005=2016：155）と述べる。『スーパーロボット大戦』の解説本では，ルールを応用した実験的な遊び方が紹介されており[5]，「受け手」であるプレイヤーがルールに対してどのような意味づけを行い，想像力を発揮するかによって楽しみの幅が広がることが示されている。

　とりわけ『スーパーロボット大戦』は巨大ロボットアニメ作品というフィクションを大いに組み込んで作られたゲームであり，それがいかにしてルールと相互作用を起こしてきたのかを整理して考察する必要があるだろう。これまでとくに目立ったキーワードとしては「SD」，「クロスオーバー」，「精神コマンド」，「パイロット」が挙げられるが，これらはいずれもゲームの構造のなかにキャラクターを取り込む機能をもっている。

（2）　SD が成立させたクロスオーバー

　『スーパーロボット大戦』シリーズに採用された SD というビジュアル面のデフォルメには，世界観が異なる作品のスケールを統一させる機能があった。巨大ロボットに関していえば，設定上の大きさがまったく異なるはずのロボットを低頭身に変換することで，それらを横並びにしても違和感を生じさせない特異な状況を生み出した。またこのデフォルメは，ロボットのデザインをそのまま使用しないことから，版権を調整するのにも適していたという[6]。さらに，ポスト・ビックリマンとして大塚に紹介されていた SD ガンダム（大塚［1989］2001：107）は物語消費の象徴的な性質を引き継ぐものであり，玩具展開の当初から断片的な物語を提示するための表象であった。しかしそれは逆に，SD というデザインそれ自体が物語からキャラクターを断片化するのに適した形態で

145

あったとも考えられる。

このような統一化と断片化の機能をもつデザインは，クロスオーバーのコンセプトを必要十分に推進する。SD という低頭身のデフォルメが，さまざまな巨大ロボットアニメ作品のキャラクターたちを断片化し，『スーパーロボット大戦』というゲームのもとに集結させ，そのスケールを違和感なく統一することを可能にしたのである。

（3）　精神コマンドがつなぐロボットとパイロット

「精神コマンド」は戦闘を有利に進める強力な特殊能力であるだけでなく，原作におけるロボットとパイロットの個性を反映したものである。しかしそれがゲームの構造に組み込まれると，ロボットとパイロットは「精神コマンド」によって強く結びつけられていく。第一作目ではロボット単体の能力であったものが，第二作目からパイロットが導入されると，その能力は双方を一心同体に扱うことになる。「精神コマンド」というネーミングにも助けられ，そこではパイロットの精神状態がロボットのパフォーマンスを劇的に変えていくような因果の表現がなされていく。

原作のアニメでもロボットとパイロットが身体化もしくは一体化するケースはよくみられ，「精神コマンド」がそのような表現上のお約束を巧みに再現する場面は多い。一方で，宇野の巨大ロボットアニメ評にもあるように，ロボットをただの量産された工業製品，さらには小道具やアクセサリーとみなす（宇野 2018：166, 211-212）態度もまた存在するはずなのだが，このような関係性は『スーパーロボット大戦』では再現されにくい。ある意味では『スーパーロボット大戦』というゲームの構造は，ロボットとパイロットに特別な結びつきを強いるものだといえる。

そしてこの能力が自軍すべてのパイロット，そして敵軍の一部のパイロットに与えられた影響は大きい。原作でエース級の活躍をしたパイロットはもちろん，原作では光が当たらなかったパイロットにも特別な能力と役割が与えられる。実際のゲームプレイではパイロットがいかなる「精神コマンド」をもつのかを逆引きして戦略を考える場面もあり，そこには原作とは多少異なる役割と活躍の姿がみえる。乗り換えの導入によってロボットとパイロットの組み合わ

せにバリエーションができると，役割はさらに複雑化する。

　原作では本来唯一無二の存在であったはずの巨大ロボットとパイロットは，ゲームの世界に数多く集結させられることで比較され，その差異と役割を強く意識されることになる。

（4）　ドラマを生み出すパイロット

　パイロットの導入によって『スーパーロボット大戦』は，ドラマと見せ場を重視するようになった。第二作目から導入された「シミュラマ」という造語にも表れるように，それは人間関係に注目を集めるプロセスであった。ドラマと見せ場を作るためには，それぞれのパイロットの人間性を確認し，動機を調整し，演出を最大化する必要がある。『スーパーロボット大戦』はパイロットに個性に応じた役割を与え，ドラマティックな見せ場を作るために共闘を強いる構造をもった作品であるといえるだろう。

　ドラマの演出はシナリオの進行中にも戦場のシミュレーション中にも表れる。プレイヤーの行動選択によって，あるときは原作での名シーンを忠実に再現し，あるときは「IFの世界」[7]に突入して原作では死ぬはずのキャラクターを生き延びさせる。プレイヤーは，ルールの生み出す挑戦課題をクリアするだけならば簡単に先へ進めるところを，さらに難しい条件をクリアしてキャラクター同士のドラマをみようとすることもある。このようにパイロットの導入は局所的なドラマのような「小さな物語」への感情移入を促すことにもつながっていく。

（5）　再強化される原作とのつながり

　原作の再現を忠実に行うことに注力したのが他のコンパチヒーローシリーズにはない『スーパーロボット大戦』の特徴でもあり，「IFの世界」に突入するにしても，原作のキャラクターを誇張こそするが大きく逸脱することはない。キャラクターはあくまで原作によって承認され，原作に隷属している。

　原作とのつながりを保つギミックも巧みに用意されている。戦闘時に流れるキャッチーなBGMは主に原作の主題歌をもとにしており，ゲーム画面を一瞬にして原作の世界観へと染めていく。そして別のロボットの戦闘時にはそれに

対応する BGM が流れ，世界観を次々と切り替えていく。コンピュータが可能にした音声的な処理は，パッチワーク的にゲームと原作とを結びつけ，そして切り離す。このような効果は，のちのタイトルでキャラクターボイスが導入されるとより加速する。

　そしてキャラクターの見せ場における活躍は原作への興味関心を引き起こす。キャラクターはゲームにおけるそれと同様に，原作における「小さな物語」を想起させる源泉であり，この点では第10章で論じられているように，キャラクターから物語への時間的順序の逆転がみられる。のちのタイトルでは，ゲームの内部に原作の情報をまとめた図鑑が盛り込まれるなど，ゲームの世界と原作の世界が双方向的に結びついていく。さらには『マジンガーＺ』と『ゲッターロボ』という異なる世界観の技術を組み合わせた『マジンカイザー』のように，『スーパーロボット大戦』のなかでデザインされたロボットが実際にアニメ作品として世に出たケースも確認できる。

　本来，原作アニメの「大きな物語」からキャラクターを分離させることで成立したはずの『スーパーロボット大戦』は，キャラクターおよびそれが生み出したビデオゲームの「小さな物語」を基点にして，プレイヤーに原作の「小さな物語」，果ては「大きな物語」への想像力の入り口を開き，また新たにビデオゲーム独自に「大きな物語」を生み出すような動きをみせていく。

（6）　問いに対する回答

　以上の内容を総合し，「巨大ロボットはビデオゲームの構造に組み込まれることでいかなる可能性を得たのか」という問いに対する回答を試みたい。

　巨大ロボットの新たな可能性とは，物語を複数化するビデオゲームの構造下で，ロボットとパイロットのキャラクター性を強調し，それぞれを差異化する役割とドラマティックな見せ場を用意することで，プレイヤーにキャラクターを核にした感情移入を促し，さらには原作へと還流するような興味関心を引き起こしたところにある。

　『スーパーロボット大戦』では，大量のキャラクターが同じ時空間に一堂に会する。それゆえに，原作では本来唯一無二の存在であったはずのロボットとパイロットは，近しい存在を数多く並べられることでカタログ化され，比較に

よってキャラクター性を強調される。巨大ロボットはビデオゲームという活躍の場を得て，そこで名シーンの再現や見せ場の創作を行い，ロボットの力強さやパイロットの人間的な魅力がもっとも伝わる形で演出を重ねる。そこでそれぞれのキャラクターに対する想像力が増幅されるとともに，物語が複数化したゲームの世界から，物語が首尾一貫したアニメの世界へと，キャラクターを結節点として想像力が還流していく。ビデオゲームにおける想像力は，キャラクターへの理解を大いに進めていくのである。

5　おわりに

　本章の考察は，『スーパーロボット大戦』シリーズの29年に及ぶ豊かさからしてみれば依然として初歩の段階にとどまっているが，その示唆するところは大きい。ビデオゲームの構造は，巨大ロボットアニメが本来もっていた「大きな物語」であるメッセージや世界観を後景化する。それは戦後にミリタリー少年たちが戦争の社会的評価を括弧に括ったうえで，そのカッコよさや兵器の活躍する勇姿に耽溺していった姿にも近い。もとより原作を知らなくても熱中できるウォーゲームとしての楽しみがあったからこそ，『スーパーロボット大戦』は人気シリーズになったと考えられる。

　だからといって物語のすべてが失効したとは考えづらい。宇野がキャラクターを「小さな物語」の源泉であると評したように，複数化した物語の構造のなかで活躍するキャラクターにも，依然としてそれらを承認するような首尾一貫した物語は必要とされている。アニメとビデオゲームは異なる構造をもち，異なる想像力を生む。現在，巨大ロボットアニメの存在感は薄れてきているようにみえるが（第2章第4節を参照），その周縁にはビデオゲームのような形で，巨大ロボット作品に対する想像力を喚起する傍流が存在しているのである。

　シリーズを重ねるなかで，『スーパーロボット大戦』は巨大ロボットアニメの紅白歌合戦にもたとえられるようになった。[8]当初は児童をターゲットにして作られていたであろうこのビデオゲームも，時代を経るにつれてより幅広い層にアプローチできる作品になっている。『スーパーロボット大戦』がもつクロ

149

第Ⅲ部 「巨大ロボット」と現実世界

スオーバーの構造は，時代を超えてより多くの巨大ロボット作品に親しむ可能性を拓いている。それは原作のアニメとは異なる形で，『スーパーロボット大戦』シリーズというビデオゲーム独自の「大きな物語」を作り上げているのかもしれない。

---

1) ファミ通.com（2004）「『スーパーロボット大戦』がシリーズ累計で出荷1000万本を突破」（2019年4月23日取得，https://www.famitsu.com/game/news/2004/05/28/103,1085731452,26877,0,0.html）における，バンプレスト社の発表をもとにしている。

2) ファミ通.com（2014）「『スーパーロボット大戦』シリーズ累計出荷本数1600万本突破 本日4月24日よりHDリメイク版『スーパーロボット大戦』単体配信が開始」（2019年4月23日取得，https：//www.famitsu.com/news/201404/24052252.html）における，バンダイナムコゲームス社の発表をもとにしている。

3) 電撃攻略王編集部編（1999：171）には，「当初，『大戦略』タイプのゲームに，スーパーロボットが登場するというゲームを作ろうと思っていた」とある。

4) コンパチとはcompatible（互換性がある）の略語。

5) STUDIO HARD TEAM3（1996：144-151）には，「弱い武器やユニットをきたえる」「影の薄いキャラを使えっ！」「ミノフスキークラフトで遊ぶ」「オリジナルの戦法でゆく」「精神コマンドで直接敵を倒してみる」「味方を殺してみる」とある。

6) Webマガジン幻冬舎（2009）「加藤の実況取材道 vol. 3『スーパーロボット大戦』シリーズの寺田貴信プロデューサーにインタビュー スーパーロボットスピリッツ〜鋼の魂〜編」（2019年4月23日取得，http：//web.archive.org/web/20171224213917/http：//webmagazine.gentosha.co.jp/B-TEAM/vol213_special.html）では「版権元や世界観が違う作品を一括りにする，それを僕達は「混載」と呼んでいるのですが，それを許可してもらう条件の一つに「SDでキャラクターを使用する」というのがあったんです」とある。

7) 山猫有限会社編（2000：115）にて，プロデューサーは，「『スパロボ』は本来，原作で死んだ人も死なないという，"ifの世界"を描くのがテーマの1つでもある」と語る。

8) エンタテインメント書籍編集部編（2008：575）では，（ロボットアニメ制作側より），「『スパロボ』って紅白（歌合戦）なんですよね。お祭りであり夢の舞台で，歌手が紅白を目指すように，『スパロボ』を目指すっていう部分はあると思います」と語られる。

【塩谷昌之】

10 巨大ロボットと玩具／模型
▶虚構を内部化／外部化するメディア

1　はじめに──巨大ロボットアニメと玩具／模型

　本書の全体のテーマである「巨大ロボットアニメ」は，「大きい人型の構造物で人が搭乗して操作するもの」である巨大人型ロボットが登場し，主人公（側）に使用される日本のアニメーション作品だ。そのなかで，本章が対象とする「巨大ロボットアニメと玩具の関係」については，産業論やマーケティング論の観点から，マーチャンダイジングやビジネスモデルのあり方，その成功体験や課題などが語られることが多い（海外における巨大ロボット玩具については第3章参照）。たとえば，アニメ評論家の氷川竜介は，株式会社サンライズの井上幸一（当時）との対談のなかで，「ロボットアニメの年表だけを見ていても分からないことが多い」ことを前提に，『勇者ライディーン』以降の番組では，基本的に「アニメ会社と玩具メーカーが原作者のポジション」となったと述べている（氷川・井上 2013：36-37）。

　こうした議論は，巨大ロボットアニメと玩具についての1つの重要な領域を明らかにしている。とくに氷川による前者の指摘は，本章の問題意識と共通するものだ。しかし，後者を社会学の立場から考えるならば，さらに別の側面を問う必要も出てくる。すなわち，巨大ロボットアニメがビジネス的な要求から玩具とのマーチャンダイジングが行われた（そして，ある時期においてそうした手法が経済的に成功した）ことは間違いないだろうが，そもそも，なぜ巨大ロボットが玩具と結びつくのだろうか。それらをつなぐ論理はどういったものだったのだろうか。これらの問いに答えを出すためには，歴史的文脈を押さえつつ，社会学や広く人文学の概念装置を手がかりにして考察していく必要があるだろう。

　巨大ロボットアニメと玩具について社会学の視点から検討する際に見過ごせ

ないのは，巨大ロボットをモチーフにした玩具が，低い文化的地位しか与えられてこなかったことである。もともと，近年でこそ「芸術」とされているアニメーション自体が，長い時期，子供向けの「単純な娯楽」と考えられてきた。そのなかでも，巨大ロボットアニメというジャンルは，マーチャンダイジングの発想のもとでロボット玩具を売るための手段として位置づけられ，アニメーションのなかでも「B級」とされることが多かった[1]。だが，逆にいうならば，巨大ロボットアニメ自体は，まだしもある種の文化や表現として扱われているゆえに，「目的」とされる位置にある。それに対して，アニメ作品を実現するための「手段」として考えられてきたのが，巨大ロボットの「玩具」である。この意味で，巨大ロボットの玩具は，文化の周縁（であるロボットアニメ）のそのまた周縁，あるいは下位文化（サブカルチャー）のなかでもとくに下位におかれてきた存在だといえよう。

　しかし，ひとりのユーザーの立場に立ってみると，玩具からある巨大ロボットを知り，そこからアニメのキャラクターや物語を「あとから」理解することも多いだろう。これは生産者の論理からすれば「逆転」した順序だが，受け手の実感からすれば当たり前の現象である。この場合，アニメ→玩具ではなく玩具→アニメへという時間的順序の逆転のみならず，玩具で（より楽しく）遊ぶため，キャラクターや物語を理解すべく原作のアニメをみる，という事態も起こりうる。これは，生産者・制作者側がもつ「アニメを作るという目的のもと資金を獲得する（マーチャンダイジング）手段としての玩具」という理論とは，手段と目的が逆になった現象だ。

　さらに，こうした手段と目的の転倒は，「模型」というモノにおいてより顕在化する。模型は，文化的ジャンルとして玩具と隣接しつつもそれと区別されてきた対象である。模型をめぐる文化においては，「模型を作るためにアニメを観ること」がきわめてオーソドックスな実践となっている。たとえば，『機動戦士ガンダム』に登場するモビルスーツ（MS）「ザク」のプラモデルをより精密に作るためには，ザクの詳細な設定を知る必要があるが，そのためにはアニメ本編を観たり，その設定資料集を読み込んだりすることが必要である。物語や人間のキャラクターではなく，巨大ロボットに特化したアニメ作品の設定集が数多く出版されているのは，このためでもある[2]。

以上の問題意識を前提として，本章では，巨大ロボット（アニメ）が玩具や模型と結びつく論理を明らかにすることをめざす。本章の構成は次のとおりである。まず，3つの玩具論を参照し，歴史的な検討を行っていく際の道筋とする（第2節）。次に，巨大ロボットの玩具が登場した時期から記述を始め，その代名詞といえる1970年代の「超合金」シリーズを事例に，玩具と巨大ロボットアニメの関係を探る（第3節）。続いて，巨大ロボットが模型との結びつきを強めた1980年代の「ガンプラ」シリーズを対象として，模型と巨大ロボットアニメを含めたメディアミックスについて分析する（第4節）。最後に，こうした玩具から模型への検討を踏まえて，巨大ロボットアニメと玩具および模型の関係をより広い理論的視座から考察し，その知見まとめていく（第5節）。

2　3つの玩具論

20世紀前半に活躍した社会思想家のヴァルター・ベンヤミンは「昔のおもちゃ」という1928年のエッセイのなかで，玩具の魅力について述べている。そこでは「父親が息子にプレゼントしたばかりの鉄道に遊ぶのに夢中」である図への批評という形で，男児にとっての玩具と大人の男性にとっての玩具とが対比されている。ベンヤミンによれば，「子供たちは巨大な世界に囲まれているが，遊ぶことによって自分たちに合った小さい世界を作り出す」のに対して，「大人の男は，巨大な世界を縮小した模像という手段によって。この世界からその恐ろしさを取り去る」（ベンヤミン　1928=1996：56-57）。これをパラフレーズすると，子供の玩具は巨大な世界の「内部」に自分たちの世界を作るもので，大人の玩具は巨大な世界の「外部」に縮小した世界を構築するといえる。日本の巨大ロボットと玩具について考える本章の主題からこのエッセイをみたとき，ベンヤミンが「巨大」というレトリックを用いていることや，大人の玩具について「模像」という言葉で語っていることが興味深い。こうした大人の玩具は，あとに詳しく述べるように，戦後日本の文脈では「玩具」よりむしろ「模型」と呼ばれるものに近いと考えられる。

また，その少しあとの1941年に民俗学者の柳田國男は，『こども風土記』で「おもちゃの起り」を提示している。柳田によると，日本社会でのおもちゃ

第Ⅲ部 「巨大ロボット」と現実世界

は，「近年ブリキ・セルロイドが目まぐるしく新を競うようになるまで」3つ
の種類に限られていた（柳田 1941 [1998]：375）。そのうち，「子どもの自製」
と「親たちの実用品のやや小形のもの」は本稿の主題とあまり関係ないが，最
後に挙げられた「買うて与える玩具」は巨大ロボット玩具の原型に当たるだろ
う。この種のおもちゃは「現今」（1940代当時）の「玩具流行のもとで，形には
奇抜なものが多く，小児の想像力を養うには十分」であり，物詣りやお祭など
とかかわる「日本人の信仰から生まれて，発達したもの」と述べられている
（柳田 1941：376）。ここからは，商品化されたおもちゃが，単に商業的要請の
みに基づいたものではなく，ある種の（宗教・信仰心とも関係する）日本的想像
力のなかで形成された構築物であり，それと同時に，想像力を構成する源でも
あるという循環性が示されている（巨大ロボットと宗教については第7章参照）。
こうした玩具と想像力の循環は，本章が対象とする巨大ロボットと模型につい
て考える手がかりとなるだろう。

　さらに，2000年代に入って盛んになりつつあるメディアミックス論において
も，玩具は重要な要素として論じられている。メディアミックス論の代表的論
者であるマーク・スタインバーグによれば，メディアミックスは「ある特定の
キャラクターや物語や世界観を中心とするメディア上のモノや要素のシステム
として現れる」（スタインバーグ 2015：35）。また，「メディアの周辺に構築され
た社会的関係のネットワークであり，それゆえキャラクターの周辺に発生する
ある種の社会性の土台になる」という。こうした定義のもと，「モノ同士のコ
ミュニケーション」という観点から，1960年代の日本に登場した「マスコミ玩
具」が取り上げられている。マスコミ玩具は1960年にはじめて使われた言葉だ
が，本格的に「玩具をマスコミ玩具に変化させる」（スタインバーグ 2015：146）
契機となったのは，1960年代なかばのテレビアニメ『鉄腕アトム』（1963）や
『鉄人28号』（1963）からである。それ以前の玩具とは異なり，マスコミ玩具
は，キャラクターや複数のメディア間のつながりから派生することが魅力であ
る。それは，創造的な遊びに対しては閉じられる一方で，他のメディアとのコ
ミュニケーションに対しては開かれているため，物語世界への「参加の喜び」
をもたらす（スタインバーグ 2015：154-155）。それは，テレビスクリーンに映る
一瞬の絵を物質的に具現化することによって「動きの面白さ」をもつ。「キャ

ラクターがモノとなった」マスコミ玩具は，いっしょに遊べることによって，物語世界にいっそうのリアリティを加えたのだ（スタインバーグ 2015：163-164）。

　こうしたマスコミ玩具論は，より直接的に本章の主題と重なる。ただ，スタインバーグの研究では，その後のメディアミックスが，1970～80年代は映画の領域へ，1980～90年代はテレビゲーム，2000年代からはデジタルメディアへの拡張やプラットフォームを中心に記述されている。そのため，『鉄人28号』以降のアニメ，つまり1970年代の『マジンガーZ』から本格化する「巨大ロボット」と玩具のつながりについては論じられていない。それに対して本章では，巨大ロボット時代の玩具や模型が主要な対象である。

　以上，柳田，ベンヤミン，スタインバーグと，三つの異なる玩具論を確認してきた。これを手がかりとして，次節からは1970年代以降の巨大ロボット玩具について，歴史記述を行ったうえで，理論的な検討を加えていきたい。

3　1970年代の巨大ロボットと玩具
──超合金マジンガーZを中心に

（1）超合金シリーズ

　巨大ロボットアニメと玩具について考える前提として，1970年代の少年向けの玩具をめぐる状況を確認しておきたい。子ども文化研究家の野上暁によれば，『鉄腕アトム』などのヒット作が「雑誌主導型」であったのに対し，その後の特撮番組『ウルトラマン』（1966）や『仮面ライダー』（1971）あたりから「テレビ主導型」が加わり，さらに玩具メーカーが子ども番組のスポンサーになることによって，「玩具主導型」の番組作りやブームの演出がされていったという（野上 2015：132）。

　こうしたメディアミックス状況のなかで複数の玩具メーカーによるさまざまな商品開発・展開の試みがなされていく。そのうち，巨大ロボットと密接に関係する玩具は，1970年代にヒットしたポピーによる「超合金」シリーズだろう。超合金は，巨大ロボットの嚆矢である『マジンガーZ』（1972）と大きくかかわる玩具である。

第Ⅲ部 「巨大ロボット」と現実世界

『マジンガーZ』の内容は本書の他の章でも扱われるため詳述しないが，玩具とかかわる範囲で特徴を確認しておきたい。同作は，主人公の兜甲児という少年が，巨大ロボット「マジンガーZ」のパイロットとして，悪の科学者が作った機械獣という怪獣型の（非操縦タイプの）ロボットと戦っていく物語である。ロボットとしてのマジンガーZの特徴について，評論家の宇野常寛は，先行する鉄人28号のようにリモコン操縦ではなく，主人公の兜少年が「乗り込む」ことで「操縦する」乗り物であることに注目し，それを父親から息子に与えられた「巨大な身体」＝「依り代としての巨大ロボット」だと論じている（宇野 2017：56-57）。この点で『マジンガーZ』は，先行する『アトム』や欧米の映画に登場するロボットのような（人工）知能をもつ機械生命と異なるだけではなく，『鉄人』とも違った特徴をもっている。こうしたアニメ作品の設定は，玩具にも大きく影響しただろう。

『マジンガーZ』に関して当時大ヒットしたのが，亜鉛合金を使用した玩具である「超合金」シリーズだ。発売元のポピーは，バンダイ傘下として1971年に設立された玩具メーカーだった，1970年代前半は『仮面ライダー』のバイク「ミニミニ サイクロン号」などの「ポピニカ」（ポピー・ミニカーの略からの造語）シリーズを展開しており，商品開発のなかで金属製玩具のノウハウを蓄積していた。そのなかで1974年に発売されたのが超合金のマジンガーZだったわけだ（スタジオたるかす 1998：66-67）。

この商品が開発された背景として，劇中のマジンガーZが「超合金Z」という特殊な金属を用いた頑強な装甲をもつという設定があった。玩具ライターの五十嵐浩司は，そうした設定ゆえに，「マジンガーZというキャラクター」＝「ロボットの魅力」を引き出すうえで，「超合金」という名称やダイキャスト製による重量感が合致していたことを指摘している（五十嵐 2017：57）。こうしたロボットと玩具の性質がうまく結合した結果，超合金マジンガーZは，累計100万個を超えるヒット商品となった（小野塚 2009：31）。

さらに，この種の合金製玩具とのメディアミックスは，他の巨大ロボットアニメにも継続していく。たとえば，ポピーの超合金シリーズに限っても，次いで人気作となった『ゲッターロボ』を経て，変形機構を備えた『勇者ライディーン』の「DX ライディーン」(1975)，5体が合体する『超電磁ロボコ

156

ン・バトラーV』の「DX コン・バトラーV」(1975) などへと展開された。このように超合金シリーズは，作品ごとに新たな遊びかたを導入しつつ，その人気は少なくとも1970年代なかばから1980年代なかばまでの約10年間持続した。

また，超合金シリーズ以外の他社製品についても，バンダイ，タカラやトミー，クローバーといった大手玩具メーカーから，巨大ロボットを題材としたさまざまな合金玩具がこの時期には発売されていた。こうした合金製ロボットの人気は，「おもちゃ界の主役交代」「樹脂に代わり合金製」といったフレーズとともに当時の新聞紙上でも大きく伝えられている（『朝日新聞』1975.9.3夕刊）。

（2）巨大ロボットアニメを内部化するメディア

だが，こうした合金製のロボット玩具の内実と，アニメで描かれる巨大ロボットとの関係はいかなるものであったのだろうか。ここでは，もっとも代表的なマジンガーZを事例にその内実を分析していきたい。先述した「乗り込む」巨大ロボットという点で興味深いのは，超合金マジンガーZに途中から主人公・兜甲児が乗るコクピット兼小型飛行機である「パイルダー」の脱着機構が追加されたことだ。そもそもポピーは，最初の超合金マジンガーZを発売してからも試行錯誤を繰り返していた。そのため，発売から1年あまりのうちに，同じ超合金マジンガーZにもかかわらず第4期までの改良バージョンが登場ことになった（図10-1）。この動きからは，短期間のバージョンアップの際に「どの機構を追加するか」はメーカーのなかでかなりシビアな判断があったと考えられる。実際，先に挙げた新聞紙上で，当時ポピーの常務であった森唯は「重い金属のロボットの方が強そうだし，いまの子どもはメカニックなものに対する関心が強い」と述べている。

この言明は，アニメと呼応することで，少年たちの手元でロボットの「強さ」が質感をもって立ち現れていた可能性を示唆している。そもそも，主人公が乗るパイルダーが変形しつつマジンガーZ本体に合体する搭乗の様子は，原作アニメのオープニング映像において，曲に合わせた「パイルダー オン！」のかけ声とともに印象的に描かれていた。また，劇中でもパイルダーの換装場面が数多く登場していた。こうしたアニメの描写を踏まえると，バージョン

第Ⅲ部 「巨大ロボット」と現実世界

図10-1 「超合金マジンガーZ」のバリエーション

出所：五十嵐浩司（TARKUS）『ロマンアルバム ハイパームック2 超合金魂——ポピー・バンダイ キャラクター玩具25年史』（徳間書店，1998）。

アップ以降の超合金マジンガーZは，アニメでの搭乗・合体場面の印象や記憶と呼応しつつ，まさに「巨大な身体」や「依り代としての巨大ロボット」がより体感できる仕組みになっていたといえるだろう。これは，前節で柳田に即して確認したような「玩具と想像力と循環」の典型的なあり方である。

以上のように，1970年代にはテレビアニメと玩具のメディアミックスが本格化し，巨大ロボットアニメというジャンルは，超合金を代表とした玩具とのマーチャンダイジングのうえで成立するまでになっていた。ただ，こうした巨大ロボット玩具は，単に送り手（放送局やアニメ制作会社，玩具メーカー）にとっての商業的な重要性があっただけでなく，受け手（消費者）であった少年たちにとっても大きな意味をもっていたことだろう。少年たちは，アニメで描かれ

158

る物語のなかで自己の「拡張された身体」としての巨大ロボットで正義のために戦う（＝社会化する）主人公をみていたのに加えて，放送外の時間でも作品内の設定と呼応する金属製の質感をもつ巨大ロボット玩具で遊んでいたと考えられる。

　前節で確認したベンヤミンの枠組みから考えるとこうした玩具での遊びは，単に大人の世界の「模倣」なのではなく，世界の「内部」に自分たちの世界を作ることになる。したがって，この時期の巨大ロボット玩具は，アニメで描かれる巨大な身体を少年たちの「日常世界」（内部）に引き込むものであったと考えられる。このような玩具を，〈巨大ロボットを内部化するメディア〉と定式化しておこう。

　だが，こうした巨大ロボット玩具は1980年代から退潮していく。1970年代後半に人気であった超合金シリーズも1980年代後半以降，規模縮小の一途を辿る（五十嵐 1998：19）。では，この背景にはどういう社会的・文化的背景があったのだろうか。さらに，1980年代以降，巨大ロボットと結びつく立体物はどうなっていくのだろうか。

4　1980年代の巨大ロボットと玩具／模型
──クローバー製ガンダムとガンプラを中心に

　1970年代までには玩具とのつながりが強かった巨大ロボットだが，1980年代以降はその結びつきかたが変化する。スタインバーグの言葉を借りれば「モノ同士のコミュニケーション」が違った仕方をするようになったといえよう。玩具に加えて，巨大ロボットアニメと新たなしかたでかかわることになったのは，模型というモノである。

　前節でも挙げた野上によれば，1970年代後半以降，市販の玩具は急速に低年齢化して，幼児のものになっていた。これに伴う遊びの画一化や非創造性に反発する形で，自分の好みでキャラクターを創造できる『機動戦士ガンダム』（1979）のプラモデル，すなわち「ガンプラ」のブームが起こったという（野上2015：132）。

　たしかに，こうした玩具の低年齢化・単純化はあっただろうし，先述した超

159

第Ⅲ部 「巨大ロボット」と現実世界

合金シリーズの退潮とも時期的に呼応する。しかし、「ガンプラ」という、巨大ロボットと結びついた模型がブームになるのは、単にそうした画一化への対抗だけではないだろう。そこには、まず、玩具の隣接ジャンルである模型というモノ／メディアの変容があった。模型のこうした変化には、さらに、巨大ロボットアニメの側での新しい動きも密接に関係していた。

（1）スケールモデルからキャラクターモデルへ

　まず、模型の側について述べる準備として、その歴史を確認しておきたい。戦前期に主流であった木製模型に代わって、戦後の1960年代以降はプラスチック製模型（プラモデル）が急速に広がっていた。戦後のプラモデルは、第二次世界大戦期の戦闘機や戦車などのミリタリーものを中心にしつつも、多様な「実物」を模す対象とした「スケールモデル」として存在していた。こうしたスケールモデルの製作において重視されたのは、実物の「精密な再現」である。その意味で模型は、子ども向けである「玩具」とは区別されるような、主にティーンエイジャーから大人向けの「ホビー」として、ひとつの文化的ジャンルを形成していた。筆者はかつて、こうした戦後期のプラモデル／スケールモデルを「過去の実物を再現するメディア」と総括した（松井 2017：80-114）。

　そうしたスケールモデルの隆盛の一方で、アニメやマンガなどに登場する架空のキャラクターを対象とした「キャラクターモデル」が誕生した。当時「マスコミ模型」と呼ばれた日本初のキャラクターモデルが「鉄人28号」（1960、今井科学）だったことは、巨大ロボットについて考える本書に対しても示唆的だ。そもそもキャラクターモデルが模す対象は、アニメやマンガ、ゲームなどのメディア・コンテンツ全体に存在するので、現在ではいわゆる美少女キャラクターが増えているように、その外延は広い。しかし、巨大ロボットと模型がキャラクターモデルのはじまりからすでに結びついていたことは、非常に重要だ。

　とはいえ、「鉄人28号」以降も巨大ロボットの模型はさほど目立ってはいなかった。キャラクターモデルがそれ以前から主流であったスケールモデルに並ぶ認知を得るきっかけとなったのは、模型専門誌『ホビージャパン』の「松本零士の世界」特集や、1970年代にブームとなった『宇宙戦艦ヤマト』のプラモ

デルだが，そこでも模す対象は艦船や飛行機などのメカニックであって，巨大ロボットではなかった。

　そうした状況が大きく変わるのは，1980年代前半の「ガンプラ」からである。そもそも『ガンダム』については，「アニメ映像というより，プラモデルがイメージをリードするという稀有なパターンで，現在の巨大なガンダム市場を作り上げるに至った」（松本・村松 2007：28-29）といわれる。こうした認識は，もちろん1つの立場からは妥当なものだろうが，本章では，『ガンダム』をめぐる玩具と模型の関係について，もう少し多面的に検討していく。

（2）ガンダムをめぐる2つの立体物
――クローバーの合金玩具とバンダイのプラモデル

　まず，『ガンダム』については，"本放送の際には低視聴率のため打ち切られて，その後のガンプラや劇場版を通じてブームになった"という神話が語られることがある（『ガンダム』の打ち切りについては第8章参照）。けれども，それに対して名古屋テレビのプロデューサーであった関岡渉は，この説を明確に否定している。そもそも当時，玩具の場合，スポンサーの意向は視聴率ではなく，直接的な玩具の売り上げに依存した。しかし，クローバー社による『ガンダム』玩具はあまり売れていなかったため，打ち切られそうになったが，関岡が子どもたちのお年玉がなくなる1980年1月までは継続することを提案した。ただ，このあと1979年末にはクローバーの玩具も売れ出したが，その頃にはすでに終わる体制になっていた，と証言している[4]。

　ここからわかるのは，当時からコアなアニメファンを中心に潜在的な人気はあった『ガンダム[5]』に関して，従来のロボットアニメを成り立たせていた「玩具とのメディアミックス」がうまく機能していなかったことである。その理由としてすぐに思い当たるのが，『ガンダム』が，『マジンガーZ』以来の低年齢向けのヒロイックな巨大ロボットアニメ（のちに「スーパーロボット」と総称されるような）作品ではなく，ティーンエイジャー以上に向けた物語や世界観をもっていた（のちに「リアルロボット」のはじまりとみなされる）ことだ。こうした『ガンダム』の革新性について，宇野は，アニメの特性を活かした精密な演出に基づいた独特のリアリズム，宇宙世紀という架空の歴史設定を背景にした

161

図10-2 変形・合体式のクローバー「ガンダム DX合体セット」

出所：『CIRCUS別冊ベストムックシリーズ 52──語れ！機動戦士ガンダム』（KKベストセラーズ，2012）。©創通・サンライズ

仮想現実の構築，国内の模型市場に革命を起こすことになる「モビルスーツ」という新しいロボット像の発明という3点に要約している（宇野2017：157，『ガンダム』の革新性については第8章も参照）。

このように『ガンダム』が革新的なアニメ作品であったことは間違いないにしても，玩具について考えた場合，別の側面がみえてこないだろうか。そのために，ガンダムの玩具側の事情を検討していこう。

「ダイカスト 機動戦士ガンダム」などのクローバーのガンダムは，「超合金」シリーズと似たフォーマットの合金製玩具だった。先述したようにこのガンダム玩具は放送中には売り上げ不振であったが，その理由として，近年では"玩具自体としての出来の悪さ"が挙げられている。というのも，『ガンダム』と同じ富野由悠季（当時，富野喜幸）監督による，同じ放送枠の前番組であった『無敵超人ザンボット3』（1977），『無敵鋼人ダイターン3』（1978）を題材としたクローバー製の合金玩具は，売り上げも好調であった。これらは，前節で超合金シリーズに即して述べたのと同様，変形合体機構を豊富に備えていた。それに対してガンダム玩具は，プロポーションが原作とかけ離れていたのみならず，ギミックがあ

まり備わっていなかった。1970年代のロボット玩具は，前節でマジンガーZ
に即して述べたように，アニメで活躍する巨大ロボットを手元で体感的に遊べ
ることが重視されていた。したがって，クローバーのガンダム玩具もプレイバ
リューの低さから人気がなかったと考えられる。

　逆に，売れ行き不振という状況を受けて年末商戦に向けて発売された「ダイ
カスト」の「ガンダムDX合体セット」「ガンダム合体セット」（図10-2）の売
り上げは良好であった[7]。この理由としては，（商品名に「合体」とあるとおり）コ
クピット兼戦闘機である「コア・ファイター」の変形・合体システムを再現し
ており，「DX」の方ではさらに，ガンダムと合体する飛行型メカである「G
ファイター[8]」の変形・合体も組み込んだことが挙げられる[9]。

　こうした事情からは，巨大ロボットと玩具のメディアミックスが無効化して
しまったのではなく，『ガンダム』ほどのリアル路線であっても，少年たちに
よる（従来からある）変形・合体を通じた遊びは（ある程度）残っていたと考え
られる[10]。1970年代的な〈巨大ロボットを日常に内部化するメディア〉としての
玩具は健在であったのだ。ただ，同時期（厳密のはややあと）に，こうした玩具
との結びつきがかき消えるほどの，別のマーチャンダイジングの仕方が広がっ
ていく。それは，キャラクターモデルの『ガンダム』への導入である。

（3）ガンプラブームと巨大ロボットアニメの外部化

　『ガンダム』の模型展開については当初より，ティーンエイジャー以上のファ
ンが主導する面が強かった。たとえば，当時開発に携わっていた大下聡は，
「当時の上司に大学生の息子がいて，『ガンダムが面白い』と聞いたのがきっか
け」と，アニメ作品の存在と人気がガンプラの企画につながったと回想してい
る[11]。

　そうしたなかバンダイ模型は，「ガンダムは玩具ではなくプラモデルにおい
てこそ，その潜在能力を示すことができる」という考えのもと版権所得を行っ
たが，その交渉においては玩具を扱う本社と別法人だという論理が主張された
（松本・仲吉 2007：28-29）。ここからは，1970年代以前から続く「玩具と模型の
区別」が強くみられる。それは，設計においても，戦車などに用いられている
「被弾経路」を意識するなど，ガンダムが「兵器」であることが重視されてい

図10-3　模型誌初のガンダム特集

出所：『ホビージャパン』1981年1月号。
　　　©創通・サンライズ

たことからもうかがえる[12]（柿沼・加藤 2007：124）。

　一方，キャラクターモデルのなかで考えても，巨大ロボットアニメの模型が急に主流になったわけでない。たとえば，ガンプラが1つのジャンルとして確立する前の時期はバンダイのキャラクターモデル・シリーズ「ベストメカコレクション」として発売されたが，そもそものシリーズの第1弾は特撮番組『宇宙戦士デンジマン』のロボットであった。また，1980年に第4弾として主役機「1/144 ガンダム」が出てからも，次の第5弾は「巡洋艦ムサイ」であった[13]。

　とはいえ，「ベストメカコレクション」第6弾の「シャア専用ザク」以降は，ガンプラがメインとなっていき，劇場版の公開を控えた1981年に，模型誌『ホビージャパン』（1月号）やアニメ誌『アニメージュ』（4月号）がそれぞれ「ガンプラ」特集を組んでからは，売り上げも伸びていった（図10-3）。これに専門店流通誌の『模型情報』（バンダイ出版部）や男児向け雑誌『コミックボンボン』（講談社）も加わって，ガンプラブームにつながった（五十嵐 2017：108-109）。ここからは，ガンプラのあり方がアニメ（テレビ・映画）だけでなく，出版物も含めたメディアミックスのなかで形成されたことがわかる。

　さらに，ガンプラの特徴がより顕在化したのが，アニメ原作には登場しない模型オリジナルの「モビルスーツバリエーション（MSV）」シリーズ（1983～84）である。MSVは，先述した『コミックボンボン』において小中学生を中心とする男児，模型専門誌をめぐって高校生やそれ以上の青少年の2つの層にかかわるムーブメントであった。MSVの模型としての特徴は，「それ以前には存在しなかった，アニメ本編のデザインとはかけ離れたデザインの機体をプラモメーカーの主導で製品化」したものである（あさの 2017：71）。先述したよう

に，もともとガンプラは兵器であることを意識した製品開発がなされていた。だが，MSV でより目立ったのは，「ガンダム世界が実在した場合，かの戦争の際にはこんなバリエーション機が確かに存在していたはず」という「リアリティ」の追求だった（あさの 2017：30）。それはたとえば，MSV の第一弾である「1/144 MS-06R ザクⅡ」（図10-4）が，「アニメーターによって作画されることを端から無視した，立体化するだけのために生み出されたメカメカしいデザイン」であったことに典型的に現れている（あさの 2017：68）。

こうした模型のあり方は，アニメとの関係で考えると「主従関係の逆転」（あ

図10-4　リアリティ重視のメカニックが印象的な MSV のパッケージ

出所：バンダイ模型「1/144　MS-06R　ザクⅡ」(1983)。©創通・サンライズ

さの 2017：71）ともいえるだろう。これを本稿では，前節で定式化した巨大ロボット玩具との関係でとらえてみたい。

1970年代に確立した玩具は，アニメで描かれる巨大な身体を子どもたちの日常世界に引き込む〈巨大ロボットを内部化するメディア〉であった。それに対して，1980年代のガンプラと MSV によって明確化した巨大ロボット模型のあり方は，アニメの内部的な物語とは相対的に離れた虚構世界を拡張していくものだったと考えられる。このような模型は，〈巨大ロボットを外部化するメディア〉だといえよう。

では，こうした分析を踏まえると，巨大ロボットアニメと玩具や模型の関係について，どのような考察ができるだろうか。1990年代以降の巨大ロボットと玩具／模型の関係にも触れながら，そのことを本章の最後となる次節で総括していく。

第Ⅲ部 「巨大ロボット」と現実世界

5 おわりに——虚構を内部化／外部化するメディア

　本章では，巨大ロボットと玩具や模型の関係を探ってきた。巨大ロボット以前の玩具である1960年代のアトム玩具については，子供たちがアトムの世界を拡大していくような新しい冒険に挑むことや，外の世界へ出ていけるような可能性を開くものだと指摘されていた。こうした遊びは，二次創作に似ているともいわれる（スタインバーグ 2015：164）。

　それに対して，本章で検討してきた1970年代から1980年代の巨大ロボットと玩具についての知見からは，こうしたアニメの世界の外への拡大が段階を踏んだものだったことが明らかになった。すなわち，1970年代の超合金などの巨大ロボット玩具においては，マジンガーＺなどの作品世界の「内部」において自由な遊びが行われていた。こうした玩具を3節では〈巨大ロボットを内部化するメディア〉と論じた。

　しかし，1980年代の巨大ロボット模型にいたっては，ガンダムの世界を拡張するような，いわばアニメ作品の「外部」にいたる独自の展開がなされていた。こうした模型について，4節で〈巨大ロボットを外部化するメディア〉と表現した。ただ，より正確にいうならば，1980年代においてもクローバーのガンダム玩具の（一定の）人気に現れていたように，作品世界の「内部」において遊ぶようなあり方も併存していた。

　さらに，その後のガンダムのメディアミックス展開では，ガンプラブームにみられた世界の「外部化」がより進んでいくことになる。たとえば，1980年代後半から1990年代初頭にかけてバンダイと模型誌『モデルグラフィックス』によって展開された「ガンダム・センチネル」は，アニメ原作のないプラモデルシリーズという点ではMSVと似た企画だったが，『コミックボンボン』などの男子・少年向けメディアも含んでいないという点では，より限定的な青少年層に向けられていた（モデルグラフィックス 1989）。

　逆に，1990年代前半に男児・少年層に人気になったガンダム関連のコンテンツは「SDガンダム」であった。SDガンダムは，『コミックボンボン』や玩具（「元祖SDガンダム」シリーズ）を中心に，プラモデルや食玩，新たに登場した

166

「ガシャポン」や「カードダス」といった媒体を含む多様なメディアミックスのもとに展開された[14]。本書の視座から注目すべきなのは，SDガンダムが「巨大ロボット」ではなく，知能をもつ機械生命（欧米的のSF的なロボットのあり方に近いもの）であることだ[15]。この，ガンダムのメディアミックス展開においても機械生命的なSDガンダムが人気を得ていた事実からは，操作する（日本的な）巨大ロボットと玩具・模型の結びつきが，男児や少年向けについては（少なくとも以前よりは）成立しづらくなっていたことがわかる。

　社会学者の見田宗介は，1975年から1990年までの日本社会について，「反現実」のモードが「虚構」であった時代と論じた（見田 1996）。1970年代から1980年代にかけて巨大ロボットアニメのなかから多くのヒット作が生み出されたことは，それが「虚構の時代」の象徴であることを示している。たとえば1983年は，「虚構の時代」の真ん中として，ディズニーランドの開園やファミリーコンピュータの発売がしばしば指摘される年が，「ロボットの立体物をマーチャンダイジングの主軸とする作品が史上一番多い年」（五十嵐 2017：108-109）や「リアルロボットアニメブームの最中にあった1980年代，その絶頂期」（オフィスJBほか編 2017：5）でもあった[16]。こうした符合は，巨大ロボット（と玩具・模型）が，虚構の時代の産物であったことを明瞭に示している。そうしたなか，巨大ロボットの玩具や模型は，そうした時代における虚構世界の「遊び方の変化」を体現している，といえるだろう。

　虚構世界の〈内部への深化〉から〈外部への拡張〉へ。こうした変化が，本章で探求してきた1970～80年代における巨大ロボットアニメと玩具／模型との関係についての，暫定的な結論である。

　本章の最後に，その後の1990年代以降の動きを補論的に述べておきたい。まず，1990年代には，1980年代なかばの「ファミコンブーム」より始まったビデオゲームの家庭への普及が，ゲームボーイ（1989）とスーパーファミコン（1990）の発売によってさらに進んだ。その結果，子どもたちの遊びの中心が玩具からビデオゲームになった（野上 2015，ビデオゲームについては第9章参照）。

　一方，巨大ロボットアニメは，子ども向けの娯楽としては退潮し，マニア層の大人に向けてノスタルジーを喚起する存在となっていった（宇野 2017：238）。それに伴って，ロボットアニメはマニア向けのオリジナル・ビデオ・ア

ニメーション（OVA）で展開されるものが多くなっていく[17]。そのなかで巨大ロボットアニメには玩具以外との結びつきが求められ，90年代後半の『新世紀エヴァンゲリオン』（1995）以降，アニメのマーチャンダイジングの中心は（VHS，次いでDVDという）映像ソフトになっていった（五十嵐 2017：214-215）。

　以上の状況のもと，巨大ロボットの玩具や模型は，マニア層を中心とする大人向け（ハイターゲット）の「ホビー」に向かう。巨大ロボット玩具／模型は，かつてのように巨大な身体に同一化して遊ぶ子どものものというより，世界を縮小したようなホビー的な存在として大人のものという比重を強めていった。こうした動きは，〈内部への深化〉から〈外部への拡張〉という流れが，より進んだ先にあるものだと考えられる。

---

1)　もちろん実際には，本書の各章で論じられるように，戦後民主主義や科学信仰といった戦後日本社会における重要なテーマが含まれている。

2)　現在多くの書店で，こうしたロボットの設定集がプラモデル関係と同じ「ホビー」欄におかれていることからも，このことは傍証される。

3)　劇中では，富士山麓にのみ存在するジャパニウムという新元素から生成されると説明される。

4)　富野（1999：145）に収録の「関岡渉 インタビュー」による。

5)　実際，テレビ放映中の時期から，アニメ専門誌『アニメージュ』ではしばしば，『ガンダム』が好意的なコメントとともに紹介されていた。

6)　前掲4）の関岡がインタビュー中で，クローバーのガンダム玩具を「超合金」と呼んでいることにも，こうした認識は現れている。

7)　「ガンダムDX合体セット」は約6万個，「ガンダム合体セット」は約6万5千個売れたという（五十嵐 2017：86-87）。

8)　なお，Gファイターは，スポンサーであるクローバーからの要望で劇中に登場することになった経緯がある。

9)　Pazulumo氏によるブログ「ジョイント・モデル」（2019年5月29日取得，https：//blogs.yahoo.co.jp/pazulumo/33025378.html）では，クローバーのよるガンダム玩具の実物の詳細な分析から，初期の合金製玩具の不振と後期の「合体セット」の売り上げ回復の理由が考察されている。この指摘は，他の（雑誌やムックといった）媒体に比べて，著者の知る限りもっとも早いものである。

10)　しばしば"クローバーはガンダム玩具の失敗が原因で倒産した"という説が主張されるが，これは事実に反する。クローバーの倒産は1983年であり，ガンダムのあとも同時間帯のスポンサーを続けていた。たとえば，サンライズの元社長・山浦栄二は，クローバー倒産の背景について，「あの会社はTV放送に手を広げすぎたんでしょうね。（1983

年）当時，『ダンバイン』以外にも2本くらいやっていましたから」と答えている（富野 1999）。

11) 『電撃ホビーマガジン』2010年9月号，50頁参照。

12) とはいえ，スケールモデルで用いられていたのと同じ1/144スケールになったこと自体は，金型加工が進んだあとのサイズが，偶然アニメの設定からの1/144の縮尺だったことによる（柿沼・松本 2007：124）。

13) 艦船である「ムサイ」の商品展開には，先行する『ヤマト』からの継続性が影響していたという（松本・仲吉 2007：82-83）。

14) こうしたSDガンダムの商品展開の詳細は，『SDガンダム トイクロニクル 1988-2015』（ホビージャパン，2015）や『SDガンダム デザインワークス』（玄光社，2017）などに記されている。

15) この設定上の発想元には先行するタカラの「トランスフォーマー」シリーズがあると思われるが，同シリーズはアメリカでの展開に即したものだった。実際，「トランスフォーマー」はアメリカでヒットしたが，登場するすべてのロボットを生命体とみなして個別の名前（さらには，役職や性格などのプロフィール，能力チャートなど）を付けたのは，アメリカの玩具会社・ハズブロのアイデアだったという（五十嵐 2017：171）。

16) また，第4節で述べたように，MSVシリーズが発売されたのも1983年である。

17) なお，当時のOVAがおかれた文脈については，1980年代のアニメ雑誌における記述を分析した永田（2017）に詳しい。

【松井広志】

11 巨大ロボットと観光
▶現実・情報・虚構空間をめぐる想像力と創造力

1 はじめに

　2018年に公開された映画『レディ・プレイヤー1』（監督：スティーブン・スピルバーグ）には，日本の巨大ロボットが複数登場する。VR（Virtual Reality）上に社会が構築された世界を描いた本作では，人々は生身の身体とは別にVR空間「オアシス」上で活動するための仮想身体「アバター」をもつ。アバターはVR空間内の通貨を支払うことによって希望の姿に変えることが可能だ。物語終盤，悪役が巨大ロボット「メカゴジラ」に変身して襲ってくる。苦戦を強いられる主人公たち。その時「俺はガンダムで行く！」という日本語のセリフとともに『機動戦士ガンダム』シリーズ第1作に登場する「RX-78-2　ガンダム」に変身した登場人物が颯爽と救援に現れ，メカゴジラと戦う……。両者は本来異なる作品に登場するロボットだが，メカゴジラにもガンダムにもなじみ深い筆者にとってはたまらないシーンだった。

　同年公開の『パシフィック・リム──アップライジング』（監督：スティーヴン・S・デナイト）にも日本の巨大ロボットがみられる。本作の内容は，突如世界中に巨大怪獣（KAIJU）が出現し，人類は巨大ロボット（イェーガー）を建造して迎撃するというものだ。本シリーズは『マジンガーZ』や『機動戦士ガンダム』などの日本のロボットアニメや，さまざまな怪獣映画のオマージュにあふれている。シリーズの二作目である『パシフィックリム──アップライジング』の最終決戦の舞台は日本なのだが，KAIJUとイェーガーの対決シーンで，その足元に『機動戦士ガンダム』シリーズに登場するユニコーンガンダムの像が映し出される。実は，ユニコーンガンダムは，現実の東京都のお台場にある「ダイバーシティ東京」前に1/1スケールの像が建てられており，カメラを構える観光客でにぎわっている（図11-1）。

図11-1　実物大のユニコーンガンダム立像（2019年9月現在）

©創通・サンライズ

　これらの事例から，巨大ロボットの楽しまれ方には複数のあり方が認められる。本章では，その多様性を，とくに観光とのかかわりから考えてみたい。

2　巨大ロボットがいる空間とその移動

　巨大ロボットが存在する空間について整理しておこう。筆者は，これまでアニメの聖地巡礼などの「コンテンツツーリズム」，アイドルやポケモンといった「架空の存在」，そしてスマートフォン等「情報通信機器」と現実の移動との関連性について議論する際，3つの空間を想定し考察を進めてきた（岡本2016b, 2018a, 2018b）。「現実空間」「情報空間」「虚構空間」である（図11-2）。
　「現実空間」とは，我々の身体が存在する物理的な空間のことを指す。「情報空間」はインターネット上に想定できる空間で，「サイバー空間」や「インターネット空間」とも呼ばれる。ウェブサイトを閲覧することを「ネットサーフィン」「ネット巡回」などと移動を意味する比喩表現を用いるが，その際に

第Ⅲ部 「巨大ロボット」と現実世界

図11-2 現実空間，情報空間，虚構空間への移動

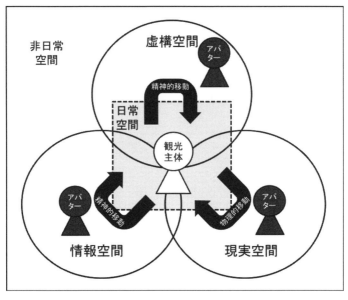

出所：岡本『巡礼ビジネス』(KADOKAWA, 2018c)。

対象とされる空間のことだ。物理的にはサーバー内部にしか存在せず，観光主体によって想像される空間である。同じく「虚構空間」も，観光主体によって想像されるものだが，こちらは映画やアニメ，マンガ，ゲームなどのコンテンツによって描き出される。「物語世界」や「虚構世界」と言い換えてもよい。コンテンツに没入し，その世界に入ってしまったような感覚を得たことがある人もいるだろう。その際に想定される空間のことだ。人間は，これら３つの空間を移動しながら生活していると考えることができる。「アバター」は，観光主体の身代わりとなって移動するもののことだ。たとえば，現実空間上では，お伊勢参りにおける犬の代参や，ぬいぐるみを自分の代わりに旅させるツアーがある（岡本 2018c）。情報空間上では，文章を執筆する際の「ペンネーム」やインターネット上の「ハンドルネーム」，SNSの「アイコン画像」や「アカウント名」などが該当する。ゲームでは，プレイヤーが操作する「キャラクター」がアバターにあたる。人々は自ら訪れる場合もあるが，アバターに観光

172

を託すこともある。

　観光学の対象は，主に現実空間上の人間の身体的・物理的な移動だが，残り2つの空間とも密接に結びついている。ここで観光資源に対する3つのアクセスとの関係を整理しておこう（岡本 2018c）。1点目の「身体的アクセス」は，物理的，身体的に観光資源に近づくことを指す。対象との物理的な距離が接近するオーソドックスな「観光」のあり方だ。2点目の「知的アクセス」は，対象についての知識，情報を得ることを指す。これは現実空間上の移動がなくても成立する。書籍や雑誌はもちろん，ウェブサイトやSNS，電子メールなどの情報空間を通じたアクセスが可能だ。3点目の「感情的・感性的アクセス」は，対象に対して親近感を覚えることを指す。「心理的な距離を近づけること」とも言い換えられよう。これも，実際に現地を訪れることなくアクセス可能だ。その際，物語やキャラクター，世界観といった虚構空間上のものが果たす役割は大きい。人々は，交通アクセスが悪すぎ，まったく情報がなく，なんの感慨もわかない場所には観光に出かけない。旅行者は何らかのメディアから影響を受けて観光に出かけ（ブーアスティン 1964），メディア等によって形作られた「まなざし」を通して観光対象を認識する（アーリ 1995）。そう考えると，そもそも「情報空間」や「虚構空間」への精神的移動がなければ，現実空間を移動する「観光」の動機が生じないともいえる。

　整理すると，筆者が研究対象とする観光は，現実空間上における身体の物理的な移動に限定せず，情報空間や虚構空間への精神的移動も含めたものであり，観光主体のみならず，アバターによる移動も含む。ここまで3つの空間とその移動の考え方を整理してきたが，それでは巨大ロボットは，どのような観光の「まなざし」を向けられ，観光と関係しているのだろうか。詳しくみていこう。

3　観光資源としての巨大ロボット

　筆者はこれまで，「マンガと観光」や「ゲームと観光」について，そのさまざまなかかわり方を整理してきた（岡本 2016a, 2019a, 2019b）。詳細な内容は，参考文献に挙げたものを参照してもらうとして，ここでは同様に，観光資

第Ⅲ部　「巨大ロボット」と現実世界

源としての巨大ロボットの多様なあり方を考えていきたい。

（1）外部から巨大ロボットをまなざす

**巨大ロボット作品の
クリエイターの展覧会**　近年，巨大ロボット作品のクリエイターをテーマに
した展覧会がよくみられるようになった。たとえ
ば，東京ドームシティにおいて2019年5月31日から同年6月23日まで開催され
た『河森正治EXPO』がある。河森正治は，テレビアニメ『超時空要塞マク
ロス』や『創聖のアクエリオン』，『機動警察パトレイバー THE MOVIE』な
どの巨大ロボットアニメに携わってきた監督でありメカニックデザイナーだ。
さらに，2019年6月から2020年11月にかけて『富野由悠季の世界』が，全国各
地の6会場で開催される。富野由悠季は『機動戦士ガンダム』シリーズや『伝
説巨神イデオン』『聖戦士ダンバイン』などを手がけてきた演出家・アニメ監
督だ。2016年9月16日には，「アニメツーリズム協会」の理事長にも就任し
た。両者とも，日本の巨大ロボットアニメ史における重要人物である。虚構空
間の巨大ロボットを描いてきたクリエイターたちが美術館の特別展として特集
されるようになっている。

　なかでも，2013年3月23日から同年5月19日まで兵庫県立美術館で開催され
た特別展『超・大河原邦男展　レジェンド・オブ・メカデザイン』ではさまざ
まな工夫が凝らされ，普段美術館に足を運ばない客層を呼び込むことに成功し
た。会場限定販売のガンプラやフィギュア，トヨタ自動車のコンセプトカー
「シャア専用オーリス」の展示，トークイベントなどを実施し，4月20日には
来場者3万人を突破，5月2日に5万人目の来場者を迎えた。各種グッズは売
切れが続出，図録も完売し，予約を受け付ける形となった。その後も大河原邦
男をテーマにした「メカニックデザイナー　大河原邦男展」が2016年4月17日
から同年6月16日まで滋賀県守山市の佐川美術館で，2016年11月5日から2017
年1月15日の会期で福岡県の北九州市漫画ミュージアムで実施された。さら
に，2019年3月8日から同年6月9日まで「メカニックデザイナー大河原邦男
展in中国」として中国の広州市太古倉にて開催，7月からは上海への巡回が
予定されている。大河原邦男は，「主にアニメーション作品に登場するロボッ
トなどのメカを専門にデザインするメカニカル・デザインという仕事を日本に

おいて確立した第一人者」で，『科学忍者隊ガッチャマン』や『タイムボカンシリーズ ヤッターマン』，『機動戦士ガンダム』でメカデザインを担当した（兵庫県立美術館 2013）。また，『機動戦士ガンダム』では，MSV（Mobile Suit Variation）シリーズという，もともと作品のなかには登場しないモビルスーツを描いた連作も手がけ（大河原 2018），ガンプラやガンダムコンテンツを豊かにした。

　巨大ロボットアニメに限らず，アニメやマンガ，ゲームに関する展示がさまざまな美術館で行われるようになってきた。たとえば，国内では2015年に「ニッポンのマンガ＊アニメ＊ゲーム」展が，東京・六本木の国立新美術館と兵庫県立美術館を巡回する形で開催された（メディア・アート国際化推進委員会 2015）。巨大ロボットが登場する作品も複数展示されており，『マクロスプラス』に登場するミサイルが飛行する描写の演出（通称：板野サーカス）を原画やセル画を壁面に展示した様子は圧巻であった。また，2019年5月23日から8月26日の日程で，イギリス・ロンドンにある大英博物館のセインズベリー・エキシビションズ・ギャラリーで「The Citi exhibition Manga」というマンガの展覧会が実施されている。

　こうした動きの背景に，ポップカルチャーの社会的地位の向上をみて取ることができる。たとえば，外交，経済，観光振興などの文脈でポップカルチャー，サブカルチャーは，国策としても注目されている（岡本 2018c）。あるいは，博物館や美術館などのミュージアムに対して「集客」が要請されはじめたことも背景にある。ミュージアムはコンテンツを集積させることによって価値をもつ観光資源だと考えられるが，資料の収集保存も重要な役割の1つである。収集保存と利活用はしばしば相反する営みだが，ミュージアムそのものを維持，管理，持続していくために，収益をあげ，存在の重要性を証明する必要に迫られている。近年『観光資源としての博物館』（中村・青木 2016）などの書籍が盛んに出版されていることからもそれがわかる（岡本 2018c）。こうした展覧会に足を運ぶ人々の多くは，すでに対象としてのコンテンツと，虚構空間において精神的に接近している。そのため，特定のファン層がすでに存在する。また，ガンダムやマクロス，パトレイバーなどは，現在でも新シリーズが作られ，長年にわたってコンテンツが供給されてきており，各世代に愛好者がい

る。さらに、アニメ、マンガ文化を子どもの頃から享受してきた世代がこうした展示を企画、決定する立場についていることも指摘しておきたい。今や、アニメやマンガ、キャラクターを活用した観光・地域振興はありふれたものになったが、アニメ・マンガ文化と精神的な距離が遠い世代にはこの価値観が理解されにくい。その場合、たとえば若手がこうした企画を立てたところで、上司がそれを許可せず、実現にいたらない状況が容易に想像できる。

　上に挙げたようなさまざまな社会的要因が重なることで、現在、博物館において巨大ロボットコンテンツあるいはそのクリエイターに関する展示がなされ、多くの人に鑑賞されていると考えられる。

|聖地巡礼|　巨大ロボットが登場するコンテンツの舞台となった場所への「聖地巡礼」が考えられる。アニメの背景に描かれた場所を探し出して訪れることをアニメ聖地巡礼と呼ぶ。盛んに聖地巡礼がなされる作品の多くは現代社会の日常生活を描いたものだが、巨大ロボットアニメのなかにも、聖地巡礼が行われたり、観光・地域振興に結びついたりするものがある。具体的な作品としては『新世紀エヴァンゲリオン』や『ラーゼフォン』、『輪廻のラグランジェ』などだ（柿崎 2005；中村 2019；廣田・岡本 2019）。『アニメ聖地88Walker 2019』（土井編 2019）には、『アクエリオンロゴス』の東京都杉並区、『「エヴァンゲリオン」シリーズ』の神奈川県箱根町、『蒼穹のファフナー』の広島県尾道市、『ROBOTICS;NOTES』の鹿児島県種子島が取り上げられている。

　なかにはインパクトの大きな作品もあるが、全体の数に比して、取り上げられている巨大ロボットコンテンツの数は少ない。巨大ロボットものの聖地は、別の形で目立って現れるのではないだろうか。

|巨大ロボットの像|　観光資源として巨大ロボットの像を建てる取り組みがある。たとえば、東京の臨海副都心エリアには2009年に『機動戦士ガンダム』に登場する「RX-78-2　ガンダム」の18メートルの立像が設置され、2017年３月の展示終了まで数多くの人々が来訪した[2]。2017年９月からは、「RX-0　ユニコーンガンダム　Ver.TWC」が設置された（図11-1）。ユニコーンガンダムの像は、高さ19.7mで、『機動戦士ガンダムＵＣ』で描かれた「デストロイモード」への変形を実現しており、特定の時間にその様子

をみることができる。こうした観光資源について，ガイドブックではどのように紹介されているだろうか。2008年に出版された『もえるるぶ COOL JAPAN オタク ニッポン ガイド』には特集記事「各地のガンダムスポット巡礼」がある（池内ほか編 2008）。本記事では山梨県にある富士急ハイランドのアトラクション『ガンダムクライシス』[3]，上新電機が大阪で展開していたガンダム専門ショップ『GUNDAM'S』，栃木県の「おもちゃのまちバンダイミュージアム」，静岡県の「バンダイホビーセンター」の4か所が紹介されている。ガンダムクライシスでは全長約18メートルの横たわる等身大ガンダムが，GUNDAM'S は外壁に描かれた実物スケールのガンダムが，そして，バンダイミュージアムではガンダム原寸大胸像がそれぞれ強調されている。これをみると，巨大ロボットコンテンツの場合は舞台となった場所よりも実物大の巨大ロボットが注目されやすいようだ。

　兵庫県神戸市長田区には「鉄人28号」のモニュメントがある（図11-3）。JR新長田駅の南側にある若松公園に2009年10月に設置された。モニュメントの高さは15.3メートルで，直立時18メートルという大きさでデザインされた。鉄人28号は搭乗型の巨大ロボットではないが，操縦型巨大ロボットの草分け的な存在だ。長田に設置されている理由は，同作の作者である漫画家，横山光輝が神戸出身で，新長田にゆかりが深かったためとされている。このモニュメントは，阪神大震災後の復興および商店街活性化のために『KOBE 鉄人 PROJECT』の一環として作られたものだ。横山光輝は他にもさまざまな作品を手がけており，なかでも単行本にして全60巻の長編作品『三国志』は有名である。『KOBE 鉄人 PROJECT』は「KOBE 鉄人三国志ギャラリー」を開設。さらに，地元商店街には三国志の登場人物の等身大像（石造やブロンズ像など）を設置し，『鉄人28号』および『三国志』を活用した地域活性化事業を実施している。

　ここまで挙げてきた事例は，虚構空間内の存在である巨大ロボットを現実空間上に作り上げることによって人々のまなざしを集めるものといえる。「巨大さ」は観光資源の一つの性質として一般的に活用されるものだ。たとえば，巨大な山は観光資源のみならず，信仰の対象にすらなる。巨大な構造物も人々の関心を集める。世界的にみると，エベレストやピラミッド，万里の長城など，

第Ⅲ部 「巨大ロボット」と現実世界

図11-3　鉄人28号の像

出典：2017年12月12日，筆者撮影。©光プロ／KOBE鉄人PROJECT2019

　日本では，富士山や東京スカイツリー，あべのハルカス，奈良の大仏など枚挙にいとまがない。あるいは生物でも，動物園で象をみた人々の多くが「大きいねぇ」とざわめき，水族館ではジンベエザメやトドの大きさに歓声が上がる。このように「巨大さ」は観光資源の重要な要素の1つなのである。

　虚構空間内の存在である巨大ロボットを現実空間上に顕現させたものに対しては，もともとそのロボットのことを知っている人間のまなざしが注がれる。また，それと同時に「コンテンツについては知らないが，そこにあるからみる」という人のまなざしや，建てられた場所そのものに向くまなざしなど，さまざまな価値観の人々のまなざしが交錯する。

　さらに，こうした立像を移動させた取り組みがイングラムデッキアップイベントだ。本イベントは，『THE NEXT GENERATION パトレイバー』（以下，『TNG』）に登場する警察の特殊車両「パトロールレイバー」である「イングラ

11 巨大ロボットと観光

表11-1　デッキアップイベントのスケジュール

年月日	都道府県	イベント・会場
2014年 3 月17日	東京	アーバンドックららぽーと豊洲
2014年 4 月13日	東京	吉祥寺駅前スクエア
2014年 4 月20日	千葉	千葉ロッテマリーンズスタジアム QVC マリンフィールド
2014年 8 月 2 ～10日	大阪	大阪南港 ATC ピロティ広場
2014年 8 月30日	福島	福島シネマフェスティバル・パルセいいざか
2014年 9 月20・21日	京都	京都国際マンガ・アニメフェア（京まふ）　平安神宮前
2014年10月 5 日	愛知	名古屋ケーブルフェスタ
2014年10月11日	東京	スターチャンネル映画祭・ららぽーと豊洲
2014年10月24～31日	東京	第27回東京国際映画祭・六本木ヒルズアリーナ
2014年11月 3 日	秋田	第137回秋田県種苗交換会
2014年11月16日	千葉	木更津市民会館フェスティバル2014
2014年11月30日	東京	中野 MAG Festa.
2014年12月 6 ・ 7 日	福岡	北九州ポップカルチャーフェスティバル2014・あさの汐風公園北側ヘリポート

出所：『THE NEXT GENERATION ―パトレイバー― オフィシャル・マニュアル』をもとに筆者作成。

ム」の等身大模型を車両で運搬し，特定の時間に起こしてみせるものだ。1988年より続く『機動警察パトレイバー』は，これまでマンガ，アニメ（OVA，テレビ，映画），小説等，さまざまなメディアで描かれてきた（別冊宝島編集部 2013；株式会社 HEADGEAR 2018）。『TNG』は，その実写化作品で，押井守が総監督を務め，辻本貴則，湯浅弘章，田口清隆も各話の監督を務めた。1 話あたり48分の14回連続物[5]と，劇場版『THE NEXT GENERATION パトレイバー 首都決戦』がある。デッキアップイベントは，『TNG』のキャンペーンとして実施された（**表11-1**）。本作の目玉の 1 つは，巨大ロボット「イングラム」の等身大模型を現実世界で制作し，それを撮影に用いるというものだった。『機動警察パトレイバー』内ではイングラムは巨大な警察車両の荷台に寝かせた状態で現場まで運搬し，そこで荷台を起こすことで出動させる。実写映画の『TNG』ではイングラムの等身大モデルと CG 描写を組み合わせて表現されていた。

179

第Ⅲ部 「巨大ロボット」と現実世界

　撮影用のモデルとして製作，使用され，その後，コンテンツの広告として活用されていた等身大イングラムだが，映画の上映終了後もさまざまな場所でデッキアップが披露されている。2017年10月29日には滋賀県で開催されたイベント「クサツハロウィン2017」で草津市役所前においてデッキアップが行われた。この日は台風22号が接近する荒天だったが，筆者を含めデッキアップをみるために多くの来場者があった。実は，台風が来るなかでイングラムが活躍する物語が『機動警察パトレイバー』シリーズ中で描かれている。荒天でのイベントは通常の観賞環境としては劣悪だが作品ファンにとっては貴重な場面となった。このように，本イベントは現実と虚構の混在が楽しまれた。全国各地でデッキアップが行われるたびに，イングラムの傍らで本物の警察官が警備している様子や，イベント警備のために訪れている現実のパトカーとイングラムの共演などが撮影され，Twitter 等の SNS を通じて発信，拡散されていた。

　『TNG』は，作品そのもののなかでも現実空間，情報空間，虚構空間を意図的に混ぜた描写が多数みられる。たとえば，イングラムが対決するレイバーとして水道橋重工が開発したロボット「クラタス」が登場した。クラタスは現実に存在する人間が搭乗可能な全高4m の巨大ロボットだ。あるいは，熱海に怪獣が現れたという騒ぎの警備出動に赴くエピソードでは，大怪獣とイングラムをみようとたくさんの観光客が訪れる描写がある。作中では，市長が怪獣映画のような映像作品の製作を指示し，それをネットで流すことで，より多くの観光客を誘客しようとする。

　巨大ロボットを現実空間上に建てる取り組みは，コンテンツのファンにとって空想が現実のものとなる効果をもつとともに，現実空間上に存在することによって，その「巨大さ」ゆえに多くの人々に巨大ロボットがみられることになる。それは SNS や口コミを通じて情報空間に発信されることで「広告」としての機能をもつ。また，そうした状況そのものをメタ的に描く作品も確認できた。実際に，観光地の PR 動画は数多く制作されており，『ハコダテ観光ガイド イカール星人襲来中！』などの，怪獣や巨大ロボットをテーマにしたものもみられる。あるいは，実際に建てるわけでは無く AR で描画する取り組みもある。巨大な存在は，人々の「まなざし」や関心を集める機能をもっているのだ。

（2）巨大ロボットの造形物

　ここまでの取り組みは外部から巨大ロボットをまなざすあり方だった。本節では，触ったり間近でみたりすることができる巨大ロボットの造形物がどのように観光資源になるのかを考えていこう。

　巨大ロボットはプラモデル史のなかでも一定の存在感が認められる（日本プラモデル工業協同組合 2008）。なかでもガンダムのプラモデル「ガンプラ」のインパクトは大きい（ガンプラについては，第10章を参照）。ガンプラそのものを集積することによって集客を図っている施設がある。東京お台場のダイバーシティ 東京プラザの7階にある「ガンダムベース東京」がそうだ。公式のウェブ ペ ー ジ（2019年7月18日取得，https：//www.gundam-base.net/about/）には「2,000種類の商品と1,500種類の展示品が並ぶ，世界一のガンプラショップ」と書かれている。巨大ロボットだけではないが，ガレージキットやフィギュアが集積し，多くの人が訪れるイベントもある。「ワンダーフェスティバル」がそうだ。ワンダーフェスティバルはプロやアマチュアが出店するガレージキットやフィギュアの展示即売会である（あさの 2002）。本イベントはコミックマーケット同様，作り手と買い手，作り手と作り手，買い手と買い手が交流する場にもなっている。

　巨大ロボットのミニチュアは，それ自体が人を惹きつける力をもつコンテンツであると同時に，集積することによって観光資源となる。そして，そうした場は，人をつなぐメディア的機能をもっているといえる。

　巨大ロボット的想像力を立体造形として現実空間上に結実させる取り組みのなかに鉄道や空港などとのコラボレーションがある。アニメと鉄道のかかわりについて特集したムック本『アニ鉄！』では，『ヱヴァンゲリヲン新劇場版：Q』の公開記念として2012年から2013年にかけて富士急行が運行したラッピング電車が紹介されている（牧窪ほか編 2013）。南海電気鉄道でも2014年4月から6月まで『機動戦士ガンダムUC』にちなんだ赤い特急ラピート[6]が運行された。

　鉄道と巨大ロボットとの関係性を考えるうえで欠かせない作品として，『新幹線変形ロボ シンカリオン』がある。本作は，ジェイアール東日本企画，小学館集英社プロダクション，タカラトミーの3社原案で立ち上げられたキャラ

クターコンテンツプロジェクトだ。実在する新幹線がロボットに変形する点が
特徴的で，プラレールのシリーズとして2015年に発売され，2018年1月から
2019年6月までテレビアニメ『新幹線変形ロボ シンカリオン THE ANIMA-
TION』が放映された。劇場版アニメ『新幹線変形ロボ シンカリオン 未来か
らきた神速のALFA-X』の公開が2019年12月に予定されている。また，2019
年7月から同年9月には，京都鉄道博物館でシンカリオンの特別展が開催され
る。作中に他作品の巨大ロボット「エヴァンゲリオン初号機」が登場したのも
話題になった。2018年8月11日放映回に，実在した山陽新幹線の「500 TYPE
EVA」が変形した姿として描かれたのだ。そもそもの「500 TYPE EVA」
は，2015年に山陽新幹線の全線開業40周年，および『エヴァンゲリオン』TV
放送開始20周年を記念するプロジェクトでメカニックデザイナーの山下いく
とが⁷⁾デザインして製作された車両だ。エヴァ初号機をイメージしたカラーリン
グの外装に加えて，車両内には，実物大のコックピットがしつらえられた。

　巨大ロボットは兵器である点が強調されるとともに，人が搭乗して操縦する
乗り物でもある。そういう意味で鉄道や自動車との親和性は高い。さらに，そ
れをもとにメディアミックス的にさまざまな展開が行われている。

　空港においても，巨大ロボットの造形物が展示される実践がみられた。関西
国際空港に期間限定で展示された「UFOロボ グレンダイザー神社」である。
ロボットの造形物をご神体とし，朱色の鳥居が設置されていた（**図11-4**）。

　傍らのパネルに書かれていた神社の由縁をみてみよう。

　「UFOロボ グレンダイザー神社」由縁
　「UFOロボ グレンダイザー神社」は，「マジンガーZ」「デビルマン」「キュー
　ティーハニー」などを生んだ，日本を代表する世界的な漫画家「永井豪」先生のデ
　ビュー50周年を記念して，世界中の人たちが集まるここ関西国際空港で，「永井豪」
　先生の作品により親しんでもらおうと，先生の作品の中でも世界中で熱狂的なファ
　ンを持つ「UFOロボ グレンダイザー」をご神体として期間限定で設置されてい
　る神社です。
　神社の設置にあたっては，関西国際空港の地元，泉佐野市にあり航空神社の別名で
　知られる「泉州磐船神社」よりお祓いを受け，ご参拝の皆様の「旅行安全」「航空
　安全」を祈願しております。

11 巨大ロボットと観光

図11-4 「UFOロボ グレンダイザー神社」とその解説

出所：筆者撮影，2017年11月12日。©永井豪／ダイナミック企画

『マジンガーZ』は本書でも何度も言及されているように知名度が高い。なぜ，ここで取り上げられているのは『マジンガーZ』ではなく『UFOロボ グレンダイザー』なのか。その理由は，ご神体についての説明を読むとわかる。

　　ご神体「UFOロボ　グレンダイザー」について
　「UFOロボ グレンダイザー」は「永井豪」先生の漫画作品で，1975年～1977年にかけてマジンガーシリーズ第3弾のテレビアニメとして放送されました。特に，本作品は1978年頃にフランスで「Goldorak」，イタリアで「Goldrake」としてそれぞれテレビ放映され大ヒットとなり，その後もヨーロッパ各国や中東地域などを中心に人気を集め40年以上たった現在でも世界中に多くの熱狂的なファンを持つ作品として知られています。
　今，世界を席巻する日本のアニメコンテンツの先駆的な作品のひとつでもあり，円盤メカ「スペイザー」と合体して勇壮に空を飛ぶ姿をして，ここに「UFOロボ グレンダイザー」をご神体とし，関西国際空港から世界へ羽ばたかんとする皆様の旅行・航空安全と開運を祈願いたします。

183

第Ⅲ部 「巨大ロボット」と現実世界

実は，フランスやイタリアなどでは，『マジンガーZ』よりも『グレンダイザー』の方がよく知られる巨大ロボットアニメなのだ（第3章第4節参照）。英語での説明書きが併記されていることからもわかるが，海外からのまなざしを意識した展示である。巨大ロボットを「空港」というさまざまな「まなざし」が交錯する場所に，しかも，日本文化を感じさせる「神社」のご神体として設置している。とくにご神体の説明文では「世界を席巻する日本のアニメコンテンツの先駆的な作品のひとつ」と強調し，ロボットが空を飛ぶことと旅行・航空安全とを結びつけ，積極的に作品に新たな位置づけをしようとしていることがわかる。巨大ロボットや，それをイメージした造形物は，隣接するさまざまな事柄と結びつけられ，多様な意味や価値をもつ依り代としての役割をもつのである。

（3）巨大ロボットを体験する

巨大ロボットを体験する実践がある。近年ではVRを活用したものなどもあり，テーマパークのアトラクションや家庭用ゲーム機でこうした体験が可能になってきた。ゲームはプレイヤーがプレイすることによって成立するメディアだ。筆者の著書である『ゾンビ学』では，この性質に注目し，ゲームに登場するゾンビを分析することで，「我々はゾンビという対象にどのように向き合い，ゾンビはどう作用しているかを明らかに」した（岡本 2017：131）。ここでは同様にゲームに登場する巨大ロボットに焦点を当てて，ユーザーとの関係性を考えてみたい。

本書でも，巨大ロボットが登場するゲーム『スーパーロボット大戦』について分析した章がある（第9章参照）。本作はシミュレーションゲームであり，プレイヤーはたくさんの巨大ロボットを操作する，「指揮官」や「監督」の視点に立ったものだ。こうしたゲームの分析は第9章に譲り，ここではプレイヤーが3Dで描かれた巨大ロボットをリアルタイムで操作するゲームを中心にみていきたい。

巨大ロボットを操作するゲームを分析するうえで『電脳戦機バーチャロン』(1995) は重要な作品だ。漫画家の田中圭一がさまざまなゲームの開発者へのインタビューを行った成果『若ゲのいたり』では，本作が以下のように説明さ

184

れている。「プロデューサー・瓦重郎氏が手掛けた，TPS（サード・パーソン・シューティング）形式の対戦アクションゲーム。仮想空間のなかで，カトキハジメ氏デザインによる"バーチャロイド"と呼ばれる戦闘用ロボットを操縦桿2本というインターフェースで操作するという斬新さ，そして高速で繰り広げられる射撃戦・近接格闘戦の爽快感が，ロボットゲームを待ち望んでいた多くのゲームファンを魅了した。現在，シリーズは6作品を数える」（田中 2019）。カトキハジメは，ガンダムシリーズにも参加しているデザイナーだ（カトキ 2003）。

　『若ゲのいたり』では瓦が本作を発案する経緯が描かれており，そのなかでいくつかのコンテンツ作品が言及されている。まずは1993年に発売されたパソコン用の3Dファースト・パーソン・シューティング『DOOM』だ。ゲームの企画がなかなか通らないなか，本作に「ハマってそればっかやってました」という。次に1993年に稼働した筐体『バーチャファイター』である。本作は対戦型格闘ゲームで，瓦はこのゲームで描かれたローポリゴンの人物描写をみて「こんなカクカクなら人間じゃなくてロボットにした方がいいのに」と思ったそうだ。さらに，以前からSF小説の『宇宙の戦士』(1959) を好んでいたこともあり，3D空間を使ったロボゲームを思いつく。『電脳戦機バーチャロン』は，「ロボットのゲームはヒットしない」というジンクスを破って，大ヒットし，のちに家庭用ゲーム機「セガサターン」にも移植される。また，登場するバーチャロイドの意匠にも工夫が凝らされた。バーチャロイドはそもそもバーチャルリアリティを意識したネーミングで，登場するロボットデザインは「バーチャル（VR）から発想してHMDをかけたような顔で統一」し，背中には家庭用ゲーム機であるセガサターンを背負う特徴的なものだが，その理由として再三言及されるのがガンダムである。「『バーチャロン』はいかにガンダムから離れるか」が課題だったという（田中 2019）。

　この経緯から，1つのコンテンツはさまざまなコンテンツの影響を受けて成立していることがわかる。『DOOM』の主人公は宇宙海兵隊員で敵は地獄からやってきた存在だ。『バーチャファイター』は『ストリートファイターⅡ』で大ヒットした対戦型格闘ゲームジャンルの一作品で，『宇宙の戦士』にいたっては小説やアニメである。一方で，同じジャンルの他作品との差異化を考慮す

第Ⅲ部　「巨大ロボット」と現実世界

る様子もみられ，他ジャンルおよび同一ジャンルの作品との連続性のなかで成立している。

さらに『電脳戦機バーチャロン』が興味深いのは，以下のゲーム内設定だ。

> ゲーム「バーチャロン」には，プレイヤーを無自覚のうちに兵役に徴用するため，DN社秘密研究機関「0プラント」が開発したバーチャロイド遠隔制御システムが秘密裏に組み込まれ，ゲームの5ステージまでの内容は，プレイヤーが任務を果たすに足る人材かどうかをテストするための，戦闘シミュレーションになっていた。
> （高橋ほか編 1996）

実際は，『電脳戦機バーチャロン』をプレイする筐体やゲーム機「セガサターン」には外部との接続機能はなくスタンドアローン型だ。つまり，上記は虚構空間における単なる設定でしかないのだが，「実は現実空間とつながっている」という想像力を喚起するものになっている。操縦桿による操作というロボットを操縦している感覚を取り入れ，設定上，現実世界とのつながりが示唆されるといった工夫がなされた，巨大ロボットを体験するゲームが開発され，人々に認められたのである。

その後，アーケードゲーム『機動戦士ガンダム　連邦 vs. ジオン』が2001年に稼働を開始して人気を博す。本作はガンダムに登場するモビルスーツを操作して戦う3D格闘ゲームであり，『機動戦士Ζガンダム　エゥーゴ vs. ティターンズ』『機動戦士ガンダム　エクストリームバーサス』などの続編が発売され，コンシューマ機にも移植されている。さらにゲームセンターで強い存在感を放ったのが，2006年から稼働が開始された『機動戦士ガンダム　戦場の絆』である。こちらもモビルスーツを操作して戦闘を行うものだが，その体験はかなり異なる。『戦場の絆』は3人称視点の格闘ゲームではなく実際に巨大ロボットに搭乗したような1人称視点で，最大8人対8人の対戦を行う。チャット機能で通信も可能になっている。操作も球形の筐体内に入ってペダルとレバーで行うというコンテンツ内で描かれる操縦と近い体験になっている。このように，同じ作品を扱っていても，ゲーム体験によって巨大ロボットとのかかわり方は異なる。

2013年には，『ガンダムブレイカー』というアクションゲームが発売され

186

た。本作における巨大ロボットとのかかわり方は，本章でこれまでみてきた巨大ロボットとのさまざまなかかわり方を踏まえたものになっており興味深い。本作でプレイヤーが操作するのは「ガンプラ」だ（ファミ通責任編集 2013）。とはいえプラモデルは元来動かないものである。それを乗り越えるため，本作では，ゲーム内の架空のVRイベントに参加するという設定を導入している。「本作の舞台となるのは，お台場で開かれているという設定の史上最大のガンダムイベント「ガンダムグレートフロント（GGF）」。プレイヤーは，このイベント内で開催されるガンプラバトルシュミレータ「バトルライブ-G」に参加し，自分で組み立てたガンプラを操作して勝利を目指していく。」（ファミ通責任編集 2013）現実空間上のプレイヤーが虚構空間内虚構空間のアバターを操作するという構造になっているのだ。

　プレイヤーが操作するモビルスーツを「ガンプラ」だとする設定はいくつかの効果を生んでいる。1つは，パーツの組み換えだ。これによって，さまざまなモビルスーツのパーツを組み合わせ，オリジナルのモビルスーツを作り上げることができる。異なるモビルスーツからパーツを集めて1体を作り，統一感のある色彩にすることも可能だ。もう1つは，作品世界から切り離すことでユーザーの愛機としてのリアリティを獲得できる点である。機動戦士ガンダムにおけるモビルスーツは「スーパーロボット」と対比され「リアルロボット」と呼ばれる。この「リアルロボット」は『スーパーロボット大戦』に登場する巨大ロボットを分類する際の名称として用いられている。

　リアルロボットとスーパーロボットは厳密に定義された名称というよりは，便宜的なものだ。キム（2019）は，リアルロボットを「作中で人間キャラクター以上にヒーローの役割を演じるロボットというより，「大量生産される兵器」という設定を提示しつつ，「登場人物の心理描写」も細かく行うことから得られた呼び方といえよう。デザインの側面でもリアルロボット，とくにガンダムは，外骨格もしくはパワードスーツ（強化服）といったリアル世界のサイボーグや宇宙開発工学のアイデアが影響したとされる」と説明している。モビルスーツはリアルロボットに分類されるのだが，一方で，作中には「スーパーロボット」的な機体も登場する（Kim 2019）。基本的にはモビルスーツは誰でも搭乗可能で，そういう意味では兵器的だが，ガンダムは主人公のアムロ・レ

第Ⅲ部　「巨大ロボット」と現実世界

イが，ほぼ専属パイロットだ。ライバルのシャア・アズナブルが搭乗する機体は同型の量産機とは異なるカラーリング（赤）が施されシャア専用機とされる。他にもガンダムシリーズには搭乗者とのつながりが深い特注機が数多く登場する。この場合，虚構空間における持ち主（キャラクター）が特定の機体と強く紐づくことで，それをプレイヤーが操作することの説得力がそがれる。この点を「ガンプラを操作する」という設定で払拭することができる。つまり，ガンプラは現実空間上で，虚構空間内の特注機を「量産機化」しているのだ。一旦その量産機化過程を経た機体をゲーム内で操作できるようにすることで，「特定のキャラクターが操縦しているわけではない特注機」のビジュアルに説得力を与えている。

　巨大ロボットの操縦という観光体験は，他ジャンルや同一ジャンルのメディアコンテンツに影響を受けながら構築され，発展してきていることがわかった。プレイヤー同士がネットワークを通じて情報空間上で対話しながら遊ぶものも出てきている。さらに，そうした体験をメタ的に描いた虚構空間でプレイするゲームまであり，その体験は多重化，複雑化している。

4　おわりに

　以上みてきたように，アニメ，マンガ，映画，小説などのコンテンツで描かれた「巨大ロボット」は，虚構空間だけでなく，現実空間や情報空間にも広がって，人々の娯楽や観光の対象として楽しまれていた。しかも，その関係性は，「虚構の存在が現実に顕現する」といった単線的，一方的なもののみではなかった。巨大ロボットはさまざまなメディアを通じて各種空間に現れ，複雑な形で人々に受容されている。

　アニメやゲーム，マンガを舞台化する2.5次元ミュージカルが人気を博している（おーち 2017；門倉 2018）。2019年2月には，その2.5次元舞台のコンテンツとして『機動戦士ガンダム00- 破壊による再生-Re：Build』が公演された。今後も現実空間，情報空間，虚構空間を横断したさまざまな実践が出てくるだろう。

　そもそも，巨大ロボットをはじめとして，人間の想像力によって生み出され

て育まれてきたものが人々を刺激し，そうした想像力を動力にして，現実の社会が作り上げられてきた。逆に，現実空間における技術革新や社会的事象などは，人々の創造性を刺激し，新たな想像を生み出してきた。このように，虚構空間，情報空間，現実空間は互いに作用しながら，社会を構築していく。「巨大ロボット」は今後，これらの相互作用をどう駆動し，そして，そこからどのような新たな「巨大ロボット」が登場するのか，興味は尽きない。

---

1) 福岡市美術館，兵庫県立美術館，島根県立美術館，青森県立美術館（予定），富山県美術館（予定），静岡県立美術館（予定）。「展覧会概要」『富野由悠季の世界』（2019年6月30日取得，https：//www.tomino-exhibition.com/summary.html）参照。
2) 「RX78-2 ガンダム」は2009年に1ヶ月ほど潮風公園に設置された。その後，2010年夏に静岡ホビーフェアで再び設置され，2012年春からダイバーシティ東京に設置されていた。
3) 『ガンダムクライシス』は2007年7月に開業し，2013年7月に『リアル宝探し ガンダムクライシス2』としてリニューアルされたが，同年12月に終了した。
4) 映画『劇場版 マジンガーZ INFINITY』および映画『パシフィック・リム──アップライジング』では，いずれもクライマックスの戦闘シーンは富士山が舞台であった。巨大ロボットですら見上げる富士山のふもとで戦う巨大ロボットイメージが描かれた。
5) ただし，0話やシリーズ総集編など，時間がより短いものもある。
6) 通常は濃紺である。
7) 『新世紀エヴァンゲリオン』『戦闘妖精雪風』『機神大戦ギガンティック・フォーミュラ』などでメカニックデザインを担当。
8) ロバート・A・ハインラインによるSF小説。本作は昆虫型エイリアンと人類との戦争が描かれるが，そのなかに，「パワードスーツ」と呼ばれる宇宙服のように人間が着こむタイプの兵器が登場する。このパワードスーツはそれ以降のSF作品やロボット作品に大きな影響を与えた。
9) ヘッドマウントディスプレイの略。頭部装着型のディスプレイで，VRを体験するメディアの1つのあり方。VRゴーグルとも。

【岡本　健】

あとがき

　本書は，第一次世界大戦後のチェコの社会を背景にした想像力が作り出した
「ロボット」をベースに，第二次世界停戦後の日本の社会を背景にした想像力
が作り出した「巨大ロボットアニメ」に対して，社会学的想像力が切り込む1
つの試みとして編まれている。本書が想定している読者層は，主として社会学
を学ぶ大学生・大学院生および巨大ロボットアニメと社会学の両者に関心があ
る一般読者である。

　「巨大ロボットアニメ」については，氷川竜介・津堅信之・宇野常寛など，
近年優れた研究・評論の蓄積がなされてきている。本書においても適宜それら
を参照しているが，われわれの社会学的想像力が，それらの先行する成果にど
れほど新たな知見を加えられたのかについては読者の批判を謙虚に待ちたいと
思う。一方で，本書の「挑戦的」な企画に参与してくれた執筆者各位には，編
者を代表して感謝の意を表したい。

　また，編集者の上田哲平・八木達也の両名にも，本書の完成にいたるまで多
大なご尽力をいただいた。心より御礼を申し上げる。

　「巨大ロボットアニメ」に限らず，アニメや特撮作品に対しては，放送・公
開の同時代的にも様々な考察・評論・分析（「評論」）がなされ，同人誌，『アニ
メージュ』(1978) 創刊以降のアニメ雑誌，1990年代以降の WEB と，その中心
的な場を移しながら，段階的に飛躍的な活性化を遂げてきた状況にある。一
方，アニメに関する「研究」は，近年急速な活性化が見られるものの，相対的
には未だ「ブルーオーシャン」的状況にあるといえる。実は，先行して膨大に
蓄積されている「評論」の存在が，「研究」の資源であるだけでなく，一種の
壁になっているという側面もある。今後，アニメを研究する者が相互にその見
解をぶつけ合うことで議論の深化を図っていくと同時に，従来の「評論」によ
る優れた知見と「学問」の接合もより積極的に図っていくべきであろう。本書
が，そうした流れの1つの契機となることを願う。

「はしがき」で書かれた本書の企画の経緯にエピソードを付け加えるならば、2016年の九州大学における第89回日本社会学会における筆者の研究報告（「戦後日本アニメにおける戦争観―機動戦士ガンダムシリーズを中心に―」）の会場に、本書編者の1人、池田太臣がいたことを挙げることができる。初のアニメに関する研究報告に戦々恐々で臨んだことは、今でも鮮明に覚えている。会場の聴衆には、「へっ、おびえていやがるぜ、この発表者」と思われたかもしれない。発表終了後、池田が筆者に「日本社会学会でガンダムの発表があるっていうので聞きに来ました」と声をかけてくれた。本書と筆者のかかわりはここからである。

初期の編集会議において、編者間で「巨大ロボットアニメ」が「過去のコンテンツ」であるか否かについて、それぞれの観点から激論が戦わされたことも懐かしく思い出される。昨年から今年にかけて、『新幹線変形ロボ　シンカリオン』『ダーリン・イン・ザ・フランキス』『機動戦士ガンダム NT』『グランベルム』などの巨大ロボットアニメの放送・公開が続くなど、近年巨大ロボットアニメの「活性化」の状況がみられ、それは「ブーム」とはいえないとしても（この点に関しては第2章参照）、巨大ロボットアニメが日本の文化として、たしかに根づいていることを示すものといえるだろう。

最後に巨大ロボットアニメと、巨大ロボットアニメ研究のさらなる発展を期待して、本書を閉じることにしたい。

2019年8月

編者を代表して　小島伸之

参考文献

Buruma, Ian and Avishai Margalit, 2004, *Occidentalism: A Short History of Anti-Westernism*, Atlantic Books.（堀田江理訳，2006，『反西洋思想』新潮社.）

Haldeman, Joe, 2011, "Interim Report An Autobiographical Ramble," （Retrieved May 31, 2019, https://web.archive.org/web/20110514001111/http://home.earthlink.net/~haldeman/biolong.html).

Hu, Tze-Yue G., 2010, *Frames of Anime: Culture and Image-Building*, Hong Kong University Press.

Humanoid Robotics Institute, Waseda University, 2019, WABOT -WAseda roBOT-, （Retrieved May 31, 2019, http://www.humanoid.waseda.ac.jp/booklet/kato_2-j.html).

Ito, Joy, 2007, "Why Westerners Fear Robots and the Japanese Do Not," （Retrieved May 31, 2019, https://www.wired.com/story/ideas-joi-ito-robot-overlords/).

Murakami, Saburo, 1998, *Anime in TV: Storia dei cartoni animatigiapponesi prodotti per la televisione*, Yamato Video.

Nietzsche, Friedrich, [1884]1990, *Also sprach Zarathustra*, Philipp Reclam Jun.

Pelitteri, Marco, 2010, *The Dragon and the Dazzle: Models, Strategies, and Identities of Japanese Imagination: a European Perspective*, Tunue.

Selver, Paul（trans.），1923, *R.U.R: a fantastic melodrama*, Doubleday.

Winnicki, Tom, 2018, "When Gundam Came to Hollywood," Anime News Network, Feb 9th 2018（Retrieved June 28, 2019, https://www.animenewsnetwork.com/feature/2018-02-09/when-gundam-came-to-hollywood/.127606).

B-CLUB 編集部，1997，『スーパーロボット大鑑』メディアワークス.

NHK，2018，「歴史秘話 ガンダムヒストリア」NHKBS プレミアム，NHK 総合.

STUDIO HARD MX 編，1997，『スーパーロボット画報——巨大ロボットアニメ三十五年の歩み』竹書房.

STUDIO HARD MX，2000，『サンライズ・ロボットコンプリートファイル〈1〉リアルロボット編』竹書房.

STUDIO HARD MX，2000，『サンライズ・ロボットコンプリートファイル〈2〉スーパーロボット編』竹書房.

STUDIO HARD TEAM3，1996，『ケイブンシャの大百科別冊 全スーパーロボット大戦2大百科』勁文社.

アーリ，ジョン／加太宏邦訳，1990＝1995，『観光のまなざし——現代社会におけるレジャーと旅行』法政大学出版局.

合場敬子, 2013, 『女子プロレスラーの身体とジェンダー——規範的「女らしさ」を超えて』明石書店.

あさのまさひこ, 2018, 『MSV ジェネレーション』太田出版.

あさのまさひこ, 2002, 『海洋堂クロニクル——「世界最狂造形集団」の過剰で過激な戦闘哲学』太田出版.

朝日ソノラマ編集部, 1981, 『TV アニメ史——ロボットアニメ編』朝日ソノラマ.

東浩紀, 2001, 『動物化するポストモダン——オタクから見た日本社会』講談社.

東浩紀, 2007, 『ゲーム的リアリズムの誕生——動物化するポストモダン2』講談社.

足立加勇, 2019, 『日本のマンガ・アニメにおける「戦い」の表象』現代書館.

アニメージュ編集部編, 1988, 『TV アニメ25年史』株式会社徳間書店.

阿部美哉, 1996, 「『カルト』と『原理主義』の台頭のコンテキスト——世俗化と逆世俗化の脱近代化モデルの提唱」『神道宗教』(163): 1-18.

五十嵐浩司 (TARKUS), 1998, 『ロマンアルバム ハイパームック2 超合金魂——ポピー・バンダイ キャラクター玩具25年史』徳間書店.

五十嵐浩司, 2017, 『ロボットアニメビジネス進化論』光文社.

池内信子ほか編, 2008, 『もえるるぶ COOL JAPAN オタク ニッポン ガイド』JTBパブリッシング.

池田宏, 2011, 「アニメーションの概念とその特性」『アニメーション研究』12-1A: 3-10.

石井研士, 2008, 『テレビと宗教——オウム以後を問い直す』中央公論新社.

石井研士, 2018a, 「魔法と変身——『魔法少女』形成期における『魔法』」『國學院大學紀要』56: 29-55.

石井研士, 2018b, 「『魔法』という矛盾——『魔法少女』形成期における『魔法』の位置づけについて」『國學院雑誌』119(6): 1-17.

一般社団法人日本動画協会, 2019, 「会員会社案内」(2019年8月16日取得, https://aja.gr.jp/kaiin).

伊藤公雄, 2004, 「戦後男の子文化のなかの『戦争』」中久郎編『戦後日本のなかの「戦争」』世界思想社.

井上晴樹, 2007, 『日本ロボット戦争記1939-1945』NTT 出版.

井上順孝責任編・宗教情報リサーチセンター編, 2015, 『〈オウム真理教〉を検証する——そのウチとソトの境界線』春秋社.

イラーセク, アロイス/浦井康男訳・註解, 1894=2011, 『チェコの伝説と歴史』北海道大学出版会.

岩間暁子・大和礼子・田間泰子, 2015, 『問いからはじめる家族社会学——多様化する家族の包摂に向けて』有斐閣.

ウェーバー, マックス/脇圭平訳, 1919=1980, 『職業としての政治』岩波書店.

ウェーバー, マックス/大塚久雄訳, 1920=1989, 『プロテスタンティズムの倫理と資

本主義の精神』岩波書店.

ウェーバー，マックス／阿閉吉男・脇圭平訳，1922=1987，『官僚制』恒星社厚生閣.

宇野常寛，2011，『ゼロ年代の想像力』早川書房.（＝2008，早川書房.）

宇野常寛，2015，『リトル・ピープルの時代』幻冬舎.（＝2011，幻冬舎.）

宇野常寛，2017，『母性のディストピア』集英社.

宇野常寛，2018，『若い読者のためのサブカルチャー論講義録』朝日新聞出版社.

エンタテインメント書籍編集部編，2008，『スーパーロボット大戦Z パーフェクトガイド』SoftBank Creative.

おーちようこ，2017，『2.5次元舞台へようこそ──ミュージカル「テニスの王子様」から「刀剣乱舞」へ』講談社.

大河原邦男，2018，『大河原邦男画集──機動戦士ガンダム MSV スタンダード』KADOKAWA.

大塚英志，2001，『定本 物語消費論』角川書店.（＝1989，新曜社.）

大塚英志，2012，『物語消費論改』アスキー・メディアワークス.

大貫隆・高橋義人・島薗進・村上陽一郎編，2001a，『グノーシス──影の精神史』岩波書店.

大貫隆・高橋義人・島薗進・村上陽一郎編，2001b，『グノーシス──異端と近代』岩波書店.

大野道邦・油井清光・竹中克久編，2005，『身体の社会学──フロンティアと応用』世界思想社.

大野晋，1997，『神（一語の辞典）』三省堂.

大森真紀，2018，「女性労働問題と政治（2）労働時間規制のゆくえ」『女性展望』(694)：2-4.

岡本健，2016a，「『マンガ』と『観光』の重層的関係」『マンガ研究13講』水声社，328-358.

岡本健，2016b，「あいどるたちのいるところ──アイドルと空間・場所・移動」『ユリイカ』9月臨時増刊号，243-250.

岡本健，2017，『ゾンビ学』人文書院.

岡本健，2018a，「ポケモン GO の観光コミュニケーション論──コンテンツ・ツーリズムの視点からの観光観の刷新」神田孝治・遠藤英樹・松本健太郎編『ポケモン GO からの問い──拡張される世界のリアリティ』新曜社，42-54.

岡本健，2018b，「多様な『空間』をめぐる多彩な『移動』──ポスト情報観光論への旅」岡本健・松井広志編『ポスト情報メディア論』ナカニシヤ出版，209-228.

岡本健，2018c，『巡礼ビジネス──ポップカルチャーが観光資産になる時代』KADOKAWA.

岡本健，2019a，「ゲームと観光──現実に意味を付与する仕掛け」岡本健『コンテンツツーリズム研究［増補改訂版］──アニメ・マンガ・ゲームと観光・文化・社会』

福村出版，178-181．

岡本健，2019b，「ゲームと観光のかかわり」松井広志・井口貴紀・大石真澄・秦美香子編『多元化するゲーム文化と社会』ニューゲームズオーダー，336-338．

荻野昌弘，2016，「戦争と社会学理論―ホモ・ベリクス（Homo bellicus）の発見」好井裕明・関礼子編著，2016『戦争社会学――理論・大衆社会・表象文化』明石書店．

小野塚謙太，2009，『超合金の男――村上克司伝』アスキー・メディアワークス．

オフィス J.B・旭和則編，2012a，『戦え！全日本アニメロボ大全集――70～80年代編』双葉社．

オフィス J.B・旭和則編，2012b，『戦え！全日本アニメロボ大全集――90年代編』双葉社．

オフィス J.B・旭和則編，2013，『戦え！全日本アニメロボ大全集――2000年代編』双葉社．

オフィス JB・旭和則編，2017，『1983年のロボットアニメ』双葉社．

柿崎俊道，2005，『聖地巡礼――アニメ・マンガ12ヶ所めぐり』キルタイムコミュニケーション．

カトキハジメ，2003，『カトキハジメ デザイン アンド プロダクツ アプルーブド ガンダム』角川書店．

カイヨワ，ロジェ／秋枝茂夫訳，1963=2019，『戦争論―われわれの内にひそむ女神ベローナ』法政大学出版局．

門倉紫麻，2018，『2.5次元のトップランナーたち――松田誠，茅野イサム，和田俊輔，佐藤流司』集英社．

株式会社 HEADGEAR，2018，『機動警察パトレイバー30周年展 MEMORIAL BOOKLET』ジェンコ．

神原泰，1929，「未来派宣言書」百田宗治編『現代詩講座〔第3巻〕世界新興詩派研究』金星堂，30-39．

キテイ，エヴァ・フェダー／岡野八代・牟田和恵監，1999=2010，『愛の労働――あるいは依存とケアの正義論』白澤社．

ギデンズ，アンソニー／松尾精文・小幡正敏訳，1985=1999，『国民国家と暴力』而立書房．

キムジュニアン，2019，「スーパーロボット――人が乗る人型の巨大機械」須川亜紀子・米村みゆき編『アニメーション文化55のキーワード』ミネルヴァ書房，64 67．

久保田徳仁・神谷万丈・武田康裕，2018，「現代紛争の管理と『平和のための介入』」防衛大学校安全保障学研究会編『新訂第5版安全保障学入門』亜紀書房．

クラウゼヴィッツ，カール・フォン／清水多吉訳，1957=2001，『戦争論（上）』中央公論新社．

クリーマ，イヴァン／田才益夫訳，2001=2003，『カレル・チャペック』青土社．

小島伸之，2017，「スポーツアニメと社会の変化」（第90回日本社会学会大会報告資料）．

菰田将司, 2019, 「何を言うか, 独裁を目論む男が何を言うか！」(2019年8月18日取得, https://note.mu/masashi3122/n/nba2fcce09499).

小森健太朗, 2013, 『神, さもなくば残念。——2000年代以降アニメ思想批評』作品社.

齊藤元章, 2014, 『エクサスケールの衝撃』PHP研究所.

笹山敬輔, 2018, 「伝説のベストセラー作家・五島勉の告白『私がノストラダムスを書いた理由』」(2019年5月16日取得, https://bunshun.jp/articles/-/5624).

佐藤彰宣, 2015, 「『戦闘機』への執着——ミリタリー・ファンの成立と戦記雑誌の変容」福間良明・山口誠編『『知覧』の誕生——特攻の記憶はいかに創られてきたのか』柏書房.

佐藤文香, 2004, 『軍事組織とジェンダー——自衛隊の女性たち』慶應義塾大学出版会.

サピロ, ジゼル／鈴木智之・松下優一訳, 2014=2017, 『文学社会学とはなにか』世界思想社.

サンライズ, 2019, 「会社沿革」『サンライズ』(2019年6月16日取得, http://www.sunrise-inc.co.jp/corporate/history.php).

篠田亜美, 2015, 「アニメーションの巨大キャラクター表現にみる身体性についての一考察——ガンダム, エヴァンゲリオン, 進撃の巨人の比較を通して」『京都大学大学院教育学研究科紀要』(61)：121-133.

松竹株式会社事業部, 2015, 『THE NEXT GENERATION——パトレイバー オフィシャル・マニュアル』松竹株式会社事業部.

菅浩二, 2017, 「ナショナリズムの世俗性をめぐる断想」國學院大學研究開発推進センター編・古沢広祐責任編集『共存学4——多文化世界の可能性』弘文堂, 207-228.

杉山卓, 1981, 『青春アニメ・グラフィティ——テレビ編』集英社.

鈴木博毅, 2011, 『ガンダムが教えてくれたこと——一年戦争に学ぶ"勝ち残る組織"のつくり方』日本実業出版社.

スタインバーグ, マーク／大塚英志監修, 中川譲訳, 2012=2015, 『なぜ日本は〈メディアミックスする国なのか〉』KADOKAWA.

数土直志, 2018, 「2. 各分野解説 2-1-(2). TVアニメ-テレビアニメ制作前年並みも, 深夜アニメのシェアが急拡大」一般社団法人日本動画協会『アニメ産業レポート2018』一般社団法人日本動画協会, 29-33.

総務省, 2015, 「平成27年度版 情報通信白書」(2019年2月27日取得, http://www.soumu.go.jp/johotsusintokei/whitepaper/ja/h27/pdf/index.html).

ターナー, ブライアン・S.／小口信吉・藤田弘人・泉田渡・小口孝司訳, 1984=1999, 『身体と文化——身体社会学試論』文化書房博文社.

高橋徹, 2011, 「戦後世界の紛争原因と社会理論——ハンブルク・アプローチの理論的視座」『社会情報』20(2)：1-14.

高橋巳代子ほか編, 1996, 『電脳戦機バーチャロン——電脳攻略マニュアル』新声社.

ダグラス, メアリー／江河徹・塚本利明・木下卓訳, 1970=1983, 『象徴としての身体

──コスモロジーの探究』紀伊國屋書店.

田嶋信雄, 2013,『ナチス・ドイツと中国国民政府──一九三三～一九三七』東京大学
　　　出版会.

田中圭一, 2019,『若ゲのいたり──ゲームクリエイターの青春』KADOKAWA.

ダニガン, ジェームズ・F／鈴木正一訳, 1980=1982,『ウォーゲームハンドブック』
　　　ホビージャパン.

チャペック, カレル／千野栄一訳, 1920=[1966]1989,『ロボット (R.U.R.)』岩波書店.

津堅信之, 2004,『日本アニメーションの力』NTT 出版.

津堅信之, 2014,『日本のアニメは何がすごいのか──世界が惹かれた理由』祥伝社.

津堅信之, 2017,『新版 アニメーション学入門』平凡社.

津城寛文, 2005『〈霊〉の探究──近代スピリチュアリズムと宗教学』春秋社.

手塚治虫, 2005,『手塚治虫エッセイ集 3』Kindle 版, Amazon Services International,
　　　Inc.

デュルケーム, エミール／宮島喬訳, 1897=1985,『自殺論』中央公論社.

電撃攻略王編集部編, 1999,『電撃攻略王 スーパーロボット大戦 F プレイステーショ
　　　ン版 完全攻略ガイド』勁文社.

土井佑紀編, 2019,『アニメ聖地88 Walker 2019』KADOKAWA.

ドーア, ロナルド・P／山之内靖・永易浩一訳, 1973=1987,『イギリスの工場・日本
　　　の工場──労使関係の比較社会学』筑摩書房.

富澤達三, 2009,「巨大ロボットアニメの歴史──『機動戦士ガンダム』登場前夜まで」
　　　『コンテンツ文化史研究』(2)：49-61.

富野由悠季監, 1999,『富野由悠季全仕事──1964-1999』キネマ旬報.

富野由悠季, 2011,『「ガンダム」の家族論』ワニブックス.

永井豪, 2002,『魔神全書──マジンガー・バイブル』双葉社.

永井豪, 2018,「マジンガー世界公開──凱旋インタビュー」『完全保存版 マジンガー Z
　　　大解剖』三栄書房, 16-19.

中窪裕也, 2015,「男女雇用機会均等法30年の歩み」『連合総研レポート DIO』(303)：
　　　4-7.

永田大輔, 2017,「アニメ雑誌における『第三のメディア』としての OVA」『ソシオロ
　　　ジ』61(3), 41-58.

中野麻美, 2015,「雇用における男女差別と法政策の課題」『連合総研レポート DIO』
　　　(303)：8-11.

中野栄二, 1986,『図説・日本の産業⑥ ロボット──ロボットと産業』あいうえお館.

中村純子, 2019,「『新世紀エヴァンゲリオン』──伝統的観光地のコンテンツツーリズ
　　　ム」岡本健編『コンテンツツーリズム研究 [増補改訂版]──アニメ・マンガ・
　　　ゲームと観光・文化・社会』福村出版, 126-127.

中村浩・青木豊編, 2016,『観光資源としての博物館』芙蓉書房出版

名越康文, 2013,「女神・野明が地球を救う⁉」別冊宝島編集部編『機動警察パトレイバー——25周年メモリアル BOOK』宝島社, 82-83.

成田亨, 1996,『特撮と怪獣——わが造形美術』滝沢一穂編, フィルムアート社.

荷宮和子, 2004,『なぜフェミニズムは没落したのか』中央公論新社.

日本記号学会編, 2013,『ゲーム化する世界——コンピュータゲームの記号論』新曜社.

日本経済再生本部, 2015,『ロボット新戦略——ビジョン・戦略・アクションプラン』, (2019年2月27日取得, https://www.kantei.go.jp/jp/singi/keizaisaisei/pdf/robot_honbun_150210.pdf).

日本プラモデル工業協同組合, 2008,『日本プラモデル50年史　1958-2008』文藝春秋.

ニューアート・クリエーション編, 1980,『機動戦士ガンダム記録全集 第5巻』日本サンライズ.

野上暁, 2015,『子ども文化の現代史』大月書店.

バーナード, チェスター・I／山本安次郎・田杉競・飯野春樹訳, 1938=1968,『新訳経営者の役割』ダイヤモンド社.

パーラ, ピーター・P／井川宏訳, 1990=1993,『無血戦争』ホビージャパン.

バウマン, ジークムント／森田典正訳, 2000=2001,『リキッド・モダニティ——液状化する社会』大月書店.

馬場伸彦, 2010,「ロボットイメージと戦後」坪井秀人・藤木秀朗編著『イメージとしての戦後』青弓社, 105-131.

ハフポスト日本版編集部, 2018,「『機動戦士ガンダム』初の実写映画化, サンライズとレジェンダリーが共同制作」『HUFFPOST』(2019年6月24日取得, https://www.huffingtonpost.jp/2018/07/05/gundam_a_23475807/).

浜村弘一, 2005,『浜村通信ゲーム業界を読み解く』エンターブレイン.

バローズ, エドガー・ライス／小笠原豊樹訳, 1917=1967,『火星のプリンセス』角川書店.

氷川竜介, 2013a,「報告書公開にあたって」氷川竜介・井上幸一・佐脇大祐,『日本アニメーションガイド——ロボットアニメ編』森ビル株式会社 (2019年3月7日取得, https://mediag.bunka.go.jp/mediag_wp/wp-content/uploads/2014/03/robot_animation_report_r.pdf).

氷川竜介, 2013b,「序章 はじめに」, 氷川竜介・井上幸一・佐脇大祐『日本アニメーションガイド——ロボットアニメ編』森ビル株式会社, 1-3 (2019年3月7日取得, https://mediag.bunka.go.jp/mediag_wp/wp-content/uploads/2014/03/robot_animation_report_r.pdf).

氷川竜介, 2013c,「第2章 ロボットアニメの文化史」, 氷川竜介・井上幸一・佐脇大祐『日本アニメーションガイド——ロボットアニメ編』森ビル株式会社, 4-34 (2019年3月7日取得, https://mediag.bunka.go.jp/mediag_wp/wp-content/uploads/2014/03/robot_animation_report_r.pdf).

氷川竜介, 2014, 「2. 各分野解説 2-3.(2) 映像流通 ビデオパッケージ」一般社団法人日本動画協会データベースワーキンググループ, 2014, 『アニメ産業レポート2014』一般社団法人日本動画協会データベースワーキンググループ, 34-38.

氷川竜介, 2015, 「2. 各分野解説 2-1.-(2) TVアニメ-企画と製作の最前線-」一般社団法人日本動画協会データベースワーキンググループ, 2015, 『アニメ産業レポート2015』, 一般社団法人日本動画協会データベースワーキンググループ, 23-27.

氷川竜介・井上幸一, 2013, 「ロボットアニメの発展——玩具メーカーの連動」『平成24年度メディア芸術情報拠点・コンソーシアム事業——日本アニメーションガイドロボットアニメ編』森ビル株式会社.

兵庫県立美術館, 2013, 『超・大河原邦男展——レジェンド・オブ・メカデザイン 図録』産経新聞社.

廣田恵介, 2000, 「巨大ロボットアニメ——その歴史とは」『動画王』 9：20-35.

廣田健人・岡本健, 2019, 「『輪廻のラグランジェ』——メディアが作り出す「評価」との対峙」岡本健編『コンテンツツーリズム研究[増補改訂版]——アニメ・マンガ・ゲームと観光・文化・社会』福村出版, 148-153.

ファミ通責任編集, 2013, 『ガンダムブレイカー——パーフェクトガイド』エンターブレイン.

ブーアスティン, ダニエル／星野郁美・後藤和彦訳, 1961=1964, 『幻影の時代——マスコミが製造する事実』東京創元社.

フーコー, ミッシェル／神谷美恵子訳, 1963=1969, 『臨床医学の誕生』みすず書房.

フーコー, ミッシェル／田村俶訳, 1975=1977, 『監獄の誕生——監視と処罰』新潮社.

藤田久一, 1995, 『戦争犯罪とは何か』岩波書店.

文化庁, 2019, 「メディア芸術データベース」(2019年6月16日最終アクセス, https://mediaarts-db.bunka.go.jp/).

ブルジェール, ファビエンヌ／原山哲・山下りえ子訳, 2011=2014, 『ケアの倫理——ネオリベラリズムへの反論』白水社.

別冊宝島編集部編, 2013, 『機動警察パトレイバー——25周年メモリアルBOOK』宝島社.

ベンヤミン, ヴァルター／久保哲司訳, 1928=1996, 「昔のおもちゃ」浅井健二郎編訳『ベンヤミン・コレクション2』筑摩書房.

ホッブズ, トマス／水田洋訳, 1651=1992a／1992b, 『リヴァイアサン』(1)(2)岩波書店.

堀あきこ・関めぐみ・荒木菜穂, 2017, 「男女雇用機会均等法が取りこぼした『平等』を問い直す：大阪の女性労働運動に着目して」大阪府立大学女性学研究センター『女性学研究』(24)：116-138.

マートン, ロバート・K／森東吾他訳, 1957=1961, 『社会理論と社会構造』みすず書房.

前島梓, 2009a,「鉄腕アトムの歴史をつむぐ現代の技術者たち」『ITmedia エンタープライズ』(2019年3月31日取得, https://www.itmedia.co.jp/enterprise/articles/0905/31/news002.html).

前島梓, 2009b,「ASIMO まで駆け抜けたホンダのロボット開発」(2019年3月31取得, https://www.itmedia.co.jp/enterprise/articles/0906/14/news002.html).

前島賢, 2010,『セカイ系とは何か——ポスト・エヴァのオタク史』ソフトバンククリエイティブ.

牧窪真一ほか編, 2013,『アニ鉄!——アニメと鉄道のステキな関係』ネコ・パブリッシング.

マクルーハン, マーシャル/井坂学訳, 1951=[1968]1991,『機械の花嫁——産業社会のフォークロア』竹内書店新社.

マクルーハン, マーシャル/栗原裕・河本仲聖訳, 1964=1987,『メディア論——人間の拡張の諸相』みすず書房.

増田のぞみ, 東園子, 猪俣紀子, 谷本奈穂, 山中千恵, 2014,「日本におけるテレビアニメ放映データの分析——リストの作成とその概要」『甲南女子大学研究紀要 文学・文化編』(50):33-40.

増田弘道, 2016,「1.2015年アニメ産業総括 1-1.市場動向外観——過去最高を更新するも」一般社団法人日本動画協会, 2016,『アニメ産業レポート 2016』一般社団法人日本動画協会, 6-14.

増田弘道, 2017,「1.2016アニメ産業総括 1-1.市場動向概観——4年連続最高値を更新した第4次アニメブーム」一般社団法人日本動画協会『アニメ産業レポート 2017』一般社団法人日本動画協会, 6-21.

増田弘道, 2018a,『アニメビジネス完全ガイド——製作委員会は悪なのか?』星海社.

増田弘道, 2018b,「1.2017アニメ産業総括 1-1.市場動向概観——5年連続最高値更新が意味する産業的転換点」一般社団法人日本動画協会『アニメ産業レポート 2018』一般社団法人日本動画協会, 6-21.

松井広志, 2017,『模型のメディア論——時空間を媒介する「モノ」』青弓社.

松本光生(SUNPLANT)編, 2013,『スーパーロボット画報2——巨大ロボットアニメ新たなる十五年の歩み』竹書房.

松本悟・仲吉昭治, 2007,『俺たちのガンダム・ビジネス』日本経済新聞社.

マトロニック, アナ/片山美佳子訳, 2015=2017,『ロボットの歴史を作ったロボット100』日経ナショナルジオグラフィック社.

水島弘子, 2014,『女子の人間関係』サンクチュアリ出版.

見田宗介, 1996,『社会学入門』岩波書店.

宮本孝二・森下伸也・君塚大学編, 1994,『組織とネットワークの社会学』新曜社.

メディアワークス, 1998,『スーパーロボット大鑑〈Ver.98〉』メディアワークス.

メディア・アート国際化推進委員会編, 2015,『ニッポンの漫画＊アニメ＊ゲーム from

1989』図書刊行会.

モース，マルセル／有地亨ほか訳，1968＝1976,『社会学と人類学 2』弘文堂.

モデルグラフィックス，1989,『ガンダムウォーズⅢ──ガンダムセンチネル』大日本絵画.

本居宣長，[1790]1968,「古事記伝 巻三」『本居宣長全集 第九巻』筑摩書房.

森鴎外，[1909]1974,「椋鳥通信」『鴎外全集 第二十七巻』岩波書店.

安田均，1986,『ＳＦファンタジィゲームの世界』青心社.

安彦良和・姫野直行，2015,「『戦争はかっこいい』と誤解招いたガンダム 安彦良和氏」（2019年 8 月18日取得，https://www.asahi.com/articles/ASHD512C2HD4UBNB013.html）.

柳田國男，[1941]1998,「こども風土記」『柳田國男全集 12』筑摩書房.

山口康男編著，2009,『日本のアニメ全史──世界を制した日本アニメの奇跡（第二版）』TEN-BOOKS.

山﨑鎮親，2014,「巨大ロボットアニメという移行物語──母はロボットを与えない」『相模国文』（41）：56-71.

山田真茂留，2017,『集団と組織の社会学──集合的アイデンティティのダイナミクス』世界思想社.

山猫有限会社編，2000,『プレイステーション必勝法スペシャル──スーパーロボット大戦 a を一生楽しむ本』勁文社.

山猫有限会社編，2001,『スーパーロボット大戦エンサイクロペディア──ＤＣ戦争編』勁文社.

ユール，イェスパー／松永伸司訳，2005＝2016,『ハーフリアル──虚実のあいだのビデオゲーム』ニューゲームズオーダー.

餘家英昭・渡邊郷「トランスフォーマー──日米コラボで変形した"COOL JAPAN"」『フィナンシャルジャパン』2011年 9 月号：78-89.

吉田和哉・阪口健・梶田秀司・横小路泰義・國吉康夫・横田和隆，1994,「SF のロボットを科学する」『日本ロボット学会誌』12(3)：368-88.

吉田如子，2015,「なぜ我々には女性警察官が必要なのか」『社会安全・警察学』(2)：1 -13.

索 引（太字は作品の内容やその分析についての言及があるもの）

【あ 行】

『アイアン・ジャイアント』……………**33**

アイデンティティ…………**71,73,75,77**

『アクエリオンロゴス』……………176

アシモフ，アイザック……………106

東浩紀…………………138-140

アニミズム……………………107

アバター…………170,172,173,187

『アバター』（映画）……………32

五十嵐浩司……………………21,22

イングラム………**68-75,77,78,178-180**

インフォーマル・グループ（非公式集団）
………………………88-90,92-94

ウェーバー，マックス………48,55,85,94,114

ウェストファリア条約……………114

『宇宙の戦士』……………………185

宇野常寛………10,11,50,140,146,149,156

『ウルトラマン』………………**98**,155

AKUF（Arbeitsgemeinschaft Kriegsursachen-
forshung）………114-117,119,127

『エイリアン2』……………………32

SD………134,138,142,145,146,150,166,167,169

エヴァンゲリオン初号機……………182

『エヴァンゲリオン新劇場版：Q』…………181

大河原邦男……………………174

大塚英志………………134,138,145

オートメーション……………………33

押井守………………………32,179

【か 行】

『科学忍者隊ガッチャマン』……………175

『仮面ライダー』……………………155

河森政治……………………174

瓦重郎……………………185

『ガンダムブレイカー』……………**186**

ガンプラ…………22,42,153,159-161,164-166,
174,175,181,187,188

官僚制………………………84-86,94

『機甲創世記モスピーダ』……………37,97

『機神大戦ギガンティック・フォーミュラ』
……………………………189

ギデンズ，アンソニー……………112

『機動警察パトレイバー』
…………**61-64,66-72,74-77**,179,180

『機動警察パトレイバー THE MOVIE』……174

『機動戦士Zガンダム』…………**89,91,125,126**

『機動戦士Zガンダム　エゥーゴ vs. ティター
ンズ』……………………186

『機動戦士ガンダム』………2,11,17,20-26,29,30,
31,35,36,43,**46**,60,72,**82**,84,**86-88**,91,93,113,
115-131,134,141,142,152,159,161-163,170,
174-176

『機動戦士ガンダム　エクストリームバーサス』
……………………………186

『機動戦士ガンダム　戦場の絆』……………186

『機動戦士ガンダム　連邦 vs. ジオン』………186

『機動戦士ガンダムOO』…………**47,126,128**

『機動戦士ガンダムOO ―破壊による再生
― Re: Build』……………188

『機動戦士ガンダムUC』…………127,176,181

『機動武闘伝Gガンダム』…………**46,47,55,124**

機能性重視のデザイン……………32,33

逆機能……………………………86

キャラクターモデル…………160,163,164

虚構空間………171-175,177,178,180,186-189

虚構の時代……………………167

規律＝訓練（discipline）………………55

クラウゼヴィッツ，カール・フォン………113

クラタス……………………180

『グレートマジンガー』………21,44,**53**,97,130

クローバー・・・・・・・・・・157, 159, 161, 162, 166, 168
グローバル化（グローバリズム）・・・・・・・128, 129
クロスオーバー・・・・137, 138, 140-143, 145, 146, 149
ケアの倫理・・・・・・・・・・・・・・・74-76
『劇場版 マジンガーZ INFINITY』・・・11, 95, 189
『ゲッターロボ』・・・・・・・・21, 57, 123, 142, 148, 156
『ゲッターロボG』・・・・・・・・・・・・・・・21
現実空間・・・・・171-173, 177, 178, 180, 181, 186-189
『攻殻機動隊』・・・・・・・・・・・・・・・・・・32
『ゴースト・イン・ザ・シェル』・・・・・・・・・32
ゴーレム・・・・・・・・・・・・・・105, 106, 109
『Gobots』・・・・・・・・・・・・・・・・・・37-39
コンテンツツーリズム・・・・・・・・・・・・・171

【さ　行】

佐藤文香・・・・・・・・・・・・・・・・・・・65, 66
『THE NEXT GENERATION パトレイバー
　　　首都決戦』・・・・・・・・・・・・・・・・179
『THE NEXT GENERATION パトレイバー』
　　　　　　　　　　　　　　　　・・・・・・77, 178
『三国志』・・・・・・・・・・・・・・・・・・・177
ジェンダー・・・・・・・・・・・67, 72, 73, 110
社会化・・・・・・・・・・・・・・・・・・・・・84
呪具・・・・・・・・・・・・・・・・・・・98, 103
主権国家（体制）・・・・・・・・113, 114, 129
呪術・・・・・・・・・・・・・・・・・98-100, 104
『SHOUGUN WARRIORS』・・・・・・・・・・・37
情報空間・・・・・・・・・・171-173, 180, 188, 189
『ショート・サーキット』・・・・・・・・・・33, 34
女子差別撤廃条約・・・・・・・・・・・・・・・63
女性差別撤廃条約・・・・・・・・・・・・・・・76
『新幹線変形ロボ　シンカリオン』・・・・・・・181
『新幹線変形ロボ　シンカリオン
　　　THE ANIMATION』・・・・・・・・・・182
『新幹線変形ロボ　シンカリオン
　　　未来からきた神速のALFA-X』・・・・・・182
『新世紀エヴァンゲリオン』・・・3, 18, 23-27, 56-58,
　　73, 79, 81, 84, 86, 87, 89, 90, 93-97, 104, 105, 168,
　　176, 182, 189
『スーパーロボット大戦』・・・・・135-137, 140-150,

184, 187
スタインバーグ，マーク・・・・・・・154, 155, 159
『ストリートファイターⅡ』・・・・・・・・・・185
『星銃士ビスマルク』・・・・・・・・・・・・・・36
『聖戦士ダンバイン』・・・・・・・・・・・22, 174
正戦論・・・・・・・・・・・・・・・・・114, 129
『戦国魔神ゴーショーグン』・・・・・・・・36, 97
戦争違法化・・・・・・・・・・・・114, 128, 129
『戦闘メカ　ザブングル』・・・・・・・・・・・13
『戦闘妖精雪風』・・・・・・・・・・・・・・・189
『蒼穹のファフナー』・・・・・・・・・・・24, 176
『創聖のアクエリオン』・・・・・・・・・・57, 174
創造（主）・・・・・・・・・・・・・102, 105-110
組織の時代・・・・・・・・・・・・・・・・・・82

【た　行】

ターナー，ブライアン・S・・・・・・・・・・・48
『ターミネーター』・・・・・・・・・・・・・・・31
『大空魔竜ガイキング』・・・・・・・・・・・37, 97
（第二波）フェミニズム・・・・・・・・・・・50, 75
『タイムボカンシリーズ　ヤッターマン』・・・・175
『太陽の使者　鉄人28号』・・・・・・・・・・・36
田口清隆・・・・・・・・・・・・・・・・・・・179
ダグラス，メアリー・・・・・・・・・・・・・・49
男女雇用機会均等法（均等法）
　　　　　　　　　　　・・・61-64, 66, 73, 76
地位と役割・・・・・・・・・・・・・・・・・・83
チャペック，カレル・・・2-7, 10, 12, 46, 106, 111
超越・・・・・・・・・・・・・・97-100, 103, 104, 108
超合金・・・・・・・・・・42, 153, 155-159, 162, 166
『超時空騎団サザンクロス』・・・・・・・・・・37
『超時空要塞マクロス』・・・・・・3, 22, 37, 38, 44, 96,
　　174
超人・・・・・・・・・・・98-101, 103, 104, 108
『超電磁マシーン　ボルテスV』・・・・・9, 43, 122
津堅信之・・・・・・・・・・16-18, 20, 22, 23, 26
辻本貴則・・・・・・・・・・・・・・・・・・・179
データベース消費・・・・・・・・・・・・139, 140
テクノフォビア・・・・・・・・・・・・・・31, 32
手塚治虫・・・・・・・・・・・・・・・・・・7, 12

索 引

『鉄人28号』……8, 10, 19, 20, 32, 123, 154-156, 177
『鉄腕アトム』………7, 10, 12, 16, 20, 27, 112, 123, 154-156
デュルケーム，エミール………48, 112
『伝説巨神イデオン』………22, 97, 102, 174
『電脳戦機バーチャロン』………184-186
『DOOM』………185
『闘将ダイモス』………37, 123
『特装騎兵ドルバック』………38
富野由悠季（富野喜幸）
　　　　………13, 21, 22, 120, 130, 162, 174, 189
『トランスフォーマー』………9, 34, 35, 37-39, 42

【な 行】
永井豪………10, 30, 41, 105, 106, 182, 183

【は 行】
『バーチャファイター』………185
バウマン，ジグムント………91
『ハコダテ観光　イカール星人襲来中！』………180
『パシフィック・リム』………28, 29, 35, 36
『パシフィック・リム――アップライジング』
　　　　………29, 170, 189
馬場伸彦………10, 11
バルキリー………38, 97
パワーローダー………32
バンダイ………150, 156, 157, 164, 177
氷川竜介………14, 21-23, 129, 130, 151
『百獣王ゴライオン』………43
廣田恵介………23
フーコー，ミシェル………54, 55
プラモデル………134, 160, 163, 181, 187
ベンヤミン，ヴァルター………153, 155, 159

【ま 行】
マーチャンダイジング
　　　　………20, 22, 36, 151, 152, 158, 163, 167
マートン，ロバート………86
前島賢………25
マクルーハン，マーシャル………50, 59, 60

『マクロスプラス』………175
『マジンガーZ』………2, 8-11, 15, 20, 21, 30, 32, 35, 36,
　　40-42, 44, 50, 52, 53, 57, 72, 81, 82, 94, 96, 97, 106,
　　115-117, 122, 123, 129, 130, 142, 148, 155, 156,
　　161, 170, 183, 184
『マシンロボ』………37
マスコミ玩具………154, 155
増田弘道………14, 26, 28
『マトリックス レボリューションズ』………32
まなざし………173, 177, 178, 180, 184
宮崎駿………17, 18
無差別戦争観………114, 129
メカゴジラ………170
メディアミックス………153-156, 158, 161, 163, 164,
　　166, 182
モース，マルセル………49
物語消費………138, 145

【や 行】
役割葛藤………90
柳田國男………153, 155, 158
山口康男………16, 20, 21
湯浅弘章………179
『UFOロボ グレンダイザー』
　　　　………9, 21, 37, 40, 41, 44, 182-184
ユール，イェスパー………135, 136, 144, 145
ユニコーンガンダム………3, 170, 171, 176
横山光輝………100, 177
吉田如子………64, 65

【ら 行】
『ラーゼフォン』………176
リキッド・モダニティ（液体的近代）………91
『輪廻のラグランジェ』………176
レイバー………61-64, 66, 68, 69, 71, 72, 74, 77, 78, 180
『レディ・プレイヤー1』………170
『ロボコップ』………33
『ロボット（R.U.R.）』………2, 4, 46, 106, 112
『ロボ・ジョックス』………36, 39
『ROBOTICS;NOTES』………176

『ロボテック』……………………………9   『Robotech』……………………………37.44

著者紹介（執筆順，＊は編著者。①所属，②主要論文・著書）

＊池田　太臣（いけだ　たいしん）　　　　　　　　第1章［共］・第2章
①甲南女子大学人間科学部教授
②『ホッブズから「支配の社会学」へ──ホッブズ，ウェーバー，パーソンズにおける秩
　序の理論』世界思想社，2009年
　『「女子」の時代！』（共編著）青弓社，2012年
　『ポスト〈カワイイ〉の文化社会学──女子たちの「新たな楽しみ」を探る』（共編著）
　ミネルヴァ書房，2017年

＊木村　至聖（きむら　しせい）　　　　　　第1章［共］・第4章・第6章
①甲南女子大学人間科学部准教授
②『産業遺産の記憶と表象──「軍艦島」をめぐるポリティクス』京都大学学術出版会，
　2014年（地域社会学会奨励賞）
　「消費社会論（J. ボードリヤール）」『映画は社会学する』法律文化社，2016年
　「〈廃墟〉を触発するメディア──〈廃墟〉が生成するネットワーク」『ポスト情報メ
　ディア論』ナカニシヤ出版，2018年

＊小島　伸之（こじま　のぶゆき）　　　　　　　　第1章［共］・第8章
①上越教育大学人文・社会教育学系教授
②「近代日本の政教関係と宗教の社会参加」『アジアの社会参加仏教──政教関係の視座か
　ら』北海道大学出版会，2015年
　『近現代日本の宗教変動──実証的宗教社会学の視座から』（共編著）ハーベスト社，
　2016年
　「「国家神道」と特別高等警察」『昭和前期の神道と社会』弘文堂，2016年

レナト・リベラ・ルスカ（Renato Rivera Rusca）　　　　　　第3章
①岡山県立大学共通教育部特任講師
②「宇宙エレベーターは文化的アイデンティティから人類を解放する」『宇宙エレベーター
　の本──実現したら未来はこうなる』アスペクト，2014年
　"The Changing Role of Manga and Anime Magazines in the Japanese Animation Indus-
　try," *Manga Vision: Cultural and Communicative Perspectives*, Monash University
　Publishing, 2016
　"Phoenix 2772:A 1980 Turning Point for Tezuka and Anime," *Mechademia 8: Tezuka's
　Manga Life*, University of Minnesota Press, 2013

荒木　菜穂（あらき　なほ）　　　　　　　　　　　　　　　　　第5章

①関西大学ほか非常勤講師

②「日本の草の根フェミニズムにおける『平場の組織論』と女性間の差異の調整」『架橋するフェミニズム歴史・性・暴力』松香堂書店，2018年

「女子の日常とロックのアンビバレントな関係」『ポスト〈カワイイ〉の文化社会学――女子たちの「新たな楽しみ」を探る』ミネルヴァ書房，2017年

「ぶつかりあい，調整しあう，女性学的実践――オンナが関係し合う場としての『女性学年報』」『女性学年報』（34），2012年

菅　浩二（すが　こうじ）　　　　　　　　　　　　　　　　　　第7章

①國學院大學神道文化学部教授

②『日本統治下の海外神社――朝鮮神宮・台湾神社と祭神』弘文堂，2004年

「国家による戦没者慰霊」という問題設定」『招魂と慰霊の系譜――「靖国」の思想を問う』錦正社，2013年

「冥王星と宇宙葬」『共存学3――復興・地域の創生リスク世界のゆくえ』弘文堂，2015年

塩谷　昌之（しおや　まさゆき）　　　　　　　　　　　　　　　第9章

①東京大学大学院人文社会系研究科博士後期課程

②「鉄道趣味の地平線――趣味を捉える枠組みについての一考察」『現代風俗学研究』（15），2014年

「工作記事は少年たちに何を語ってきたのか――戦前・戦中の『発明』に見る実用主義の精神」『趣味とジェンダー――〈手づくり〉と〈自作〉の近代』青弓社，2019年

松井　広志（まつい　ひろし）　　　　　　　　　　　　　　　第10章

①愛知淑徳大学創造表現学部講師

③『模型のメディア論――時空間を媒介する「モノ」』青弓社，2017年

『ポスト情報メディア論』（共編著）ナカニシヤ出版，2018年

『多元化するゲーム文化と社会』（共編著）ニューゲームズオーダー，2019年

岡本　健（おかもと　たけし）　　　　　　　　　　　　　　　第11章

①近畿大学総合社会学部准教授

②『ゾンビ学』人文書院，2017年

『アニメ聖地巡礼の観光社会学――コンテンツツーリズムのメディア・コミュニケーション分析』法律文化社，2018年

『巡礼ビジネス――ポップカルチャーが観光資産になる時代』KADOKAWA，2018年

Horitsu Bunka Sha

巨大ロボットの社会学
──戦後日本が生んだ想像力のゆくえ

2019年11月25日　初版第1刷発行

編著者	池田太臣・木村至聖 小島伸之
発行者	田靡純子
発行所	株式会社 法律文化社

〒603-8053
京都市北区上賀茂岩ヶ垣内町71
電話 075(791)7131　FAX 075(721)8400
http://www.hou-bun.com/

印刷：中村印刷㈱／製本：㈱藤沢製本
装幀：谷本天志

ISBN 978-4-589-04041-1

Ⓒ 2019 T. Ikeda, S. Kimura, N. Kojima Printed in Japan

乱丁など不良本がありましたら、ご連絡下さい。送料小社負担にてお取り替えいたします。
本書についてのご意見・ご感想は、小社ウェブサイト、トップページの「読者カード」にてお聞かせ下さい。

JCOPY 〈出版者著作権管理機構　委託出版物〉

本書の無断複写は著作権法上での例外を除き禁じられています。複写される場合は、そのつど事前に、出版者著作権管理機構（電話 03-5244-5088、FAX 03-5244-5089、e-mail: info@jcopy.or.jp）の許諾を得て下さい。

西村大志・松浦雄介編

映画は社会学する

A5判・272頁・2200円

映画を用いて読者の想像力を刺激し，活性化するなかで，社会学における古典ともいうべき20の基礎理論を修得するための入門書。映画という創造力に富んだ思考実験から，人間や社会のリアルを社会学的につかみとる。

岡本 健著

アニメ聖地巡礼の観光社会学

―コンテンツツーリズムのメディア・コミュニケーション分析―

A5判・278頁・2800円

国内外で注目を集めるアニメ聖地巡礼の起源・実態・機能を分析。聖地巡礼研究の第一人者で『ゾンビ学』の著者が，アニメ作品，文献・新聞・雑誌記事，質問紙調査，インタビュー調査，SNSやウェブサイトのアクセス等の分析を組合せ，関連資料も加えて示す。

田中研之輔・山﨑正枝著

走らないトヨタ

―ネッツ南国の組織エスノグラフィー―

A5判・236頁・2600円

働く人たちが関わりあって協働するなかで自律的に行動し，助けあい，創造性を発揮する職場は，どのようにしたらつくることができるのか。職場の行動観察をもとに，働く人と組織との関係性を社会学の視点から解明する。

井口 貢編

観 光 学 事 始 め

―「脱観光的」観光のススメ―

A5判・286頁・2800円

地域固有の価値とそこに暮らす人びとを育み，内発的・自律的に地域文化を創造するこれからの「観光」のあり方を提示。これまでの消費型・紋切型・モノカルチャー型「観光」を克服し，様々な実践事例や先達の知恵から語り口調で愉しく観光の「本義」を語る。

中村 哲・西村幸子・髙井典子著

「若者の海外旅行離れ」を読み解く

―観光行動論からのアプローチ―

A5判・264頁・2500円

「若者の海外旅行離れ」の構造と真相を明らかにするとともに，解決に向けた打開策まで提示。統計資料，用語解説，コラムも充実。トラベル・ビジネスに関心をもつすべての人々の必読書。〔観光学術学会平成28年度著作賞受賞〕

―――――――法律文化社―――――――

表示価格は本体（税別）価格です